新コンプライアンス経営

近年における数々の不祥事事件を踏まえて

今井 祐 ［著］

文眞堂

はしがき

「序論　新コンプライアンス経営の目的は何か」において，内部統制のグローバル・スタンダードといわれる米国 COSO（米国トレッドウェイ委員会・組織委員会）は，1992 年，「内部統制の有効性」につて，内部統制を設定し，管理し，監視する人々（筆者注：管理職を含む経営陣）の誠実性（Integrity）と倫理的価値観（Ethical Values）の水準を超えることはできないと述べた（詳細「第Ⅱ部第 4 章　COSO の考え方の変遷と内部統制システム」参照）。不祥事に関する第三者委員会の報告書の多くは，「経営トップへの情報伝達が遅れており，その間，複数の社員が事件の問題点について把握していたにも拘わらず，内部通報制度を利用したものはいなかった」との記述が実に多い。下は常に上を見ている。上位の経営者の誠実性と倫理的価値観の水準を見ている。公益通報保護法があるにも拘らず，信頼するに足ると思えば通報するが，返り討ちに会うと思えば誰も通報しない。これは「経営者に倫理観はあるのか」の経営者資質の問題である。これが如実に出るのは企業不祥事の経営者謝罪会見である。「逃げる，言い訳ばかり言う，責任をとらない」である。

　本書を通して経営者資質の問題にいくらかでも焦点を当てることができれば幸いである。

　日本経営倫理学会の創始者水谷雅一（2008）は，経営者の行動基準として競争性，効率性，人間性，社会性の 4 原理の重要性を強調した。しかし，現在，環境投資は経済コストではなく競争力の源泉である。よって，社会性から環境性が独立するほど重要になり，経営原理としては 5 原理となっていると思う。それが，ESG であり SDGs の活動展開である。

　環境性・社会性・人間性の経営原理に基づく企業行動は，主として社会的責任（CSR・CSV）の一環としてステークホルダーの求めるものであると同時に，その結果として，企業の社会的評価が向上する。各企業は，積極的に経営理念・中長期経営戦略等にこれら原理を具体化し，ESG や SDGs の遂行に邁進し

ている。それは持続的成長（サステナビリティ）のためになくてはならないものである。それは水尾順一（2013）のいう「積極倫理」の領域である。一方，競争性・効率性の経営原理は経営戦略として，イノベーション・シェアアップ・高品質・コスト削減等をもたらし，企業価値向上と持続的成長に繋がる。しかし，経営者はとかく，株主からの称賛を得るため「報われるリスク」である競争性・効率性にばかり目が向き，リスクのある経営戦略に一心不乱になりモラルハザードに陥ることがある。その結果，思わぬ企業不祥事等に巻き込まれる。ここに「予防倫理」が必要となる。東芝の「3日で120億円出せ」とか，電通の「殺されても放すな」とか，スルガ銀行の「ノルマ未達ならば，この窓から飛び降りろ」とか枚挙に暇がない。

　皆ノルマのなせる業である。その結果，レピュテーションを著しく毀損し，ブランドイメージは一夜にして失墜，回復には数年ないし数十年かかる。場合によっては，タカタや東芝の子会社ウェスティングハウス社のように経営破綻し，元の会社が存在しなくなることがある。

　道徳的リーダーシップ（Moralistic Readership）を持っている CEO ならば，内面的に自制しこれは行ってはならないと気が付くはずである。これを称して，経営者良心という。この経営者良心論は，1932年のバーリ・ミーンズの著書『近代株式会社と私有財産』において取り上げられており，経営者の資質として「経営者良心」は社会的責任論，ビジネス・エシックス論の中核をなす重要課題の一つである。法制度・規則による他律的なガバナンスだけでなく，自律的なガバナンス体制の確立として「経営者良心」に期待することは「コーポレートガバナンスの目的」に照らして，重要なことであると思う。経営者たるもの，たとえ，菓子箱の下に金貨が敷き詰めてあった頂き物を提示されても，正直に「これはいただくことできません」とその場で直ぐに拝辞すべきである。それは，田中一弘（2014）がいう経営者の良心（conscience）がそういわせるのかもしれない。夏目漱石が『こころ』で述べる罪とは，法律違反のみならず，良心に恥じる「やましさ」をも含む。総務省の接待問題も「やましさ」はないのか。

　「第Ⅰ部　近年における数々の企業不祥事事件」において，2000年中期以降2021年までに発覚した企業不祥事の内，主要60社の内容を見ると，一つのグ

ループは，コストカット・納期優先を主因とするデータ等の不適切処理事件（改竄，隠蔽，無資格検査，リコール隠し等）が神戸製鋼所等 30 社ある。二つ目のグループは，売上高（短期利益）至上主義を主因とする東芝等の不正会計・所得隠し，パナソニック等の海外「独禁法」等違反，電通等の不当残業，ヤマト HL の引越代金の過大請求，レオパレス等の施工不良，スルガ銀行等の不正融資，日本郵政グループの保険料二重徴収，等合計 30 社が占める。そこから見えてくることは，3 つある。

(1) これらの 2 つのグループの不祥事事例の，ルートコーズ（真因）を辿れば，概ね「売上高（短期利益）至上主義」に帰結することができる。その背景は株主第一主義がある。それは序論で述べた株主を意識して「報われるリスク」に経営陣が傾倒しすぎるからである。今，時代は変わりつつある。金融機関等でノルマを止める企業や「頑張らない経営（正しいことを無理せず実行する）」を経営方針にする企業が増えつつある。即ち，ステークホルダーからの信頼と共感を得られるように「報われないリスク」である環境性，社会性，人間性に重点的に配慮しなくてはならない時代である。特に新型コロナウイルス感染症（Covid-19）の蔓延に遭遇して，伊藤レポートが示した ROE（株主資本利益率）8％を中期経営計画の KPI（Key Performance Indicator）指標として邁進してきた企業は今これだけでよいのか呻吟している。ROE 崇拝傾向は世界的に企業債務を大きく増大させると共に自社株買いにより株主を喜ばせたが，自己資本比率が下がり財務状態を著しく脆弱なものとした。「ESG 格付け」のような KPI との抱き合わせが必要な時代である。

(2) この 60 社の内 41 社（70％）がモラルハザード等による経営者資質に問題がある。

(3) この 60 社中，名称の如何に係らず「倫理・コンプライアンスプログラム」に基づくコンプライアンス委員会等を作り全社横断的に制度化を図っていた35 社において，プログラムの稚拙さや社長（CEO）自らが委員長をやらずに専務・常務等の兼務役員に丸投げし（米司法省が最も嫌う），機能してなかったことが私の調査で判明した。

　なお，60 社中の主要 10 社（関西電力，日本郵政グループ，スルガ銀行，神戸製鋼所，三菱自動車，富士ゼロックス，東芝，東芝の子会社（WHC：ウェス

ティングハウス社），オリンパス，日本システム技術）については，頁数を割いて詳細に第Ⅰ部で主因・問題点等を解説している。

　以上の3点について，会社が独立性・客観性ありとして依頼した殆どの第三者委員会の報告書は，

(1) のルートコーズ（根本理由）を極めずに現象面からの分析が実に多い。

(2) の経営者資質に問題ありと切り込んだ第三者委員会報告書は殆ど見たことがない。なお，経営者資質については，「第Ⅱ部第3章　コンプライアンスの実効性を上げるためには何が必要か」を参照されたい。

(3) のコンプライアンス委員会については，本文中で真の「倫理コンプライアンス・プログラム」の制度化・運用の要点として20項目の提言を行っているが，最重要な項目は「トップの姿勢」と「海外を含む企業集団へのミッション・ビジョン・コアバリュー等の周知・研修・評価」である。

　「第Ⅱ部　コンプライアンスの実効性向上のために何が必要か」については，上記の3点から見えてくることは，「コンプライアンスの実効性を上げるためには，制度とその運用と経営者資質の三位一体の改革が必須要件である」といえる。

　この内の制度改革については，我が国におけるアベノミクスによる日本再興戦略を基軸として，2014年以降の目を見張る企業統治改革がある。① スチュワードシップ・コード（SS コード）の公表と2回の改訂，② コーポレートガバナンス・コード（CG コード）の適用とその後の1回の改訂，③ 2015年の改正に続く会社法の令和元年改正等があり制度面の企業統治改革が急速に進んだ。しかし，制度ができたからコンプライアンスの実効性が上がるというものではない。

　現在 CG コードは78原則からなり，comply or explain（原則として遵守しなさい。できないときは説明をしなさい）となっているが，企業側にやらされ感がある。その理由は企業側にコーポレートガバナンス・ガイドライン（経営理念・倫理コード，ガバナンス方針，組織体制，中長期経営戦略，投下資本戦略，後継者育成・決定方針，役員報酬方針・基準等）が揃ってないからである。詳細は拙著『実践コーポレートガバナンス・コード作成ハンドブック』（2015：文眞堂）を参照されたい。

　「第Ⅲ部　経営理念・倫理基準を含む行動準則・経営方針及び社会的責任とは何か」では，経営理念の重要性として，伊丹敬之（2013）は，経営理念はモチベーションのベース，判断の基準，コミュニケーションのベースを提供するという。時代にあった経営理念が子会社・関係会社の末端まで浸透しているならば，コンプライアンス違反が起こりにくい。同じ目的を持つ仲間を裏切れない文化が育つからである。この場合，朝の朝礼などなくても会社は動く。ベクトルが合うと思わぬ力を発揮することは稲盛改革の JAL が実証している。また，経営理念所有企業の業績が，非所有の企業よりも有意（ROA）に向上することを広田真一（2012）が実証している。

　「第3章　CSR と CSV」では，会社は「社会の公器である」の立場に立たねばならない。その論拠は，①「会社は社会の中に既に存在する主体である」②「会社は法人格を持つ権利義務の主体である」③「会社は世のため人のためにならなくてはならない」以上が高巌理論（2013）である。筆者は，これに以下の2つ追加する。④「会社は社会的インフラ等を利用して収益を上げ，社会から多大な恩恵を受けている」。⑤「会社は有限な資源（ローマクラブの指摘）を利用して多大な環境破壊・損失を発生させている」即ち，「国連の責任投資原則（PRI）によると人類の経済活動による年間の環境損失は世界各国の GDP 合計の11％で，世界企業の上位3000社がその1/3に当たる2兆1500億ドル分の外部費用（筆者注：企業自身が負担してない費用）を発生させている。また，環境評価 NPO である CDP の調査によると，気候変動に絡んで想定するコストは約1兆ドルに上る」（2020年1月7日「日経」新聞）。企業が環境コストを全て支払うと利益の41％を失うというデータもある。CSV の観点から企業行動をとっている会社にスイスに本拠を置くネスレがある。高橋浩夫（2019）曰く「ネスレが社会の要請に応えて業績を長期にわたって継続していくためには，社会に価値あるものを生み出していかなければならない。それは，貧しい子への栄養（ミルク），水資源開発，農業，地域開発である」旨述べている。

　「第Ⅳ部　取締役会構成における多様性（Diversity）による監督」において，2018年に改訂された CG コードの原則4-11に追加された「ダイバーシティ」について述べている。

　安倍内閣は「政府が掲げた 2020 年末までに女性管理職 30％目標」に関し未達を公表した。女性の活躍推進を声高に唱えていたのに残念である。一方，菅義偉首相は早々と企業統治として女性，外国人，中途採用者の拡大を標榜した。

　職場での女性の 55％は非正規雇用である。政府は所謂 M 字カーブはフラットになり，かなり改善されたというが，ここから非正規を除くと「へ」の字カーブとなり，全然改善されてない。女性は職位が上がるとガラスの天井にぶつかる。経営者は，女性は出世したがらないというが，実際は組織的に職場復帰した女性を教育しプロモートしようとの仕組みがない。Gender Bias（性差に基づく偏見や固定観念）の存在があるといわざるを得ない。世界 153 カ国の男女平等度合いを示すジェンダーギャップ指数 2019 年版によると，日本は 121位である。しかしノルウェーのようなクオータ制が良いとも限らない。本文中にいくつかの提言を行っている。英国 Leeds 大学の A.G.Wilson 教授の研究（17千社対象）では，「少なくとも女性取締役が一人以上いる企業は経営破綻リスクを 20％減らせる，3 人に増えると更に減らせるとの分析がある」（The Sunday Times March 19,2009）。やはり，女性には，いざと言う時に母性本能としての個体保存本能が働くのであろう。事実，世界的に見て，女性リーダー（首相等）のほうがコロナ対策に成功している。おりしも森喜朗元オリンピック・パラリンピック組織委員会会長の女性蔑視発言が世界的に波紋を呼んでいる。これを契機に日本が目覚めることを希望する。

　本著書を出版するに当たって，神谷隆史元東京理科大学大学院イノベーション研究科教授をはじめ，日本経営倫理学会ガバナンス研究部会，日本マネジメント学会，人工知能学会等の諸先生方，監査懇話会の理事の方々の協力・アドバイスをいただき誠にありがとうございました。また，文眞堂の前野隆社長様及び前野弘太様をはじめ多くの方々から，多大なるご協力を賜り，真に感謝申し上げます。

2021 年 3 月 31 日

今井　　祐

目　次

第Ⅱ部　コンプライアンスの実効性向上のために何が必要か

序　論

新コンプライアンス経営の目的は何か

1.　COSO のいう「経営陣の誠実性と倫理的価値観」の重要性

　内部統制のグローバル・スタンダードといわれる，米国 COSO（The Committee of Sponsoring Organization of the Treadway Commission：米国トレッドウェイ委員会・組織委員会[1]）は，1992 年,「内部統制の有効性」につて，内部統制を設定し，管理し，監視する人々（筆者注：管理職を含む経営陣）の誠実性（Integrity）と倫理的価値観（Ethical Values）の水準を超えることはできない。なぜならば，それらは内部統制の 5 構成要素（① 統制環境，② リスクの評価と対応，③ 統制活動，④ 情報と伝達，⑤ モニタリング）の設計，管理及び監視基準に影響するからであると述べた。

　不祥事に関する第三者委員会の報告書の多くは，「経営トップへの情報伝達が遅れており，その間，複数の社員が事件の問題点について把握していたにも拘わらず，内部通報制度を利用したものはいなかった」といったような記述が実に多い。下は常に上を見ている。上位の経営幹部の誠実性（Integrity）と倫理的価値観（Ethical Values）の水準を見ている。公益通報保護法があるにも拘らず，信頼するに足ると思えば通報するが，返り討ちに会うと思えば誰も通報しないか又は外部に内部告発する。東芝不正会計事件然り，オリンパス「飛ばし」会計事件然りである。最近では，スルガ銀行カボチャの馬車事件もまた然りである。

　かんぽ保険の不正販売事件に関し，特別調査委員会は「コンプライアンスを狭義の法令遵守と捉えていた」と伝える。関西電力も当初「法令違反はない」

1　米国会計学会，米国公認会計士協会，国際財務担当経営者協会，管理会計士協会，並びに内部監査人協会の支援により設立された民間組織

図表序−1　新コンプライアンス経営の目的の概念図

出典：筆者作成

とうそぶいていた。コンプライアンスの意味が全く分かってない。これらの会社の経営陣の誠実性と倫理的価値基準は何であったのか。経営理念には立派なことが書いてあるが，誰一人振り返ることなく，全く形骸化していた（詳細後述）。

2.　倫理的価値観（Ethical Values）とコンプライアンスとは

　この倫理的価値観とは，意思決定者に何が適切な行動様式であるかを決定することを可能とする道徳的な価値観（徳目）のことで，それは，何が「適法であるか」を超えて，何が「正しいか」を基礎においたものでなくてはならないと定義されている。倫理的価値観の中でも誠実性は最重要な普遍的なものでこれを欠くことができない徳目である。この倫理的価値観は法令順守を超えたコンプライアンスの概念である。これはその後，2013 年版 COSO の 3. 1）統制環境の［原則 1］「組織体は，誠実性と倫理的価値観に対するコミットメントを表明する」に引き継がれている（詳細後述）。

　平田（2003）によれば，「コンプライアンスにあっては，企業はただ法令を守っていればよいというのではなく，社会の公器たるべき企業の存在価値が社会の倫理や価値観と整合しているかどうかが問われるのである。ここにコンプライアンスの核心がある。そして，このようなコンプライアンスを基礎にした

企業倫理の確立と実践を目指す経営が，コンプライアンス経営なのである（中略）。その目的は，責任ある経営あるいは誠実かつ公正な経営によって，企業価値の向上を図ることにある」と述べている。正に至言である。新型コロナウイルス問題に遭遇して，社会の公器たるべき企業の存在価値が今問われている。所謂株主主権論の修正である。

3. 経営判断の4原理とは

経営者の行動原理としての，「何が正しいか」とは，企業にとって競争と効率による利益追求も重要であるが，企業活動が人間や社会をも重視するという4つの価値基準をバランスよく重視する企業経営を求めている。これ等の企業内で実現するための制度化を含め「社徳」のある存在を企業倫理と定義している（水谷：2008）。

4. 経営判断の4原理は変質しつつある〜ROE経営は見直されるべきである

この経営判断の4原理[2]（競争性，効率性，人間性，社会性）に近年は環境性が社会性から独立するほど重要になった。競争性，効率性を重視した結果，自然環境に前例のない犠牲を強いている。「会社は有限な資源（ローマクラブの指摘）を利用して多大な環境破壊・損失を発生させている」。即ち，「2006年，国連の責任投資原則（PRI：Principles for Responsible Investment）によると人類の経済活動による年間の環境損失は世界各国のGDP合計の11%で，世界企業の上位3000社がその1/3に当たる2兆1500億ドル分の外部費用（筆者注：企業自身は負担しない費用）を発生させている」。企業が環境コストを全て支払うと利益の41%を失うというデータもある（出典：Trucost KPMG/15 Feb 2012「Expect the Unexpected: sustainability megaforces」）。現在，環境は経済コストではなく競争力の源泉である。化石燃料を使っているだけで，投資やサプライチェーンから外される。ESGのトップにEnvironment（環境）が来る時

2　経営判断原理とは会社法362条の4項でいう「重要な業務執行の決定」の基準・原則を意味し，いわゆる善管注意義務違反に関連する経営判断5原則（Business Judgement Rule）とは異なる。

代である。一方，社会性は新型コロナウイルスの感染拡大により，雇用確保[3]
や医療機関への支援等の面で，サステナビリティの観点から，さらに重要性が
増している。欧米の機関投資家は，今回のコロナ危機の中で配当よりも雇用維
持を重視するように求め，製薬会社にも早期のワクチンや治療薬の開発に向け
て競争より協調をと訴えている。第一生命は投資先250社にテレワークやオン
ライン事業の拡大，サプライチェーンの見直しを聞き，不十分ならば対応を促
す。改善が望めない場合，2021年以降の代表取締役の再任議案に反対を視野に
入れる。リーマン危機の時，われ先にレイオフを多用して資金と利益確保に動
いた企業行動とは様変わりである。コロナ危機は，人類にとっての生存や安全
が最優先される流れを作り出しつつある。

　ROE（自己資本利益率）は，別名株主資本利益率ともいう。自己資本（株主
資本）をどれだけ効率的に使い利益を稼いだかを示す指標である。一橋大学
CFO教育研究センター長の伊藤邦雄氏が伊藤レポートでまとめ上げ，主要企
業がこぞってKPI（Key Performance Indicator「重要経営指標」）としてROE
を採用している。しかしながら，

① ROEは自社株買いや負債に依存するレバレッジ経営を助長し，世界の上場
会社約7500社の総資産に占める有利子負債の比率は2012以降上昇し2019年に
は32%と18年ぶりの高さにある。そこに新型コロナウイルス感染症が猛威を
振るい企業の倒産件数がうなぎ上りである。
② ROEの分母を減らすため，米国では，還元率100%に近い過剰な自社株買い
を行い収益の大半を機関投資家等の株主に回す経営が横行した。リーマン・
ショック後の過剰流動性からアクティビストが乱立し，企業側に少しでも資金
余力があれば株主還元を求めた。2019年9月までの1年間で米主要500社によ
る自社株買いは7,700億ドル（約83兆円）に上る[4]。これが米国の株高を支えて
いる。
③ 年金基金や機関投資家はROE（純利益/株主資本）という「収益性」指標だ
けで企業を評価しようとする。新型コロナのような突然の変化に耐えうる「安

3　ニッセイ基礎研究所予測では失業増で100万人超を予測（2020年4月29日「日経」新聞）。
4　2020年6月19日「日経」新聞

定性」（自己資本比率）まで見る必要がある。そうでないと「借金で博打を打つ」こととなる。

④ ROE 偏重は企業を近視眼的経営に追い込む（自己株式購入，減資）リスクがある。「持続可能性」（計画的先行投資，人材育成，環境負荷低減等）に向けての投資・努力をないがしろにするリスク大である。ROE の分子である当期利益（特に一株当たりの利益）を増やすため，短期利益第一主義からくる無理な数字づくりや不正会計・法や規則の無視等の一連の不祥事の主因の一つになっている。

　従って，ROE 経営は，新型コロナ事件に遭遇しもろさを露呈している。社会性重視によるサステナビリティの観点から ROE 経営は見直されるべきである。KPI（重要経営指標，Key Performance Indicator）として，ESG 指標も追加されるべきである。よって，しっかりした ESG 評価機関による高い ESG 格付けの取得も中期目標に追加されることが望ましい。しかし ESG 評価会社は世界で約 600 社が乱立している[5]。乱立する ESG 情報開示基準を一本化するために，国際会計基準（IFRS）をつくる国際会計基準審議会（IASB）の母体組織 IFRS 財団が基準統一に向けてた新組織設立の提案文書を発表した。日経 BP は「ESG ブランド調査」を 2000 年から，主要 560 社を対象に消費者 2 万人以上からの回答を得て行っている。調査対象を E・S・G に止まらずインテグリティ（誠実さ）を追加している点が素晴らしい。2020 年はトヨタが 1 位，2 位がサントリー，3 位がイオン，4 位がキリン，5 位が花王であった。今の学生は売上高や利益額を見て就職先を選ぶのではなく，日経 BP による「ESG ブランド調査」等をみて選ぶといわれている。

　エーザイの柳 CFO は「ESG と ROE とは両立できることを示す必要がある（日経ビジネス 2020.8.24）」と述べている。最近 ROE 提唱者の伊藤邦雄氏は ROE に ESG の評価を加味した「ROESG」という指標を新たに示し出した。社会的価値（ESG）と経済的価値（稼ぐ力・競争優位性）の両立を目指す。役員報酬も ESG 指標との連動が良い（独シーメンス，オムロン，三菱ケミカル HL

5　2020 年 9 月 18 日「日経」新聞

等が採用）。コロナ危機は，人類にとっての生存や安全が最優先される流れを
作り出しつつある。ESG 投資のリターンは平均のリターン値よりも高いとの
データ（S&P500ESG500 種指数）もある。特に，ESG スコアのよい企業は，突
然の気候変動，新型コロナ，地政学的リスク，人種差別等による市場崩壊時の
耐性（レジリエンス）は格段に強い。米 JP モルガン・チェースなど大手 8 行
は自社株買いを停止して（FRB によって 12 月末まで禁止されている），個人や
中小向けの資金の融資に振り向ける[6]。米エデルマンによる 12 カ国の消費者調
査では「公共より自社の利益を優先する企業は永遠に信頼しない」との問に対
して「そう思う」との回答が 71% に上った。我が国でも，2020 年度の自社株
買いは，前年の 1/3 程度になる可能性がある（三菱 UFJ モルガン・スタンレー
証券）。

　一方，ROC（炭素利益率：Return On Carbon）という指標がある。企業の営
業利益を CO2 の排出量で割って算出する経営指標である。これは CO2 をどれ
だけ少なくして効率的に利益を稼いだかを表す。今後，日本でも EU のように
排出権取引制度や炭素税が導入されれば，ROC の低い企業は利益がなくなる
かもしれない。その意味で ROC は単なる環境に関する指標ではなく，投資家
にとって重要な指標になりうる可能性がある。東洋経済社が ROC のランキン
グを公表している。ドイツとフィンランドは 1990 年代に炭素税を導入し，EU
は 2050 年にゼロエミッションを目指し，独自の国境炭素税を検討中である。我
が国では，2020 年 10 月 26 日，菅義偉首相が 2050 年実質ゼロエミッションの
目標を掲げた。また，2016 年に住民税に年 1,000 円程度上乗せする森林環境税
の導入が決まったが，適用開始は 2024 年からである[7]。我が国も早期に炭素税
を導入すべきである。

5. 社会的責任と経営理念

　近時，企業の社会における役割は，経済的利益にとどまらず，社会的役割を
果たすことが求められる。2002 年の欧州委員会による『EU ホワイトペーパー』

6　2020 年 5 月 3 日「日経」新聞
7　藤田敬司（2020）『監査役』No.714，81〜84 頁

（白書）における CSR の定義は「責任ある行動が持続可能な事業の成功につながるという認識を，企業が深め，社会・環境問題を自発的に，その事業活動及びステークホルダーとの相互関係に取り入れるための概念」と述べた。これは学問的には，啓発的株主価値論（Enlightened Shareholder Value, Inclusive Approach）という。取締役は株主利益を優先して行動すべきであるが，それに止まらず，株主価値を向上させるために，従業員の利益やその他ステークホルダーの広範な利益を考慮する義務があるという考え方である。

その後，ISO（国際標準化機構：本部ジュネーブ）が，2010 年 11 月 1 日に発行した組織の社会的責任に関する国際規格として ISO26000 を定めた。ISO26000 の開発にあたっては ISO 規格としては，はじめてマルチステークホルダープロセスがとられ，幅広いセクターの代表が議論に参加し，決定した。企業の社会的責任について，ISO26000 の定義によれば，企業は社会的責任（CSR・CSV）として，その決定・活動が社会及び環境に及ぼす影響に対して，次のような透明且つ倫理的な行動を通じて企業が行う責任を果たさなくてはならない。即ち，

①持続可能な発展に貢献する。
②ステークホルダー（SH）の期待に配慮する。
③法令順守と国際行動規範と整合を図る。
④企業の関係の中でこれらが実践されねばならない。

「企業の関係の中でこれらを実践していく」ためには，社会的責任を経営理念に取り込まなくてはならない。

ELSI（エルシー）という言葉が日本でもはやり始めた。倫理的・法的・社会的課題（Ethical, Legal and Social Issues）の略である。法的に問題なくても倫理的，社会的に問題のある場合，それを不祥事という。逆に AI 技術等で未だ法的に未整備だが，社会が受け入れる場合が増えている。企業がどのような誠実性や倫理的価値観に基づいてその事業を進めるのかの説明責任が問われる。不祥事を起こした企業は，経営理念・社是・社訓に立ち戻る必要がある[8]。

8　今井祐（2020）「人工知能の急速なる技術的発展と経営倫理」経営倫理 No.98　2020 年 4 月 25 日

　伊丹（2013）が「経営者には，リーダー，代表者，設計者，という３つの役割の背後に，経営理念の策定者，経営理念の伝道者としての役割がある」という。経営理念とは，組織の目的を理念として述べたものと，事業に関わる判断基準を述べたものの，二つの部分からなるだろう。経営理念の重要性を強調して止まなかった松下幸之助さんの言葉を借りれば，経営理念とは，「“この会社は何のために存在しているのか，この経営をどういう目的でまたどのようなやり方で行っていくのか”，についての基本の考え方」（松下幸之助『実践経営哲学』）であると述べている。そして，経営理念を必要とする理由を三つあげている。

　①正しいと思える理念をもって人々が働く時，人々のモチベーションは一段と高まる。②理念は人々が行動をとり，判断するときの指針を与える。③理念はコミュニケーションのベースを提供する。こうして，経営理念はモチベーションのベース，判断のベース，コミュニケーションのベースを提供するのである。だからこそ，そうした経営理念を経営者と働く人々は共有していれば，経営者の望む方向にいちいち細かな指示を出さなくても働く人々が動いていくことになりやすい。それゆえに，「他人を通して事をなすために経営理念は非常に大切である」旨，伊丹は述べている。

　経営理念が浸透した企業はコンプライアンス違反が起こりにくい。同じ目的を持った仲間を裏切れない企業文化・意識が働き，自制心に繋がる。経営理念に基づかない経営方針・中長期計画など社内に浸透するはずがない（詳細：第Ⅲ部　経営理念・倫理基準を含む行動準則・経営方針及び社会的責任とは何か）。

6．ESG は目標達成のための投資・仕組み，SDGs は目標

(1)　ESG は経営陣のリーダーシップ次第で業績向上に資する

　ESG（Environment：環境，Social：社会，Governance：ガバナンス）投資残高が，2018 年，世界の証券市場で３割（30,7 兆ドル）を超えるようになった。ESG 投資とは責任投資原則（PRI）の理念に沿った投資である。ESG 投資には

社会課題の解決に貢献する投資先を選び，投資の実行前や後にその企業が社会にもたらす効果（インパクト）を測定するインパクト投資なる概念がある。米投資会社 KKR や TPG が有名である。ファンドは新型コロナウイルス関連の医療スタートアップ企業などにも投資する。

　2018 年改訂版のコーポレートガバナンス・コード（以下 CG コード）の「考え方」に ESG が明確に入った。また，2020 年改訂版のスチュワードシップ・コード（以下 SS コード）にも ESG と SDGs（注記で入った）が明記された。ESG 投資には，財務情報だけでなく非財務情報（長期ビジョン，事業戦略，リスクマネジメント等）が重要である。従って，財務情報と非財務情報を統合した「統合報告書」の必要性が増しつつあり，それでも，この発行会社は，2019 年末で 513 社に止まっている。SASB（米国サステナビリティ会計基準審議会）は ESG の世界統一の開示基準を定め，業種毎に要点を絞り世界の企業が参加しやすいルールを目指している。我が国の環境省や「経団連」も国際基準作りに協力する。統一の開示基準がないと他社との比較検討ができないためである。

　George Serafeim ハーバード大学教授によると，「ESG を自社ひいては自社の属する産業にとって戦略的に重要と位置付け，取り組みを改善した企業は，株価が上昇し，将来の収益性も向上している。その後の追跡調査では，従業員の目的意識の高い企業は，株式の年平均総合利回りが競合企業を 5% 上回ること，ガバナンスとイノベーション創出力で業界トップ企業と肩を並べることも分かった。但し，目的意識と収益性に正の相関関係が認められるのは，経営陣が組織全体，特に中間管理層に目的を浸透させると共に，目的実現の道のりを戦略的に明示した場合に限られる。経営陣は企業の目的を常に真剣かつ明確に意識することが大切だ[9]」。このように数字上も効果が明確に出始めているが，その成果も経営陣のリーダーシップ次第である。いずれにしても，ESG を経営の中心に据えないと淘汰されかねない時代になりつつある。その理由は，世界の労働人口の約 3 割はミレニアル世代（1980 年代〜2000 年前後生まれ）と呼ばれ，彼らの価値観は収益性よりも経営理念や社会における企業の存在意義等を重視する傾向があるからである。この割合は年々歳々増加しつつある。

9　2019 年 12 月 16 日「日経」新聞

　新型コロナウイルスが終息する気配を見せないときは，ESG の内の S（社会性）について，その真価が問われるときでもある。そもそも，ESG 経営の目的はステークホルダーとの良好な関係を築くことを通して，最終的に企業価値の維持・向上につなげることである。どの企業が本気でステークホルダーのことを考え，ESG 目的を重視しているかが試されるときである。新型コロナ危機を通じて，投資家が企業統治を評価する方法・基準が変わるかもしれない。新型コロナ危機は，人類にとっての生存や安全が最優先される流れを作り出しつつある。事実，広がる格差や社会の分断，地球温暖化，新規感染症の拡散等に企業自身が真剣に向き合わなければ，自らの事業基盤そのものが崩壊しかねない状態にある。株主利益の最大化を第一としてきた従来の資本主義（株主主権論）は再定義を迫られるであろう。減益を回避するために，非正規社員の労働条件を見直すのか，解雇するのか，2020 年 4 月 1 日から始まった同一労働同一賃金を踏まえ，どのように対処するのか，ESG 投資家は目を凝らして見ている。

　一方，SDGs の第 3 番目の原則に「あらゆる年齢のすべての人々の健康的な生活を確保し，福祉を推進する」があり，3.3 に「水系感染症及びその他の感染症に対処する」及び 3b に「主に開発途上国に影響を及ぼす感染性及び非感染性疾患のワクチン及び医薬品の研究開発を支援する。また，知的所有権の貿易関連の側面に関する協定（TRIPS 協定）及び公衆の健康に関するドーハ宣言に従い，安価な必須医薬品及びワクチンへのアクセスを提供する（後略）」とある。新型コロナウイルス対策として，トヨタとホンダが日本光電に協力して人工呼吸器の製造・組み立てに参入するという。シャープや東レ・ユニクロ等が急遽マスクを作るという。日立・東芝が富士レビオに協力して抗原検査キットを増産するという。富士フイルムも 15〜20 分で検査結果を確認できる抗原検査キットを開発するという。新型コロナ対策に多くの資力を割いた企業ほど従業員や社会の支持を得てブランドイメージが上がるであろう。新型コロナに遭遇して，45 カ国以上の年金基金や運用会社からなる国際コーポレート・ガバナンス・ネットワーク（ICGN）は，「① 財務の健全性と支払能力を維持するための短期的流動性を確保しつつ，従業員の安全と福利を優先する。② 社会的責任，公正性，持続可能な価値創造に関する長期的視点を追求し，新たな現実に適応しつつ，企業の社会的な目的を明確にする。③ 従業員，利害関係者，資本

図表序 − 2　ESG とは何か

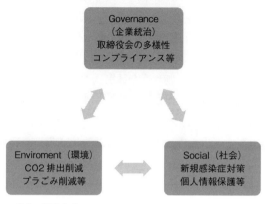

出典：著者作成

の提供者の利害を念頭に，包括的かつ公正なアプローチで資本配分を決定する。④ 全ての利害関係者と包括的にコミュニケーションを図り，企業の戦略と業務運営に強靭性を構築するアプローチへの信頼を定着させる」との企業向け書簡を公開した[10]。オランダの年金基金PGGMなど50以上の投資家は医療機関等のサプライチェーン維持に協力するなど，リーマン・ショック時，なりふり構わずレイオフを多用して利益や資金を確保して回復した多くの企業の対応とはかなり異なる。利益追求の「得」より，人々の共感を呼ぶ「徳」が重要である。

⑵　SDGs は我々に価値観の転換を迫っている

SDGs（Sustainable Development Goals：国連による持続可能な開発のための 17 の原則，169 のターゲットからなる 2030 年達成目標で，誰一人取り残さないと誓う）国別達成度 2019 年ランキングで，我が国は 162 ヵ国中 15 位である。政府は「SDGs アクションプラン 2020」を推進中である。SDGs 原則の第 7 原則に「クリーンエネルギーを使用するように」が入り，また第 13 原則に「気候変動に具体的な対策を採れ」が入り，我々に価値観の転換を迫っている。我

10　2020 年 4 月 23 日，ICGN は「Covid-19 蔓延化でのガバナンスの優先課題」と題した書簡を企業経営者に送った。

が国の金融機関や商社が次々と脱石炭を表明したが，現在進行中のベトナム中部やインドネシアでの石炭火力発電プロジェクトが止まってないため，世界から「化石賞」という不名誉をいただき，批判を浴びている。「経産省」は，2030年度に掛けて国内に 140 基ある石炭火力発電所の内 CO2 を大きく排出する低効率な石炭火力発電所 110 基の 9 割程度を休廃止の対象とすることを表明した。環境省もやっと見直しに言及したがグリーンウオッシング（上辺だけの欺瞞的な環境訴求を表す）との批判を受けないようにしなくてはならない。EU は2020 年 3 月，2050 年までに域内の温暖化ガス排出を実質ゼロにする法案の概要を公表した。「英」「仏」両国は 2040 年以降ガソリンエンジン車の販売中止を決めた。「英」はこれを 5 年早め 2035 年にするという。同様に米国 CA 州が 2035年ゼロエミッションにするという。

　TCFD サミット[11] では，パリ協定で採決した世界の気温上昇を産業革命前からの比較で 1.5℃ 以内に抑えると共に，2050 年までには気温上昇をゼロ（カーボンニュートラル）に抑えることを目標にしている。2020 年 11 月日本の菅首相もやっと同様のことを述べた。米マイクロソフトは 2030 年を目標に CO2 の排出量を削減するだけでなく，除去（回収）する新技術の開発に投資することで「カーボンネガティブ」にすると発表した。一方，足元では，気候変動の少雨によりオーストラリアでは森林火災により，日本の半分に匹敵する面積を焼失させ大量の CO2 をばらまいた。2020 年 2 月の豪雨でやっと鎮火した。また，シベリヤで同年 6 月最高気温 30℃ を超える日が記録されており，永久凍土が解け地盤が緩くなり燃料タンクが破損しディーゼル燃料の大流失事故が起こっている。更に，永久凍土に閉じ込められていた感染症（デング熱，マラリア，炭そ菌等）の病原菌が露出するリスクがある。気候科学者 JamesTemple が警鐘を鳴らしている。曰く，「迫り来る地球温暖化の「臨界点」，即ち，あと 10 年程度で温暖化によって地球の生態系が回復できない地点まで到達してしまうかもしれない。抜本的な措置を講じなければならないのは「今」なのだ」と。

11　TCFD とは，2016 年に金融システムの安定化を図る国際的組織である金融安定理事会（FSB）が設置した「気候変動関連財務情報開示タスクフォース（The FSB Task Force on Climate-related Financial Disclosures）」のことで，「① ガバナンス ② 戦略 ③ リスク管理 ④ 指標と目標」を目的とした提言公開。

　CEO たるものは，株主から喜ばれる「報われるリスク」である競争性・効率性に基づく経営判断原理と，専らその他のステークホルダー（SH）から歓迎される「報われないリスク」である環境性・社会性・人間性に基づく経営判断原理の 5 の価値基準に基き，バランスよく意思決定し，何が「適法であるか」を超えて，何が「正しいか」を基礎に置かなくてはならない時代になった。不祥事等を起こす企業経営者はこの「報われないリスク」に関心が薄く，「報われるリスク」に過度に邁進する傾向がある。

　しかしながら，2020 年 7 月末で，ESG や SDGs について「有報」に記載する東証上場企業は 1470 社中まだ 15%（約 220 社）である（PwC アドバイザー）。サステナビリテイと関連付けて開示することが重要である。

7. 新コンプライアンス経営の目的の概念図（図表序 - 1）の解説

　環境性・社会性・人間性の経営原理に基づく企業行動は，主として社会的責任（CSR・CSV：後述）の一環としてステークホルダーの求めるものである。同時にその結果社会的評価が向上する。

　各企業は，積極的に経営理念・倫理コード・行動準則等（ミッション・ビジョン・コアバリュー[12]）にこれら原理を取り込み，SDGs（目標）や ESG（その実現のための投資・仕組み）の遂行に邁進している。それは持続的成長（サステナビリティ）のためになくてはならないものである。これは水尾（2013）のいう「積極倫理」に通じるものである。一方，競争性・効率性の経営原理は経営戦略として，イノベーション・高品質・コスト削減・シェアアップ等をもたらし，企業価値向上と持続的成長に繋がる。しかし，経営者はとかく，株主からの称賛を得るため「報われるリスク」である競争性・効率性にばかり目が向き，リスクのある経営戦略に一心不乱になりモラルハザード（倫理観の欠如）に陥ることになる。その結果，思わぬ企業不祥事等に巻き込まれることがある。こ

12　**ミッション**：事業体の中核の目的であり，事業体が達成したい事柄と事業体の存在意義を明確にするもの。**ビジョン**：事業体が願望する将来像，または長期的に組織が達成した目標。**コアバリュー**：組織体の行動に影響を与える，善悪や許容できることと許容できないことに関する事業体の信条と理念（八田進二他：2019）。

こに「予防倫理」が必要とされる理由がある。その結果，レピュテーションを著しく毀損し，ブランドイメージは一夜にして失墜，回復には数年ないし数十年かかる。場合によっては，タカタや東芝の子会社ウエスティングハウス社のように経営破綻し，元の会社が存在しなくなることがある。全社的リスクマネジメント（ERM）の観点から，この「守りのガバナンス」である「報われないリスク」と「攻めのガバナンス」である「報われるリスク」の両方を事前に評価・予防し，いったん起こったならば自浄作用（BCP[13]）を発揮することで，株主を含むステークホルダーの信頼を回復するとともに，企業の共通価値（経済価値＋環境価値＋社会価値等）の再生を確かなものとすることが強く求められている。この内の不祥事予防，即ち，コンプライアンスは経営のど真ん中の重要命題である。従って，可及的速やかに原因究明・評価・再発防止策等をまとめ，原状回復にリーダーシップを発揮することは最高経営責任者の最大責務の一つである。最高経営責任者（CEO：Chief Executive Officer）とは，最高倫理責任者（CEO：Chief Ethics Officer）でなくてならない。新コンプライアンス経営の目的はここにある。

　CEO等は，競争性・効率性と・環境性・社会性・人間性の5の判断価値基準に基づき，迅速かつバランスよい意思決定を行い，ステークホルダーから信頼と共感を得て，持続的成長（サステナビリティ）と企業価値向上を図らなくてはならない。間違っても，短期利益至上主義からもたらされるモラルハザード（倫理の欠如）に陥ってはならない。現在，ミッション・ビジョン・コアバリューを長期的に実現するために，「サステナビリティ委員会」を企業内に設置すべきとの議論が巻き起こっている。日立には2017年からサステナビリティ推進委員会ができている。海外では，J&J，ユニリバー，ロッシュ，ダノン等に存在する（商事法務 No. 2248，2249）。

13　BCPとは事業継続計画（Business Continuity Plan）の頭文字を取った言葉。企業が，テロ，自然災害，感染症対策，サイバーセキュリティ事件，不祥事といった危機的状況下に置かれた場合でも，重要な業務が継続できる方策を事前に準備し，リスクを回避・低減し生き延びることができるようにしておくための戦略的計画書。

8. 最高経営責任者（CEO）に問われる品格「ノブレス・オブリージュ」とは

　最高倫理責任者（CEO：Chief Ethics Officer）でもある最高経営責任者（CEO：Chief Executive Officer）たるものは，「ノブレス・オブリージュ（noblesse oblige）」を持たねばならない。この言葉自体は 1808 年フランソワ＝ガストン・ド・レビの記述から来ているが，貴族が義務を負うのならば，それに比して王族はより多くの義務を負わねばならないと述べた。倫理的な議論では，特権は，それを持たない人々への義務によって釣り合いが保たれるべきだという。最近では，主に経営トップ層，富裕層，有名人，権力者，高学歴者が「社会の模範となるように振る舞うべきだ」という社会的責任に関して用いられる。法的な義務ではないため，これを為さなかった場合，罰せられないが，マスコミによる批判を受けたり，倫理や品格を問われることがある。CEO たるものは「リーダーとしての品格」を持ち合わせなければならない。従って，その立ち振る舞いが注目される。これが如実に表れるのが不祥事の謝罪会見である。「逃げる，言い訳ばかり言う，責任をとらない」，等である。常日頃「何も言わない監査役を連れてこい」と言っていたカルロス・ゴーンのレバノン会見はどうだったのであろうか。30 歳でミシュラン・ブラジルの社長に上り詰めた彼は倫理教育を受けたのであろうか。

米国 Miguel Rivas-Micoud & Kermit J. Carvell（2007）『The Carlos Ghosn Story』より筆者要約

① 1954 年に，ブラジルで，レバノン系ブラジル人である父とレバノン人の母との間に，カルロス・ゴーンが誕生した。カルロスが 2 歳くらいの頃，不衛生な水を摂取したことで病気となり，母親とともにブラジル北部からリオ・デ・ジャネイロに移転。非常に貧しい時代を過ごした。

② 1960 年，カルロスが 6 歳の時，彼の 3 人の姉妹と母とともに，祖父の母国であるレバノン・ベイルートに転居した。

③ベイルートのイエズス会の Collège Notre-Dame de Jamhour で中等教育を受けたが，この地区はイスラム地区に比べ貧しかった。

④その後，パリ 6 区にあるプレップスクール，そして，リセ・サン＝ルイで学ぶ。1974 年，20 歳でエコール・ポリテクニーク（グランゼコールの代表格でエリート養成校の一つ）を卒業し，

⑤ 1978 年に 24 歳でパリ国立高等鉱業学校（École des Mines de Paris）で工学博士を取得し卒業。更に勉強して経済学博士をとる予定であったが止め，

⑥ 同年に欧州最大のタイヤメーカー，ミシュランに入社した。フランス国内で工場長，産業用タイヤ部門の研究開発ヘッドを歴任した後，

⑦ 1985 年，30 歳の時，南米ミシュランの最高執行責任者（COO）に任命された。

結局，カルロス・ゴーンはコストキラーの異名を持つが，お金に greedy。哲学・倫理学等を学ぶ機会が殆どなかったのである。

2020 年 8 月 20 日，読売新聞は，ゴーン被告の新たな私的流用として，「東京国税局から 2019 年 3 月期までの 5 年間に約 10 億円の申告漏れを指摘された。同国税局は，この期間のコーポレート（社有）ジェットの私的利用のほか，東京や海外住居の家賃などについて，ゴーン被告の私的流用にあたると認定」した。日産は，既に，同年 2 月に 100 億円の損害賠償請求訴訟を横浜地裁にて行っている。

京セラ創業者の稲盛和夫によれば「人格を兼ね備えたリーダーでないと企業統治はできない（詳細後述）」のである。これを称して道徳的リーダーシップ（Moralistic Readership）という。これはバーナード（Chester I Barnard）がその著書『経営者の役割』（1938）で用いた言葉である。道徳的リーダーシップとは，「決断力，不屈の精神，耐久力，勇気などにおいて，個人が優越している側面であり，「人の行動に信頼性と決断力を与え，目的に先見性と理想性を与える。バーナードの言う，道徳とは様々な諸要因が個人に働きかけることによって個人の内に形成される遵守力，私的行動準則である。また，それは何が正しいか，何が間違っているかについて自分に向けられる内面的諸力である。これを良心と呼ぶこともある。リーダーシップの本質は組織道徳の創造のことであり，こうした道徳性がリーダーシップの質を支えている。

企業におけるリーダー研修は約 90％の企業が実施しているが，経営人材が育っているとの回答は 31％にすぎない（2015 年 2 月，野村マネジメントスクールによる上場会社 120 社調査）。

9.　コンプライアンスの実効性を上げるためには「制度とその運用と経営者資質の三位一体の改革・改善が必須要件である」

(1)　仮説の検証

　2018 年 3 月，我が国では企業不祥事が相次ぐ状況を受け，日本取引所自主規制法人が「上場会社における不祥事予防のプリンシプル」を策定・公表した（巻末参考―1 参照）。しかし，その後も，現在に至るまで多岐にわたる不祥事が発生している。中には 40 年前から，20 年前から継続して行っていたとか，5 回とか 6 回とか何度でも再発するとかしている。そのたびに第三者委員会を作り，事実確認・原因究明・再発防止策を作成・社内徹底しているが，また再発している。基本的に筆者は「コーポレートガバナンスの実効性を上げるためには制度とその運用と経営者資質の三位一体の改革・改善が必須要件である」の考え方を持つ（今井：2014，2015 及び 2017 の 12 社の事例研究より）。コンプライアンスはコーポレートガバナンスの一部であるので「コンプライアンスの実効性を上げるためには制度とその運用と経営者資質の三位一体の改革・改善が必須要件である」の考え方が成り立つはずである。（第Ⅱ部「コンプライアンスの実効性を上げるためには何が必要か」を参照）

(2)　企業不祥事の連鎖は何故止まらない

・社内制度としての内部統制部門，リスクマネジメント部門，法務部，財務部，CSR 部等は，本部組織だけでなく，海外を含む子会社等の中にも関連部門がある。また，監査役等の法的機関設計制度もあるが，近時の不祥事に対し機能（運用）できてないケースが実に多い。その結果，

・各社名称は異なるが「倫理・コンプライアンス委員会」なる全社タテ・ヨコ横断的な社内制度（以下の実証研究の不祥事事件会社 35 社がこの制度を持つ）を保持するが，CEO 自らが，委員長をやらず専務・常務執行役員クラスに丸投げしているため，これが機能（運用）できてない。制度を作っても作りっぱなしで PDCA（Plan-Do-Check-Action）の管理リサイクルを回してない等である（詳細後述）。また，

・不祥事に際して社内に設けられる第三者委員会の再発防止策等を見ると，

①経営理念・倫理基準等（ミッション・ビジョン・コアバリュー）の有無やそれらが時代に適合しているかについて殆ど触れない。

②経営者資質に切り込む例が殆どない。

③上記の①②を行うにふさわしい人材が第三者委員会メンバーに選ばれてない。等の問題がある。

これでは，不祥事の連鎖は止まらない。。

10. 2017年版新COSOによる全社的リスクマネジメント（ERM）とは

　2017年9月に改訂された，新COSOによる全社的リスクマネジメント（ERM：Enterprise Risk Management）によると，戦略を遂行し，期待されるパフォーマンスを上げるには，戦略とリスクマネジメントを如何に統合・活用すべきかが強調されている。

　従来あったキュービック（立体化した目的・構成要素・事業体）がなくなった。2017年版新COSOの5つの構成要素は，① ガバナンスとカルチャー，② 戦略と目標設定，③ パフォーマンス，④ レビューと修正，⑤ 情報・伝達および報告となっている。特に，トップに ① ガバナンスとカルチャーが入ったことが素晴らしい。不祥事防止にカルチャー（企業文化）の果たす役割（後述）は実に大きい。また，② の「戦略と目標設定」から派生するリスクは重要であり，多くの企業不祥事事件の原因の一つには，無謀な目標（売上げ，利益，納期等）にある。

　良きガバナンスなくしてERMも内部統制も全く機能しない（図表序-3参照）。金融庁が定めた，CGコードにおける「コーポレートガバナンス」の定義とは，「会社が，株主をはじめ顧客・従業員・地域社会等の立場を踏まえた上で，透明・公正かつ迅速・果断な意思決定を行うための仕組み」である。

　更に2017年版新COSOの20の原則は具体的な進め方等を提示している（詳細後述）。いわゆる全社的リスクマネジメントを導入している企業は，日本では未だ約2割と言われている。事業運営とはリスクをとることであり，そこから利益が生まれてくる。企業価値向上を図り，持続的成長を果たして行くには，リスクを幅広く捉え，「報われるリスク」と「報われないリスク」双方を意

図表序 - 3　ERM の位置づけ（出典：2013 年 COSO より，図形の一部変更）

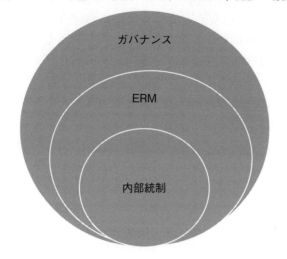

　識した取り組みが経営者にとっては重要となる。企業経営における内部統制の意義は，コンプライアンスや不正防止としての「守りのガバナンス」にとどまらず，中長期的な企業価値向上を支える適切なリスクマネジメントの一環であり，「事業戦略の確実な執行のために戦略リスクをとる仕組み」として捉え直す視点も重要である。

　「ナイトの不確実性」という言葉がある。これはフランク・ハインマン・ナイト[14]（Frank Hyneman Knight）が言った言葉である。ナイトは，不確定な状況を 3 つのタイプに分類した（ja.wikipedia.org/wiki/）。

　第 1 のタイプは「先験的確率」である。これは例えば「2 つのサイコロを同時に投げるとき，目の和が 7 になる確率」というように，数学的な組み合わせ理論に基づく確率である。

　第 2 のタイプは「統計的確率」である。これは例えば男女別・年齢別の「平均余命」のように，経験データに基づく確率である。そして，

　第 3 のタイプは「推定」である。このタイプの最大の特徴は，第 1 や第 2 のタイプと異なり，確率形成の基礎となるべき状態の特定と分類が不可能なこと

---

[14]　20 世紀前半に活躍したアメリカの経済学者。ジェイコブ・ヴァイナー，とともにシカゴ学派の基礎とされる第一世代である。1950 年アメリカ経済学会会長。

である。さらに，推定の基礎となる状況が1回限りで特異であり，大数の法則が成立しない。ナイトは推定の良き例証として企業の意思決定を挙げている。企業が直面する不確定状況は，数学的な先験的確率でもなく，経験的な統計的確率でもない，先験的にも統計的にも確率を与えることができない推定であると主張した。

　そしてナイトは完全競争の下では不確実性を排除することはできないと主張し，その不確実性に対処する経営者への報酬として，利潤を基礎付けた。

　企業経営とは，この「ナイトの不確実性」の連続である。そこに利益が生まれる。この「報われるリスク（戦略リスク）」に備えよと言ったのが2017年版COSOである。

　新型コロナウイルスによる経済危機に際し，経営者が，どのように対処するのか，BCP（事業継続計画）を持っていたのか等，経営力の真価が問われる。有事に対応する能力は企業価値の長期的な増大に不可欠である。

11. 会社法でいうリスクマネジメントとは

　損失の危機の管理とは，会社法362条4の六にて決められた「取締役の職務の執行が法令及び定款に適合することを確保するための体制及びその他株式会社の業務の適正を確保するための体制」のことを言う。「損失の危機の管理」とは，いわゆる「リスク・マネジメント」のことである。

　また，会社法施行規則98において，

　1. 法第348条第3項第四号 に規定する法務省令で定める体制は，次に掲げる体制とする。

　　一　取締役の職務の執行に係る情報の保存及び管理に関する体制

　　二　損失の危険の管理に関する規程その他の体制

　　三　取締役の職務の執行が効率的に行われることを確保するための体制

　　四　使用人の職務の執行が法令及び定款に適合することを確保するための体制

　　五　当該株式会社並びにその親会社及び子会社から成る企業集団における業務の適正を確保するための体制

と述べている。

　会社法には所謂「内部統制」なる言葉は出てこない。また,「損失の危機の管理」とは,いわゆる「リスクマネジメント」のことである。危機管理とは,企業不祥事があった場合に企業が受ける損失を最小化し,早期に企業活動を再び正常化させることを目的としている。

　自社で発生する可能性がある多様な「損失の危機」リスクについて,取締役会で決議した事項の概要を事業報告等で公表することが求められている。

①その発生を未然に防止するための手続き,体制

②発生した場合の対処方法等を定めた社内規程の整備など

③「損失の危機」とは,防災などの危機管理だけではなく,全体的リスク・マネジメント（ERM）として,自社なりに定義することが望まれる。

　自社なりにリスクを定義し,事業継続計画（BCP）を策定し,事業継続管理（BCM）により,BCPを運用,訓練,継続的改善に取り組むことになる。2019年10月の15号台風で,JR東日本は北陸新幹線の全車両の3分の1が被害にあった。国土交通省のハザードマップを見て,取締役会で真剣に議論しなかったのであろうか。正に油断である。今後,気候変動やESG（環境・社会・企業統治）リスクは取締役会のメインテーマになる。ESGの発想なくして本業のサステナビリティは保証されないであろう。

　特に,2011年3月11日の東日本大震災から9年にあたる2020年に,BCPの精度を高めて災害に強くなるため,イオンが食品,日用品メーカーなど50社と連携して新システム「BCPポータルサイト」を稼働する等,自然災害への対応は各企業で確実に進みつつある。しかしながら,新型コロナの蔓延で,もろくも我が国のサプライチェーンが崩壊した。中国や東南アジアに原料・部品や製品の製造委託をしていた企業は急遽日本に拠点の一部を移し始めた。マスク・防護服や消毒剤がその典型である（第I部補論2「リスクマネジメント」を参照）。

12.　善人による不正のトライアングル

　2017年の改定版COSOが示した成長戦略や事業ポートフォリオ・M&A等に

伴う「戦略リスク」，即ち「攻めのガバナンス」をも倫理の範疇の中で論じなければならい現代社会は，「戦略リスク」を最小化する企業倫理が必要になる。東芝の佐々木則夫社長が「残り3日で120億円出せ」といったといわれる。誰もが無理だと思っても口に出さない。粉飾をやれと聞こえる。事業部は「残り3日で119億円出した」。これは，道徳的リーダーシップ（Moralistic Readership）持っている CEO ならば，内面的に自制しこれは言ってはならないと気が付くはずである。これを称して，経営者良心という。この経営者良心論は，1932 年のバーリ・ミーンズの著書『近代株式会社と私有財産』において取り上げられており，経営者の資質として「経営者良心」は社会的責任論，ビジネス・エシックス論の中核をなす重要課題の一つである。法制度・規則による他律的なガバナンスだけでなく，自律的なガバナンス体制の確立として「経営者良心」に期待することは「コーポレート・ガバナンスの目的」に照らして，重要なことであると思う。

「善人による不正のトライアングル」という言葉がある。米国の犯罪学者ドナルドソン・R・クレッシー教授は「善人による不正のトライアングル（The Fraud Triangle)」即ち，「不正行為」として，動機（Pressure），機会（Opportunity），正当化（Rationalization）の3要素が揃うと善人といえども背信行為を行うとの原則である。

これは，米国監査基準 SAS の 99 号等に取り上げられている。
①動機（Pressure）：上からの強いプレッシャー等の動機が存在した。

図表序-4　善人による不正のトライアングル

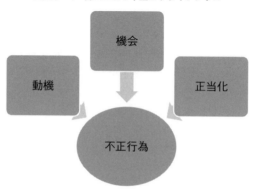

②機会（Opportunity）：見つからずに問題を解決出来そうな機会が存在した。
③姿勢と正当化（Rationalization）：会社のため，家族のため機会を利用せざるを得ない状況が作り出されていた。

　悲しいかな人間とは弱いものである，善人でも不正の3条件が揃うと背信行為に走るとの性弱説の観点から監査・監督に臨まなくてはならない。また，3条件が揃わないように情報収集と機会を与えない内部統制システムが重要である。

　経営者による最悪のプレシャー用語は①数字が出ないのならこの窓から飛び降りろ（スルガ銀行）②死ぬまでやれ（電通）等である。一橋大学元教授の伊丹敬之が性弱説を唱えた。曰く「人間生まれながら性善なれど，弱し。」である。

13.　企業倫理活動は価値共有・自由闊達型が良い

　企業倫理活動には，「コンプライアンス型」と「価値共有型」がある。企業倫理活動とは，「従業員が社会的な規範から逸脱した行動をとらないことを目的とした制度構築と実践」を指す。具体的には，企業行動規範の制定，専門部署・ヘルプライン（相談窓口）の設置，教育研修の実施などがあげられる。企業倫理研究では，Paine（1994）によって，コンプライアンス型と価値共有型という企業倫理活動の類型が提示されている。コンプライアンス型とは，懲罰のような制約によって従業員の行動を服従させることを目的とした企業倫理活動であり，価値共有型は，従業員の一体化と，組織の目標や価値にコミットさせることを狙った企業倫理活動である。また，山田・中野（2006）による実証研究によると，企業倫理活動の成果の高さは，①価値共有型・自由闊達型，②コンプライアンス型・自由闊達型，③コンプライアンス型・管理志向型，④価値共有型・管理指向型という順になった。分析結果の考察より，コンプライアンス型に比べると，価値共有型は組織風土との適合が非常に重要である可能性を示唆している。また，企業倫理活動の類型を問わず，自由闊達型の組織風土の場合に企業倫理活動の成果が高いことから，組織風土の重要性も指摘している（谷口：2013）。

　因みに，CG コード【原則 2－2. 会社の行動準則の策定・実践】は価値共有型を指向している。

【原則 2－2. 会社の行動準則の策定・実践】

　上場会社は，ステークホルダーとの適切な協働やその利益の尊重，健全な事業活動倫理などについて，会社としての価値観を示しその構成員が従うべき行動準則を定め，実践すべきである。取締役会は，行動準則の策定・改訂の責務を担い，これが国内外の事業活動の第一線にまで広く浸透し，遵守されるようにすべきである。

補充原則

2-2① 取締役会は，行動準則が広く実践されているか否かについて，適宜または定期的にレビューを行うべきである。その際には，実質的に行動準則の趣旨・精神を尊重する企業文化・風土が存在するか否かに重点を置くべきであり，形式的な遵守確認に終始すべきではない。

　以降の本著の論理展開は基本的に価値共有型であるが，グローバル企業の海外展開においては，海外における「独禁法」に配慮せざるを得ず（特に，米国量刑ガイドライン），最低限の社内懲罰制度は必要である（詳細後述）。

14. アベノミクスの未来投資戦略はリスク戦略を踏まえよ

　以下は金融庁による，CG コードの補充原則 4-3④ であるが，これは現下の連続的・かつ広範囲な不祥事事件の多発を見るにつけ，たとえ，アベノミクスの未来投資戦略を踏まえた「攻めのガバナンス」に配慮したとはいえ，このコードの後段の最後は不要な文言のように見受けられる。2017 年版の　新 COSO によると，ガバナンスを全社リスクマネジメント（ERM）の上位概念として持ってきた。そして「取締役会がリスク監視を行うこと」，「リスクとパフォーマンスをレビューすること」に敷衍している。経産省の「グループ・ガバナンス・システムに関する実務指針」の内の「4.内部統制システムの在り方」は実によくできているので参考にされたい。特に，「グループの内部統制システムに関する親会社の取締役会の役割 4.4」では，「親会社の取締役会は，グループ全体の内部統制システム構築に関する基本方針を決定し，子会社を含めたその構築・運用状況を監視・監督する責務を負う」と述べている。

　※この監視・監督には，定期的な見直しや，不祥事発生時のグループとして
　　の再発防止策等を含む。
　※親会社取締役には，親会社の資産である子会社株式の価値を維持するため
　　にも子会社を適切に管理する義務があると解されている。

　従って，CG コードの補充原則 4-3 ④ の後段「個別の業務執行に係るコンプ
ライアンスの審査に終始すべきではない」は言わずもがなであり，この不祥事
多発時代にふさわしくない。削除されるか「不祥事企業を除いて」を挿入すべ
きである。果たせるかな，2021 年 4 月の CG コード改訂案では削除されている。
　理由は，2020 年 1 月，郵政 G の社長に就任した増田寛也社長は 10 カ月以上
にわたって営業再開を決めずコンプライアンス違反の審議に専心していた。
JAL の再建で就任した稲盛和夫も 2 年間，専ら執行取締役を含む 50 人以上の
意識改革活動を行っていた。

4-3 ④　コンプライアンスや財務報告に係る内部統制や先を見越したリスク管理
体制の整備は，適切なリスクテイクの裏付けとなり得るものであるが，取締役会
は，これらの体制の適切な構築や，その運用が有効に行われているか否かの監督
に重点を置くべきであり，個別の業務執行に係るコンプライアンスの審査に終始
すべきではない。

第Ⅰ部

近年における数々の企業不祥事事件

第1章

近年における数々の企業不祥事事件の
内容と特徴

第1節　はじめに

　カルロス・ゴーン元会長が「何も言わない監査役を探してこい」と周囲に伝えたとも言われるが,『知らなかったでは済まされない監査役の仕事』という著書を書かれたのは島村（2005）で, 日本経営倫理学会の創業期に活躍された方ですが, 今や, 監査役制度や内部統制システムは不祥事防止のためになくてはならない制度として注目されている。監査役も, 監査法人も, 内部統制部門長も「知らなかったでは済まされない」時代なのである。しかし, スルガ銀行の書類等改竄事件で, 取締役等責任調査委員会/監査役責任調査委員会の結論が第三者委員会報告と異なり, 2人の常勤監査役を無罪放免とした。あれほどの不正や違法行為が組織的に蔓延していながら, チェックできないのみならず, その予兆さえ認識できなかったという2人の常勤監査役に, 株主をはじめ多くのステークホルダーは隔靴掻痒の感をいだいているのではなかろうか。

　また, 数々の不祥事の多発の結果, 現在, コンプライアンス委員会・リスクマネジメント委員会・経営倫理委員会とか名称は異なるが, 社内制度として持たない企業は殆どない（以下の実証研究の60社中35社が持つ）くらい普及している。しかし, それらの組織や制度があっても全く機能しない企業が実に多い。また, 同一企業であっても不祥事を何度も再発している。真のコンプライアンス経営の叫ばれる所以である。

　2014年12月までの7年間, 2,248億円の「不適切会計処理」事件を起こした東芝の場合, 第三者委員会報告によると,「財務部は, 決算処理に関する関与としては, 主として, 各社内カンパニーが作成した決算をとりまとめて連結決

算のための対応を行うのみであり，各社内カンパニーにおける会計処理が不適切であるか否かをチェックする役割を果たしていなかった。逆に財務部は，社長月例における『チャレンジ』の原案を作成するなどの役割を担っており，売上高（利益）至上主義の下で，各社内カンパニーに対して目標達成のプレッシャーを与える過程に関与していたものである（後略）。

　経営監査部は，業務分掌規程によれば，コーポレート部門，カンパニー，分社会社及び関係会社に対する監査をつかさどるものとされていた。しかし，実際には経営監査部が東芝において主として行っていた業務は，各カンパニー等において行われている『経営』のコンサルタント業務（業務監査の一部）がほとんどであり，会計処理が適切か否かといった会計監査の観点からの業務はほとんど行われていなかった（中略）。これらの事実からすれば，経営監査部による内部監査には不備があり，統制は十分に機能していなかったものと評価せざるを得ない」と述べている。

　即ち，第2のディフェンスラインであるべき，東芝の財務部も経営監査部も業務管掌規則に書いてある職責を殆どやってなかった。歴代社長が机を叩いて，チャレンジ！チャレンジ！と怒鳴るのを見過ごし，否，むしろ加担していた感がある。従って，不祥事を防止する組織やシステムが社内にある場合は，それらを機能化させるように，経営トップが経営理念・倫理コードを含む行動準則・経営方針（ミッション・ビジョン・コアバリュー）等の基本理念に則り，リーダーシップをとってマネジメント・レターをしつこく発すること及び自身の経営者資質（倫理観や倫理的価値観）に磨きをかけ，不祥事防止に自ら全力を挙げなくてはならない。また，コンプライアンス委員会の委員長をCEO自ら行わず，経営会議の下部組織の諮問機関としてコンプライアンス委員会を置き，専務や常務の執行役員や事業部長に本業兼務でやらせてる場合が殆どである。

　東洋ゴムの2007年の「断熱パネル偽装事件」では，第三者委員会の意見に従い，コンプライアンス委員会を作り，社長自ら委員長についたが，1年で解散宣言してしまったケースもある。田中一弘（2014）は責任とは「なすべきをなし，なすべからざるをしない」ことだといわれたが，これはコンプライアンスの本質をついている。また，これまでの不祥事事件に関する第三者委員会報告

では経営者資質に切り込まない論が実に多い。これでは真の意味で再発防止はできない。

第2節　1980年以降の我が国における主要企業不祥事の事件内容と特徴

1. 我が国の不祥事の系譜の要約（出典：水尾（2018）を参照）

　第1期は，1980年代後期〜90年代中期で，バブル景気とその後の遺産が表面化，隠ぺい工作，官と民の不祥事が相次ぐ時代で，野村他証券4社による利益供与と損失補てんや総会屋との癒着等があった。その結果，1992年「暴対法」，1997年利益供与要求罪が導入された。

　第2期は，1990年代中期〜2000年中期で，不祥事のグローバル化の時代で，大和銀行NY支店巨額損失事件，米国三菱自動車のセクハラ事件等が起こった。1996年「経団連」が企業行動憲章を改定，1999年「東証」により第1次の「コーポレートガバナンス原則」が制定された。米国では，エンロン，ワールドコム事件の教訓から，2002年米国企業改革法（SOX法）が成立。2006年にはこれを受けて，金融商品取引法（J—SOX法）が我が国で制定された。主因は個人のモラルハザード（倫理観の欠如）である。

　第3期は，2000年代前期〜中期で。2000年雪印乳業による集団中毒事件，2002年の雪印食品にBSE対策牛肉偽装事件，日本ハムの牛肉偽装事件や2005年パナソニックのFF式石油温風機の回収事件等があった。

2. 2000年中期以降2021年に至る主要不祥事60社の内容

（カッコ内は不祥事の回数を示す，下線引きは明らかに経営者資質に問題ありを示す。その数は41社で全体の70％を占める，なお社数は原因別延べ社数である。）出典：筆者調査，
①コストカット・納期優先を主因とする品質等に係るデータ等の不適切処理

（改竄，隠ぺい，無資格検査等）

神戸製鋼所，中山製鋼所，日産，三菱自動車（2回），スズキ，マツダ，SUBARU，ヤマハ，日本ガイシ，旭化成建材，東洋ゴム，三菱マテリアル，宇部興産，東レ，フジクラ，KYB，日立化成，日立金属，三菱電機，クボタ，TATERU，IHI，ジャムコ等23社

②インサイダー取引（上記企業の内，不祥事発表遅延による，社員等が自社株発表前売り抜け行為）[1]

　東洋ゴム，旭化成建材，タカタ，神戸製鋼所等4社

③売上維持のためのリコール隠し，特殊サイズ品を一等品として出荷

　三菱自動車（2回），神戸製鋼所（特採），中山製鋼所等3社

④設備投資抑制による大気汚染防止法違反等の環境事件

　神戸製鋼所（26回），三菱マテリアル（土壌汚染隠蔽）等2社

⑤不正会計・所得隠し・巨大損失隠し等

　東芝（2回），東芝子会社（WHC：ウエスティングハウス社），オリンパス，富士ゼロックス，LIXIL，神戸製鋼所（所得隠し4回），大和ハウス（架空発注），ジャパンディスプレイ（在庫過大計上），等8社

⑥国内外「独禁法」違反，米国腐敗行為防止法（FCPA）違反，英国贈賄法（BA）違反等

　東芝（2回），ブリジストン（4回），パナソニック（3回），オリンパス（2回），タカタ，トヨタ（2回），矢崎総業，古川電工，日立オートモティブ等9社，（但し，200億円以上/社）

⑦不当残業，パワハラ等

　電通（殺されても放すな），ヤマトHL（6回），大和ハウス，三菱電機（新入社員が自殺，教育主任を書類送検）等4社

1　インサイダー取引とは，上場会社の関係者等が，その職務や地位により知り得た，投資者の投資判断に重大な影響を与える未公表の会社情報を利用して，自社株等を売買することで，自己の利益を図ろうとするものである。そうした情報を知らされていない一般の投資者は，不利な立場で取引を行うこととなり，証券市場の信頼性が損なわれかねないため，金融商品取引法で禁止されており，違反者には証券取引等監視委員会による刑事告発や課徴金納付命令の勧告が行われる。事件内容を知っている不祥事関係者またはその親類縁者等が自社株を保有していた場合，いよいよ明日マスコミ発表等がなされ，株価がかなり下がると想定されると，その前に売り抜けようとする。これらが後日，証券会社や証券取引等監視委員会によって摘発される。

⑧引越代金の過大請求，架空売り上げ

　ヤマト HL（山内雅喜創業家社長 5 年で 3 回謝罪），日本システム技術等 2 社

⑨不正改竄・融資，保険料二重徴収・無保険，金品の還流等 3 社

　スルガ銀行（カボチャの馬車事件の不正改竄及び岡野光喜創業家 433 億円の不正融資），

　日本郵便・かんぽ生命（保険料二重徴収・無保険）

　関西電力（助役から，八木誠会長や，岩根茂樹社長等 93 人（一部従業員を含む）に，3 億 6 千万円相当の金品の還流）

⑩施工不良

　レオパレス（深山祐助創業者社長指示「仕様外の部材」），

　大和ハウス（耐久性・防火性違法住宅 4 千棟 - 社長は 2 か月後に承知，しかし，発表は 2 年後）等 2 社

　以上の ① から ⑩ までの 60 社の不祥事事例の内，①〜③ までは主因としてコスト削減・納期優先で 30 社ある。また，④〜⑩ までは主因が売上高（短期利益）中心主義で 30 社ある。ルートコーズ（真因）をたどれば，概ね「売上高（利益）至上主義」に帰結することができる。その背景は株主第一主義である。それは序章で述べた株主を意識して「報われるリスク」に経営陣が傾倒しすぎるからである。今，時代は変わりつつある。ノルマを止める企業が，三井住友銀行，明治安田生命保険，日本郵政・かんぽ生命保険，セブン-イレブン・ジャパン等出ている。ケーズ HL は「頑張らない経営（正しいことを無理せず実行する）」を経営方針としている。ステークホルダーからの信頼と共感を得られるように「報われないリスク」である環境性・社会性・人間性に配慮して ESG・SDGs を中長期計画に盛り込み取締役会で真剣に議論しなくてはならない時代である。特に Covid-19 により環境性・社会性・人間性を重視する世の中に変わりつつあるといえる。

3.　2000 年中期以降 2021 年に至る主要不祥事の特徴

　「我が国が誇ってきた高品質というものづくりに異変」についての学者等のコメントが出された（2017 年 11 月 30 日毎日新聞他より筆者要約）。

①久保利英明弁護士：日本が誇ってきた「現場力」というものが，実はそれほど万全ではない。むしろ「根腐れ」を起こしている。

②藤本隆宏東大教授兼ものづくり経営研究センター長：「現場力の劣化」論は短絡的である。トヨタ生産システムにみられるように，現場と経営の信頼関係構築や変えるべきものと変えないものを分けることが大事。

③伊藤嘉博早稲田大商学学術院教授：背景に安易なコスト削減がある。

「ものづくりに異変」といってもトヨタやホンダはデータ改竄や不正検査をやってない。全て自動化された機械が行っており人間による操作の入る余地がない。従って，藤本隆宏教授の論に現実感があると思う。現に，2017年以降，問題を起こした日産，SUBARU，スズキの3社の再発防止策を見ると，検査員を大幅に1.9倍に増やしている。また，不適切な検査データを洗い出すシステムを導入している。3社の総投資額は5000億円に達する。スズキは120項目の再発防止策を，日産は93項目を，また，スバルは65項目を，国土交通省に実施したと報告した。今後，内部通報制度の充実やトップの再発防止策継続のリーダーシップが問われる。

今回の不祥事は同じ会社が組織的に何回でも不祥事を繰り返している（注：カッコ内は2000年以降の不祥事回数を示す）。

神戸製鋼所（8項目約34件），三菱自動車（7回），関西電力（6回），三菱マテリアル（6回），三菱電機（4回），東洋ゴム（4回），東芝（4回），ヤマトHL（4回），化血研（4回），オリンパス（4回），日産（3回），スズキ（3回），SUBARU（3回），大林組（3回），のように，中には，①何回でも，②40年も，20年も前からの長年にわたって，且つ，③広範囲の事業場で行っていた，④主として組織的である。という特徴がある。

マーケティング・マイオピア[2]に駆られ，何しろ手段を選ばず，単に売れればよいという売上（短期利益）至上主義が見られる。たま，経営者資質にモラルハザード（倫理の欠如）が見られるという特徴がある。例えば，

2　マーケティング・マイオピアとは，50年以上前に発表されたセオドア・レビット氏の文献のタイトルで，その中で，近視眼的なマーケティングを展開する企業は事業機会を見逃し，やがて市場で衰退・退去してしまうことが多いことを示している。

①引越代金の過大請求のヤマトHL（山内雅喜創業家社長5年で3回謝罪），

②スルガ銀行（カボチャの馬車事件及び岡野光喜創業家へ433億円の融資，内69億円使途不明金），

③日本郵便・かんぽ生命（保険料二重徴収・無保険），

④施工不良のレオパレス（深山祐助創業者社長指示「仕様外の部材」使用）は，2020年3月期803億円の赤字，自己資本が底をつきつつある。

⑤大和ハウス（耐久性・防火性違法住宅4千棟，社長は2か月後に承知，しかし，社外発表は2年後）等である。

　これらの内，特徴的な10社（関西電力，日本郵政グループ，スルガ銀行，神戸製鋼所，三菱自動車，富士ゼロックス，東芝，東芝の子会社（WHC：ウエスティングハウス社），オリンパス，日本システム技術）を個々具体的に見てみよう。

第 2 章

関西電力の金品還流事件

1. 関西電力の経営理念

　関西電力の経営理念は，「私たち関西電力グループは，安全最優先と<u>社会的</u><u>責任の全うを</u>経営の基軸に位置づけ，お客さまと社会のお役に立ち続けることを使命に，明るく豊かな未来を実現し，ともに歩んでいきます。（下線は筆者挿入）」と誠に立派であるが，全く形骸化している。

2. 不祥事事件の連鎖

(1) 美浜原発事故（2004 年 8 月）

　2004 年 8 月 9 日に美浜発電所 3 号機で発生した配管破損事故。2 次冷却系のタービン発電機付近の配管破損により高温高圧の水蒸気が多量に噴出，逃げ遅れた 5 人が死亡した。

(2) 所得隠しの発覚（2 件）

　2008 年 3 月期までの 2 年間で，同社所有の遊休地の取引に絡み，大阪国税局から，約 6 億円の所得隠しを指摘されていた。同社が所有権を持たない土地について，売却損益を架空計上したと判断された様である。申告漏れの総額は約 62 億円に及ぶとされ，国税当局は重加算税を含め約 21 億円を追徴課税した。なお，同社はこの件に関して，一切公式サイト上でコメントをしてない。

　2011 年にも，福井県美浜町などでの原子力発電所建設で生じた金属屑を，実勢価格よりも安い価格で地元業者に売却していたが，これについて，同国税局から「（課税対象となる）交際費である」とされ，2010 年 3 月期までの 5 年間

で約45億円の申告漏れを指摘された。「原発」に絡む地元との癒着はこの時から始まっていた感がある。

(3)　宅空き室等の維持費の電力料金への転嫁

2012年に，同社は電気料金値上げ（総原価方式）を申請したが，その際，電力料金に社宅や寮の空き部屋等の維持費を電気料金算定の原価に含めるよう「経産省」に対し求めていたことが判明。同省は，入居率が9割未満の物件についてはコストを減額した上で原価に計上することとしたが，物件の中には，廃止され塩漬け状態となっている社宅跡も含まれており，役員報酬が電力料金に含まれていた問題も明らかとなる中，「料金値上げの前に土地を売却すべき」だとの批判の声が多く聞かれる。総原価方式に問題あり。

(4)　送電線設備をめぐる談合

2014年1月31日に同社発注の送電線設備の工事について，受注業者との談合に同社社員が240名関わっていたことが明らかになった。公正取引委員会は，同社に対し談合防止策を申し入れた上，談合に関わった受注業者に対し，独占禁止法違反で課徴金納付や排除措置命令などを出した。同社は，当時の副社長ら執行役員4人を譴責や報酬返上などの処分とした。談合体質あり。

(5)　過労死問題

2016年4月中旬に，同社で高浜原子力発電所の運転再開を巡り原子力規制委員会の審査対応にあたっていた40歳代の男性課長が，出張先の東京都内のホテルで自殺。この課長は，3月や4月の残業時間だけでも約100時間に及ぶとされた。敦賀労働基準監督署は同年内に，この男性を労災認定した。

3．社長，副社長ら93人の金品受領問題

出典：第三者委員会最終報告書の要旨（2020年3月14「日経」新聞等）を基に
　　　筆者作成

(1)　事件の全容

　社内調査では不十分とのことで，再調査を進めていた第三者委員会（委員長：但木敬一元検事総長）は，2006 年から 2018 年にかけて，高浜原子力発電所 3，4 号機の誘致で地元の反対勢力を抑え込むなど「地域対策」に尽力した福井県高浜町の元助役の故森山栄治[1] から，八木誠会長や，岩根茂樹社長等 93 人（一部従業員を含む）が，3 億 6 千万円相当の金品を受け取っていたことを明らかにした。関電では社外の人から贈答や接待を直接受けることを禁じる明確な内規はなかった。

> 　米国では，2002 年 7 月 SOX 法（Sarbanes-Oxley Act of 2002）第 4 章 406 条にもとづき政府機関である SEC は 2003 年 1 月，その施行規則を定め，株式発行者が CEO，CFO，CAO，コントローラー等のための倫理規範（Code of Ethics）を制定しているか，また制定してなければその理由を，開示しなければならないと規定した。このため，各社は取締役会倫理規則の中に「会社以外からの報酬・ギフトの受領の禁止」が入っている（Xerox Corporation の例，詳細後述）。

　森山氏が顧問を務めたとされる高浜町の建設会社・吉田開発に「工事を持ってこい」といわれ，121 件の工事を発注，うち約 7 割で概算額などを森山氏に事前提供するなどした。同社は 13〜18 年度に約 64 億円の関電関連業務を受注し，国税当局の調査で吉田開発から森山氏に手数料として約 3 億円が流れたことも分かっている。従って，3 億 6 千万円の資金源は工事費として支払われた「原発マネー」の還流と思われる。第三者委員会は「森山氏が関電の見返りを期待して金品を提供したと考えるのが適当」と判断した。しかし，関電側が森山氏から特定企業などに利益をもたらす「不正な請託」をうけた見返りに金品を受領したとの事実は確認できず。報告書でも違法性の有無に触れてない。

　関西電力は 2020 年 10 月 6 日，金品受領問題で新たに子会社・関電プラントの元社長ら少なくとも 7 人が福井県高浜町の元助役，森山栄治氏（故人）から総額 303 万円相当の商品券などを受け取っていたと発表した。7 月に子会社・

1　2019 年 3 月に 90 歳で死去，2019 年 10 月 7 日毎日新聞によれば，1970 年，部落解放同盟福井県連高浜支部が結成され，福井県内唯一の解放同盟支部の結成ということもあり，部落解放同盟福井県連合会も同時に結成された。森山はその結成に尽力したこともあり，県連書記長就任。

KANSO テクノスの元社長らによる総額 404 万円相当の金品受領が判明して以降，関電が社外弁護士と協力して子会社を中心に再調査を進めていた。金品受領事件は延々と調査が続いている。

　当初，法令違反はないと言っていた八木会長及び岩根社長他 4 人の関連役員が経営責任を取って辞任した。新社長に就任した元副社長の森本孝を含む役員 6 人が月額報酬の 20％を 3 カ月返上するが，2018 年 10 月に森本氏を含む役員らは部分的ながら内容を知らされていた。その張本人が新社長でよいのかの疑問が残る。2020 年 6 月の定時株主総会での森本新社長の選任議案の賛成率は僅か 59.6％ であった。第三者委員会報告によると，岩根茂樹社長（当時以下同）は 2018 年 9 月，社内調査書を受領。八木誠会長と共に森詳介相談役に相談「コンプライアン上不適切な点はあったが，違法性は認められない」などとして公表見送りを決めた。その後，取締役会に報告しないとの方針も決定した。また，監査役会（常勤監査役 3 名と社外監査役 4 名内 1 名弁護士（元検事総長））が 2018 年 10 月社内調査結果を知っていたが取締役会への報告（会 382 条）及び株主総会にも報告（会 384 条）せず，また，「東証」への適時開示（運営・業務に関する重要事実）しなかったことは問題である。監査役を監査する必要があるのではないか。一連の隠ぺい体質は，取締役会で公表しないことを決めた 2002 年のダイキン社のミスタードーナツ事件（後述）を想起させる。

　東京や大阪などの個人株主が 2019 年 11 月，監査役に対し，新旧役員ら 5 人に 54 億 2 千万円の損害賠償請求訴訟を起こすよう関電に求めた。関電が 60 日以内に提訴しなければ株主代表訴訟を起こすことができる。一方，市民団体は会社法違反（特別背任，収賄）や背任容疑などで前会長等に対する告発状を検察に提出している。2020 年 6 月 15 日，監査役会が経営陣に対して法的責任の有無を問う役員責任調査委員会を設置し，その報告を基に，経営陣の行為が善管注意義務違反に該当すると判断した。会社は総額 19.3 億円の 5 人の旧経営陣への損害賠償請求を決めた。

(2)　第三者委員会が提言した再発防止策の主なポイント。

　①ユーザー目線でのコンプライアンス意識の醸成

　　専門家の意見を聞いた上での「コンプライアンス憲章」の制定

②内向きの企業体質の是正

　独立性を持つ会長の外部起用。一代限りでなく継続的に

③原発に地元重視施策の透明性向上

　事前の発注約束など，許されない行為を規定したルールが必要

④取引先からの金品受領に関する明確なルール

　問題発覚後に設けた贈答・接待の禁止規定の実効的運用

⑤ガバナンス体制の再構築

　取締役会への報告ルール設定，内部通報制度の見直し

⑶　社内組織の問題点

　2002年11月からは，常務会の諮問機関としてCSR会議があり，その下部組織として，社外委員（弁護士）2名を含む「関西電力コンプライアンス委員会」を設置すると共に社内および弁護士事務所に「コンプライアンス相談窓口」を設置するとともに，「コンプライアンス・マニュアル」を策定，全従業員に配布し，また，役員・従業員各層を対象に研修会を実施するなど，コンプライアンス体制の充実を図ってきた。しかし，どんなに制度を作っても機能しなくては意味ない。ともあれ，関西電力経営陣の経営者資質，とりわけ倫理観が問われる。彼らは60歳代で社長就任しその後数年で不祥事に巻き込まれている。特に図表Ⅰ-2-1にある藤洋作氏を除く3人の歴会社長は善管注意義務違反で会社から提訴されている。また，この年齢的問題を経営者資質の章で検討してみたい。この問題は，関西電力だけの特異な不祥事なのか。また，他の電力会社にもあるのか自社努力による調査に任して良いものかの疑問に答えるため，電気事業連合会は2020年4月17日，電力各社の社員が金品を受け取った際に会社として返却する体制を構築することで合意した。これにより電力業界のコンプライアンス体制への不信感の払拭を急ぐ。

⑷　取締役責任調査委員会報告と訴訟問題

　2020年6月8日，監査役会が設置した取締役責任調査委員会（委員長：才口千晴弁護士）は，関西電力の一連の金品受領問題等について，岩根元社長など5人（岩根茂樹前社長，八木誠前会長，森詳介前相談役，豊松秀己元副社長，

図表 I −2−1　関西電力の過去 20 年における社長の在任期間と不祥事の関係

社長名	社長就任期間と就任時年齢	出身大学・pp. 36-37 の不祥事事件
藤洋作	2001 年 6 月（64 歳）〜2005 年 6 月，4 年間	京都大学工学部 (1)により引責辞任
森詳介	2005 年 6 月（65 歳）〜2010 年 6 月，5 年間その後相談役	京都大学工学部 (2)〜(5)，3 に関与
八木誠	2010 年 6 月（（61 歳）〜2019 年 10 月，社長〜会長，9 年間	京都大学工学部 (2)〜(5)，3 に関与，3 により引責辞任
岩根茂樹	2016 年 6 月（63 歳）〜2020 年 2 月 14 日，3 年 8 ヶ月間	京都大学法学部 3 により引責辞任，

出典：筆者「有報」等により作成

白井良平元常務）について善管注意義務違反を認定し，総額で 19.3 億円（弁護士による調査費用 8 億円を含む）の損害賠償責任があると認定した。この内の豊松秀己元副社長は原子力事業本部長で元助役から 1 億円以上の金品を受け取っていた。八木会長が豊松副社長を豊松先生と呼んでいたといわれるほどの本件の中心人物である。

①福井県高浜町元助役などからの金品受領。

②元助役側への工事情報提供

③東日本大地震に減額した役員報酬の秘密裡の補填

④金品受領問題の公表の一時見送り

①と②では八木前会長，岩根前社長，豊松元副社長，白井元常務の 4 人，③では八木氏，岩根氏，森前相談役の責任を指摘した。その上で，本来よりも高い金額での工事発注や不要な工事発注，問題発覚後の入札指名停止処分及び信頼失墜といった損害が発生したと認定した。一方，④では公表見送りを決めた八木氏と岩根氏について「善管注意義務違反」となるかは見解が分かれるとの指摘にとどめた。臨時監査役会は，6 月 15 日提訴することを決定した。また，事前に情報を入手していたが取締役会に報告してなかった現旧監査役 7 人の責任については，提訴しないことにした。理由は善管注意義務違反を認めたものの，仮に裁判をしても回収金額は訴訟費用を下回る可能性があるとしたためである。しかし，5 人の経営陣のケースでは訴訟費用を 8 億円も含めて回収しようとしているのにこれはおかしい，基準がおかしくないでしょうか。これらを

受けて，日本監査役協会は 2019 年 10 月 25 日，「企業統治の一翼を担う監査役としては，取締役会への報告を含め，その職責の遂行に当たっては，責務を違法性のみに狭く捉えるのではなく，企業統治の向上に資すると判断すれば積極的に行動することが求められていると言えます」，「このような不祥事が発覚した場合，通常組成される調査委員会の構成につき独立性が担保されているかの検証を行うと共に，事実解明やガバナンスが機能しているかの検証並びに再発防止のための体制づくり等についても監査役は大きな責務を負っている，執行に対しても毅然とした姿勢で対応する覚悟が求められます」との会長声明を出した。

　一方，社外取締役については，2015 年に「人事・報酬等諮問委員会」を設置し，委員の半数超を社外取締役としたが，上記の「東日本大地震に減額した役員報酬の秘密裡の補填」については諮問委員会に募らなかった。即ち，社外取締役に対する情報を報告するルールがなかったという。しかしながら，この問題に関して，2020 年 8 月 18 日，関電のコンプライアンス委員会（委員長：中村直人弁護士）は，森詳介会長（当時），八木前会長，八嶋康博前常勤監査役ら 3 人について取締役として善管注意義務違反を認定した。これは正しく倫理観の欠如という経営者資質の問題ではなかろうか。彼らに自制心とか経営者良心とかのかけらもないのか，その中に常勤監査役が含まれているとは「恐れ入りました」といわざるを得ない。

　上記とは別に，2020 年 6 月 23 日，個人株主 59 人が八木誠前会長や岩根茂樹前社長，森本孝社長ら現旧の経営陣や監査役など計 22 人を相手取り，関電に約 92 億円の損害賠償を支払うように求める株主代表訴訟を大阪地裁に起こした。損害については問題発覚後の信用低下による株価下落 50 億円，営業損害 7 億円，不正発注と公正な発注の差額 3 億 2 千万円などと算定した[2]。

　一方，提訴された旧経営陣 5 人は，2020 年 7 月 21 日，訴えの却下を大阪地裁に申し立てた。理由は，法的責任を認定した「取締役責任調査委員会」のメンバーだった弁護士が訴訟で関電の代理人に就いたことについて「委員会の独立性が担保されてない」と主張している[3]。

2　2020 年 6 月 24 日付け「日経」新聞
3　2020 年 7 月 22 日付け「日経」新聞

図表 I − 2 − 2　関電の調査委員が注意義務違反とした主な内容

関電の調査委が注意義務違反とした主な内容			
	金品受領	元助役側への工事発注	減額した役員報酬の補填
岩根前社長	○	○	—
八木前会長	○	○	○
森前相談役	—	—	○
豊松元副社長	○	○	—
白井元常務	○	○	—
(注)　○認定，—認定せず			

出典：www.kepco.co.jp/corporate/pr/2020/0608_1j.html

　これとは別に大阪地検特捜部は，市民団体の告発状を受理して，八木誠前会長ら9人の刑事責任の有無を調査するという[4]。

4．まとめ

①関西電力の経営理念は，「私たち関西電力グループは，安全最優先と社会的責任の全うを経営の基軸に位置づけ――」とあるが，電力供給という準公的企業でありながら，まさにモラル・ハザード（倫理の欠如）の連鎖である。この際，経営理念を見直し全員で共有した方が良い。新 CEO は正に（Chief Ethics Officer）でなくてはならず，従って，道徳的リーダーシップを発揮していただきたい。

②関電と元助役との関係は，1979 年の米スリーマイル島原発事故と旧ソ連で1986 年 5 月にチェルノブイリ原発事故を受け，地元原発で原発の安全性に不安が広がった。元助役の森山栄治が，事故対応に当たる過程で関電との関係を深めていったと第三者委員会が伝える。2019 年 10 月 2 日の八木会長と岩根社長の記者会見で，元助役森山氏に関して「恫喝」「呪縛」といった言葉を連発して，金品受領を正当化しようとしていたのが，気になるところである。今後の

4　「日経」新聞 2020 年 10 月 6 日

訴訟の論点になるであろう。

　一方，政府は，現在でも原発を「重要なベースロード電源」と位置付け，電源に占める比率を 20〜22％にする目標を掲げる。関電は 2011 年の東日本大震災後，11 基すべての原発が止まったが 4 基の原発が稼働中（この時点で）である。初期の建設時及びその後の過程で地元の反対を抑え込んで何が何でも原発建設を推進するという会社方針及び原子力業界を中心に産・官・学で構成する「原子力ムラ」の見えざる力学のためには，反対運動等の封じ込めるために金のばら撒きがあったのではないか。政府は基本的な考え方を改めた方が良いのではないか。詳しくは，「関電事件の深層〜二つの闇と組織を守る倫理」（板垣隆夫：2020）を参照されたい。

③一連の事件から見えてくるものは，先輩から綿々と受継がれてきた組織を守るという点でオリンパスの隠れ債務の飛ばし事件（後述）に近似している。

④新経営者は全員，経営者資質を磨くため倫理・道徳研修をケース・スタディやケースワーク手法を駆使して行うべきである。

⑤関西電力コンプライアンス委員会は CEO の直属とし，委員長は CEO 自身が担うべきである。他人任せにしてはならない。

⑥関西電力は 2020 年 3 月 30 日，金品受領問題の再発防止に向けた業務改善計画を経済産業省に提出した。金品を受け取った役員ら 82 人に対する処分も発表した。金品受領問題の処分対象者は既に発表した岩根茂樹前社長らを含め計 93 人となった。

　改善計画は，「内向きで透明性が低い」，「隠ぺい体質」と批判された企業風土を変えるため，社外の人材を幅広く登用するのが柱。東レ出身で前経団連会長の榊原定征氏を会長に充てる人事を発表した。会社の統治形態も社外取締役の権限が強い「指名委員会等設置会社」に移行し，13 人の取締役のうち 8 人を社外取締役にする。調達の透明性を審査する委員会の新設も図る。今後は計画の実行力が問われる。筆頭株主の大阪市からの要求をどう扱うかが問題。米国の心理学者のアーヴィング・ジャニスは「集団浅慮」の条件として，団結力のある集団で，構造的な組織上の欠陥を抱えている場合に発生しやすいという「内向きで透明性が低い」，「隠ぺい体質」を直すことは制度を変えたからできるというものではない。榊原新会長は「関電社員の意識改革」[5] を強調している

図表Ⅰ-2-3 経営トップの心得9箇条——企業不祥事を発生させない"ESR"経営を

1. 人間力（素養，資質や品位など）は高く保たれているか，自らの行いに恥じるところはないか
2. 現場を自分の五感で理解しているか，それを経営に活かしているか
3. 正しい判断基準を保っているか，ビジョンを示しているか
4. 人財（社員・後継者）を育成しているか，社員は生き生きしているか
5. 社内のコミュニケーションは風通し良く保たれているか
6. 企業経営は社会と調和しているか，会社基準は社会基準と合一しているか
7. チェック体制は機能しているか，強化しているか
8. 危機管理を行っているか，いざというときは大丈夫か
9. 情報を正しく発信しているか

（注） ESR＝"*Executive Social Responsibility*"とは，「経営トップ，経営首脳陣の社会的責任」を指す。

が，まず，CEOを含む経営トップ層の倫理教育・意識改革が重要ではないのか。

⑦これまで関西電力から9人の代表幹事を排出している　社団法人関西経済同友会は，2009年1月に図表Ⅰ-2-3にある声明をだしている。これはよくできている。これからの関西電力の経営陣はこれを拳拳服膺して頂きたい。

5　2020年7月28日及び9月7日「日経」新聞

第3章

日本郵政グループの保険料二重徴収・無保険等事件の事例研究

1. 日本郵政グループとは

（出典：www.post.japanpost.jp）

　日本郵政グループは，全国の郵便局ネットワークを通じて，郵便・貯金・保険の三事業を中心としたさまざまな商品・サービスを提供し，お客さまの生活全般に深くかかわり，お客さまと地域・社会 のお役に立ち続ける企業グループ，「トータル生活サポート企業グループ」を目指しています。

2. 日本郵便（郵便局）を代理店とするかんぽ生命の販売体制

　かんぽ生命の中核的な販売チャネルは，「日本郵便」の郵便局である。個人向けの生命保険募集を行う郵便局は 20,035 局，簡易局は 560 局存在する。また，郵便局「窓口社員」用の窓口用営業端末は約 36,000 台，「渉外営業社員」用の新営業端末は約 26,000 台とされている。契約保全，保険金支払いの手続きは，全国の郵便局窓口で可能だが，かんぽ生命では，事務サービスのためのバックオフィスとして，「コールセンター」「サービスセンター」を置いている。

3. グループ運営会議の組織体制

（出典：www.post.japanpost.jp）

　日本郵政グループ協定に基づき，効率的かつ効果的なグループ運営を推進するため，グループ経営に関する重要事項を課題ごとに議論し，グループ会社の

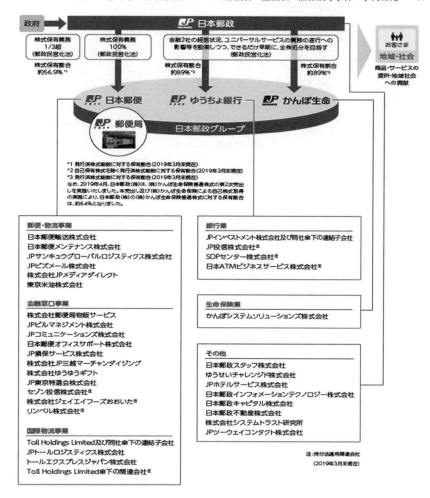

経営陣の認識の共有を図る場としてグループ運営会議を設置しております。

4. 日本郵政グループ経営理念

（出典：www.post.japanpost.jp）

　「郵政ネットワークの安心，信頼を礎として，民間企業としての創造性，効率性を最大限発揮しつつ，お客さま本位のサービスを提供し，地域のお客さま

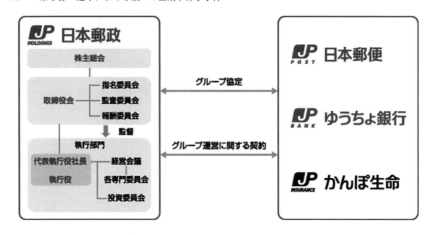

の生活を支援し，お客さまと社員の幸せを目指します。また，経営の透明性を自ら求め，規律を守り，社会と地域の発展に貢献します（下線は筆者挿入）。」とあるが，全く形骸化している。

5. 日本郵政グループ経営方針

（出典：www.post.japanpost.jp）

「① お客さまの生活を最優先し，創造性を発揮しお客さまの人生のあらゆるステージで必要とされる商品・サービスを全国ネットワークで提供します。

②企業としてのガバナンス，監査・内部統制を確立しコンプライアンスを徹底します。（下線は筆者挿入）

③適切な情報開示，グループ内取引の適正な推進などグループとしての経営の透明性を実現します。

④グループの持続的な成長と中長期的な企業価値の向上を目指します。

⑤働く人，事業を支えるパートナー，社会と地域の人々，みんながお互い協力し，社員一人ひとりが成長できる機会を創出します」とある。

　しかしながら，実態は全く空文化している。

6. 内部告発

　事件が露見したきっかけは2018年8月，ある郵便局員から西日本新聞の「あなたの特命取材班」に届いた一通のメールだった。暑中・残暑見舞い用はがき「かもめ～る」の販売ノルマに苦しみ，自腹で購入する局員がいると訴えていたという内部告発であった。

7. かんぽ生命による販売不正の6類型

（合計件数：18.3万件＋新規6万件追加）
①新契約と旧契約の重複加入による6カ月以上の保険料二重払い及び無保険状態約15万4千人。
②10件以上加入し。3割の契約が消滅した「多数契約」約6千件。
③65歳以上で月額10万円以上支払うなど「多額契約」約1万8千人。
④被保険者を変更して新規契約し，変更後の契約が短期で消滅約2万7千件。

図表 I - 3 - 1　特別調査委員会による不適切事件

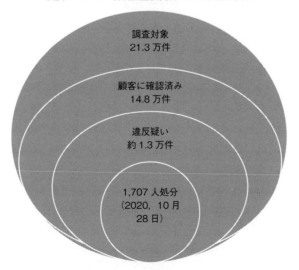

出典：筆者作成

⑤年金から保険への乗り換えの繰り返し約4千件。

⑥既存契約の期間を短縮し，新規契約の引き受けを断る約4千件。

　2020年7月30日，「日経」新聞によると，573人を法令や社内規則違反として懲戒処分する。うち6人を懲戒解雇，社長を含む39人の役員も厳重注意や報酬減額とする。営業再開には契約者の利益回復や再教育の仕組みの整備といった「5つの条件を満たす必要がある」とのことであるが，来月あるいは再来月の取締役会に営業再開を諮る予定であった。しかし，31日新たに，「分配金は定額」と虚偽の説明をして，ゆうちょ銀行の投資信託を薦め，且つかんぽ生命保険を共に契約した顧客が保険料を支払えなくなった不適切販売が765人分発覚したため，営業再開は10月に延期される見込み。

　更に，10月28日読売新聞によると，日本郵政グループは，傘下のかんぽ生命保険の不適切契約問題を巡り，不正に関与した社員や当時の上司計490人に懲戒処分を行ったと発表した。人事上の処分を受けた社員らは計1707人となった。社員の人事処分は，大半が11月末をめどに完了するという。内訳は，実際に不適切販売を行った社員が405人に上った。中でも悪質性の高い10人は懲戒解雇とした。顧客1人に4年間で約90件の契約と解約を繰り返させ，損害額が約1300万円に上ったケースもあったという。当時の上司85人も処分を受けた。部下の監督が不十分だったとして大半が訓戒・注意処分となった。指導する社員に暴言を吐くなど精神的苦痛を与えた3人は，パワーハラスメントに認定され，減給処分などを受けた。かんぽ生命の保険商品は日本郵便の社員が中心となって販売している。今回の490人はすべて当時日本郵便の社員だった。一連の問題を巡っては，保険業法上の法令違反や社内ルール違反が認定された社員は約2600人に上る。調査は現在も続いており，処分者はさらに増える見通しだ。

8. 不適正募集の発生につながる原因

　特別調査委員会報告[1] より。

「① 保険募集人の一部には，モラルに欠け，顧客第一の意識やコンプライアン

ス意識が低く，顧客の利益よりも自己の個人的な利得等を優先する者が存在していたこと。それにもかかわらず，このような不適正募集のリスクの高い保険募集人に対して，実効的な研修や教育，指導に関する取組みを組織的に行ってこなかったこと。

②郵便局等の営業目標達成のために，高実績者である保険募集人に依存せざるを得ない状況の中で，上司等が募集品質に問題がある保険募集人を厚遇してきたため，販売実績を上げる手段として不適正募集が黙認されるという風潮が形成され，不適切な勧誘の話法を含めた不適正募集の手法が各地に伝播していったこと。

③高実績者ではない保険募集人についても，自身の所属する郵便局等の営業目標達成を理由に，顧客に不利益を与える乗換契約を含めた不適正募集を行うことが正当化される風潮が形成されていたこと。

④販売実績を上げるための自主的な勉強会等を含め，不適正募集の手法が共有される機会が存在していたにもかかわらず，これに対する適切な対応が講じられてこなかったこと。

⑤営業目標必達主義を背景とした，厳しい営業推進管理が行われていたこと。

⑥新規契約の獲得に対する直接的なインセンティブを付与する募集手当など，新規契約獲得に偏った手当等の体系となっていたこと。

⑦営業目標の設定及び採算の結果，一部の保険募集人に対して実力に見合わない営業目標が課されていたこと。

⑧かんぽ生命の貯蓄性保険商品の販売が困難となりつつある中で，保有契約数の底打ち・反転のために，高齢者を主な顧客層とする経営目標の設定と実現に向けた営業推進管理体制自体が不適正募集を助長したこと。

⑨不適正募集の疑いが生じた保険募集人に対して，徹底的な調査とこれを踏まえた厳しい不祥事事件・不祥事事故判定や処分等が行われてこなかったこと。

⑩不適正募集を抑止する態勢の整備が不十分であったこと。

⑪顧客に不利益を与える乗換契約等の不適正募集の実態が長期間にわたって把握されてこなかったこと。

1　委員長弁護士伊藤鉄男，委員弁護士寺脇一峰，委員弁護士早川真崇

⑫条件付解約制度及び契約転換制度等が導入されていなかったこと。

⑬乗換契約の募集に係る社内ルールに不明確な点があったため，形骸化や潜脱を招き，適切な運用がなされていなかったこと。

⑭他の類型の不適正募集の抑止を優先し，乗換契約における不適正募集への抜本的な対策が遅れたこと」。

9. 事件を生んだ制度とガバナンス上の問題点

（特別調査委員会報告）

◆かんぽ生命のガバナンスに係る問題点

①リスク感度の低さに起因し，リスク事象を探知した際，根本原因の追究と抜本解決を先延ばしにし，問題を矮小化する組織風土であったこと。

②縦割り意識に起因する部門間の連携不足と情報伝達の目詰まりが生じていたこと。

③社外取締役等の外部人材の知見を十分に活用できていないこと。

◆日本郵便のガバナンスに係る問題点

①重層的な組織構造の中で，郵便局の現場で発生している不適正募集の実態の把握ができていなかったこと。

②日本郵便において，金融コンプライアンスの要請に適切に対応する体制が構築されていなかったこと。

③コンプライアンスを狭義の法令遵守と捉え，顧客本位の観点から，かんぽ生命の保険募集に求められる対応がなされていなかったこと。

④社外取締役等の外部人材の知見を十分に活用できていないこと。

10. 多重統治体制の問題点：問題の背景として「郵政民営化」がある。

①郵政民営化の背景として，電子メールの普及等による郵便取扱高の減少，民間金融サービスの広範・多様な展開，物流サービスの国際展開などがある。

②その時，主張された民営化のメリットは，ア．国民の利便性向上，イ．「見えない国民負担」の最小化，ウ．官から民への資金の流れの変化，エ．小さな政府

の実現，であった。

③分社化目的は，一つに事業で生じた損失のリスク遮断，経営責任の明確化，コスト意識や業績評価の明確化であった。この為に，グループ運営会議を設けた。しかしながら，

ⅰ）日本郵政の機関設計が「委員会設置会社」である場合，グループ・ガバナンスは機能するのか。多様な社外役員がいるが，現地・現場の実態を把握できているのか疑問である。4人の監査委員全員が社外役員で常勤がいない。監査委員長は元大阪高検検事長であるが常勤ではない。また，経営会議の諮問機関としてグループコンプライアンス委員会やグループリスク管理委員会が存在していた。グループコンプライアンス委員会の委員長は専務執行役員（稲澤徹）で経営企画部門，総務部門，人事部門を統括していた。この委員会は，4半期に1回程度，開催された。しかし，不適正募集に係る報告としては，不祥事件の件数が主に報告されており，また，2017年12月以降，総合対策に基づく施策の進捗状況等が報告されており，その情報量は非常に限られ，不祥事や無効・合意解除事案等の詳細については報告されていなかった。さらに，日本郵政の取締役会に対しては，グループコンプライアンス委員会に比して，希薄化された情報しか報告されておらず，主な報告事項は不祥事件の件数等に限られていた。今後，保険販売や金融商品窓口販売におけるコンプライアンスをどう徹底するか。特別調査委員会は，「保険募集の現場まで法令遵守の意識が浸透しておらず，コンプライアンス部門による牽制，内部監査部門による内部監査等コンプライアンス遵守のための相互牽制の仕組みが適切に機能していなかった」としている。これに対し，今後，会社側は「日本郵政の監査部門が，かんぽや日本郵便に直接監査に入ることなど各社の法令順守や監査関連部門の機能の強化」を図ると述べている。

　しかし，2019年12月22日の「日経」新聞によると，「多重統治体制の弊害として，総務次官が行政処分の情報を元総務次官の日本郵政の上級副社長（後に辞任）に漏えいしていた。企業統治不全が極まったといわざるを得ない」と述べている。

　本件は，親子上場の問題，郵政に関する政治の介入の問題など構造上の問題がある。しかし，政府は保有する日本郵政株の57%相当を「3分の1超」に減

らすための売却期限を 2027 年まで 5 年延長する方針を固めた。郵政完全民営化はさらに遅れることとなる。

11.　まとめ

①新規契約を獲得することで，営業手当を得られる報酬制度に問題がある。即ち，「新契約第一主義」による成果給割合の引き上げを通じての収入増を図るインセンティブ制度に問題である。会社が成績優秀者を厚遇したため販売員の 1.4% にすぎない成績優秀者が不正を疑われる契約の 1/4 に関与していた。中には一人で 122 件の保険を契約させられた認知症に近い老人がいた。近視眼的な視野狭窄現象が見られた。曰く，「俺たちの仕事は顧客の財布から自分の財布にお金を落とすこと」「ゆるキャラのじじばばを探しに行こう」との上司の指示があったという（朝日新聞経済部）。あきれるばかりである。経営学者ジェリー・B・ハーヴェイの「アビリーンのパラドックス」という言葉がある。間違った方向に進んでいることに個々人は気がついても，誰もそれを言葉に出さなければ，行き詰まるまで突き進んでしまう現象を言う。2020 年度末までにグループ各社の内部通報窓口が機能していたか検証するという。しっかりやってほしい。

②顧客の不利益を顧みない営業姿勢は販売不正を増進し，これを見逃す組織風土がある。特別調査委員会は「モラルや法令順守の規範意識の低い販売員が存在していた」と指摘。これを他山の石として，明治安田生命は保険の新規契約で拘束力のある目標を設けないことにした。金融機関でノルマを見直すところが多々出てきている。

③多重統治体制である，日本郵政グループ，日本郵便，かんぽ生命の経営層は現場の実態を認識してなかったとの不作為があったのではないか。経営者資質に問題はなかったのか。長門正貢社長は 2019 年 12 月 18 日会見で「不祥事を知る機会は，取締役会と毎週のグループ経営会議であるが，会社間の連携が悪かった」旨述べている。特別調査委員会は「企業統治（ガバナンス）の不全」を指摘している。

④内部統制・監査委員等の検査・監査の不全。即ち，日本郵政の金融業務部内

に設置された「募集管理統括室」が所管し，法令違反等の疑いが生じた場合には，かんぽ生命の依頼を受けて，コンプライアンス統括部が調査を行うという役割分担がなされていたが機能しなかった。

⑤乗換契約，販売不正のチェックシステムとしてのグループ・コンプライアンス委員会の機能の不全。

⑥民間「生保」では，以前の不祥事を受けて「契約転換制度」を設けて対応し，また，その教育・指導を徹底したが，これができていなかった。植平光彦かんぽ生命社長は2019年12月18日会見で「できるだけ早く既存契約の解約を伴わない転換制度などを導入する」と釈明。

⑦増田寛也郵政グループ新社長による改善の取り組み

1) 2020年1月6日付けで，日本郵政の長門正貢社長は引責辞任，増田寛也元郵政民営化委員長が新社長に就任。不正販売を手掛けた日本郵便の横山邦男社長は引責辞任，衣川和秀専務執行役が新社長に昇格。不正販売のバックオフィスであるかんぽ生命の植平光彦社長は引責辞任，千田哲也副社長が新社長に昇格する人事を発表した。また，金融庁は日本郵便とかんぽ生命に保険の新規販売を3カ月間停止する命令と郵政に対し「業務改善命令」の提出を2019年12月27日発表した。

その内容は，

・販売額を重視した営業目標や人事評価を転換

・不正防止のための販売員の顧客勧誘を録音管理

・法令順守や監査部門の機能充実

2) 2020年1月9日，増田寛也社長の方針

・郵政G創立以来の，最大の危機

・不利益が疑われる調査対象の拡大（例えば，被保険者を何度も変えて契約数を伸ばす（ヒホカエ）を含める）。6万件追加。

・民営化の推進

・成長より足元を固めることに専心

・消費者団体の関係者らでつくる第三者機関を作り，コンプライアンスやガバナンスの再確立

3) 2020年5月25日，日本郵政は前総務次官による鈴木康雄前上級副社長への

情報漏洩問題について，外部弁護士による調査結果を公表した。前上級副社長が日本郵政の行政処分などに関する情報を受領したと認定した。ただ前上級副社長は情報に基づく社内指示などはしておらず「提供を求める積極的な理由は認められなかった」と指摘し，「違法性は認められなかった」と結論付けた。

4）2020年6月18日，「日経」新聞によると，新型コロナウイルスの影響で収入が減った個人事業主に支給する「持続化給付金」を巡り，日本郵便とかんぽ保険の計120人の社員が便乗して申請していたことが判明した。社員の意識改革がまだ進んでいない。

5）2020年9月27日付け「日経」新聞によると，NTTドコモの電子決済サービス「ドコモ口座」に端を発した預貯金口座からの不正出金被害が広がっている。ゆうちょ銀行では7種類のサービス経由で約6千万円（380件）の被害が出た。最も古い被害は2017年7月で，3年以上前から断続的に被害が出ていたことになる。突出して被害が多い理由は安全対策の不備だ。池田憲人社長は2020年9月24日の記者会見で「安全性に対するリスク感度が鈍かった」と不備を認めている。郵政グループはコンプライアンスと全社リスクマネジメント（ERM）において抜本的に見直す必要がある。

6）2020年9月30日「日経」新聞によると，かんぽ生命は企業向け保険で不適切営業を行ったと報じている。法人契約の申し込みを受けた際，従業員が通院していることを告知書に記載しないように契約者である経営者に伝えていた。保険業法に違反しており，かんぽ生命は職員の処分を検討する。それでも10月5日からの営業再開を行う。但し，募集時に業務用タブレット端末で録音するほか，複数人での訪問を義務化した。

第4章

改竄，隠蔽事件：スルガ銀行・神戸製鋼所・三菱自動車

第1節　スルガ銀行の審査書類等の改竄・不正融資事件の事例研究

1. スルガ銀行とは

　スルガ銀行は静岡県の中堅地方銀行で 1895 年創立。資本金 30,043 百万円，従業員数 1,484 名，国内店舗 132 店舗である。会社法上の大会社であり，執行役員制度のある監査役会設置会社である。　監査役は5名，そのうち2名が社内出身の常勤監査役で他の3名が社外監査役である。3名の社外監査役のうち2名は弁護士である。取締役会は取締役総数 11 名，内社外取締役3名である。

2. スルガ銀行グループの経営の基本方針

　スルガ銀行には，経営理念，社是，社訓，倫理規範というものが見つからない。いきなり経営の基本方針がある。2016 年に作成した Aim 25 によると，「優しいパワー」をキーワードに「人・社会・日本に優しく寄り添っている」（下線：筆者挿入），「ハイパフォーマンスカンパニーである」「スルガの可能性を無限出力が押し広げている」を標榜してきたが，全く下線部は形骸化し，「無限出力」だけが誇張されていた。

3.　スルガ銀行をめぐる不祥事の経緯

(2019 年 10 月 26 日「日経」新聞他)

① 2018 年 1 月，トイレ・バス兼用の女性専用シェアハウスとして人気があった「かぼちゃの馬車」の運営会社スマートデイズの行き詰まりにより物件所有者への賃料支払停止。

②同年 2 月，審査書類の改竄疑惑が表面化。スルガ銀行が実態調査

③同年 4 月，金融庁がスルガ銀行に立ち入り検査

④同年 5 月，スルガ銀行が実態調査で，改竄について「相当数の社員が認識していた可能性」と見解を示す。東京地裁が「かぼちゃの馬車」運営会社スマートデイズに破産手続き開始決定。

⑥同年 6 月，「企業文化・ガバナンス改革委員会」が設置される。

⑦同年 9 月，スルガ銀行の第三者委員会がスルガ銀行の不正融資を「組織的」と認定。岡野光喜会長ら 5 人の取締役が引責辞任。

⑧同年 10 月，金融庁がスルガ銀行に 6 か月の一部業務停止命令。

⑨同年 11 月，取締役等責任調査委員会および監査役責任調査委員会の調査報告書を公表。業務改善計画を金融庁に提出した。

⑩同年 12 月，旧経営陣らを創業家に関連するファミリー企業への融資で提訴。

⑪ 2019 年 6 月，株主総会で有国三知男社長を除く取締役が退陣。新経営体制が発足。

4.　事件の概要説明

(2018 年 9 月，第三者委員会[1]「調査報告書」より筆者要約)

(出典：www.surugabank.co.jp/surugabank/.../20180907_3.pdf)

①スルガ銀行は，女性専用シェアハウスローンを中心とした乱脈不正な個人融資によって，2018 年度第三四半期末で最終赤字 961 億円を計上し，カボチャの馬車以外の投資用不動産を 1.6 兆円抱え，不正の全件調査を進めている。具体

---

[1]　委員長：中村直人，委員：仁科秀隆，山田和彦，倉橋勇作

的には，個別の不正行為として，債務関係資料の偽装，物件関係資料の偽装，売買関連資料の偽装，書類の偽装の蔓延，行員の偽装への関与がみられる。また，偽装以外の不正行為として，無担保ローン，定期預金との抱合せ販売，取引停止処分となった業者（チャネル）の別の法人を介して取引を行っていた。②不正行為等の温床を醸成する行為として，行員が銀行の審査条件を暴露する行為，ローンの説明や書類の受領は全て業者を通じて行っていたこと。かつて地銀の優等生といわれたが，不祥事後の株価は2000円台から500円台に下落し，それまでのレピュテーションは大いに毀損した。これを称してギリシャ神話に出てくる「イカロスのパラドックス」という。以前特定事業分野で成功を収めていた優良企業でも自信過剰になり最終的には転落に繋がる新しいリスクを見逃してしまうことを言う。

③本件では，不正行為に関与した支店数，行員数，不正融資件数はいずれも多数に及んでいたが，その原因としては，他の企業不祥事例と同様に，コンプライアンスより業績を優先する近視眼的なマーケティング・マイオピアの存在があり，営業のプレッシャーとして次のようなことが行われていた。

1) スルガ銀行の単年度の営業目標（営業推進項目）は，現場の意見を聴取しないトップ・ダウン方式で策定されており，営業現場の実態が勘案されない厳しい営業ノルマとなっていた。

2) スルガ銀行においては極端な形式主義（書類だけ揃えばよいという考え方）が広まっており，形式主義の結果として，収益不動産ローンについては，物件の評価がでてしまえば融資額は固まるので，債務者に貸すという感覚が希薄になってしまっていた。

3) 形式主義の結果，書類は債務者から徴求するよりも，融資の事務処理に慣れている業者から徴求した方が効率的であることから業者からの徴求がスタンダードとなり，行員は，債務者と金銭消費貸借の契約の締結の際にしか顔を合わせないことになった。

4) スルガ銀行の行員からすると，たとえ偽装が疑われるエビデンスが業者から提出されてきたとしても

・そうした業者からの依頼を拒絶して業者が離れていけば，自らのノルマの克服が困難になる上に，

・自分が断ったとしても他の支店が取り上げてしまえば，結局はスルガ銀行の貸付債権になり，かつノルマを達成したとして称賛されるのが，他の支店になってしまうという思考回路に陥ることになり，そのような案件でも断らずに取り上げることを正当化してしまう素地が生まれた。

④審査の現場では，審査担当者が否定的な意見を述べたとしても最終的には営業側の意見が押し通されて融資実行されることが大半であり，資産形成ローンは，2015年以降2017年度上期に至るまで半期毎の承認率の平均が99.0% を超えて推移していた。

⑤一方で，ガバナンス上の問題として，内部統制環境（企業風土）の極端な劣化，取締役会（含む社外役員），内部監査の機能不全などが挙げられているが，監査役（内部・社外共に）の監査行為が適切に行われていたかについて疑問がある。監査役は，突出する不動産融資，個人融資に関する銀行のビジネスの実態に即したリスク判断をせず，通り一遍の監査行為は行っていたに過ぎなかった。調査報告書によると，監査役が現場で「防犯カメラがうまく作動しているか」と聞いていたといわれる。本来やるべきことが分ってない。これは監査役の善管注意義務違反の疑いもある。また社内出身の常勤監査役が果たして，取締役の業務執行を監査するにふさわしい能力・資質と意欲を持っていたかも疑わしい。

5. 第三者委員会報告と取締役等責任調査委員会/監査役責任調査委員会報告書[2] との相違点

①役職員の法的責任（注：法的責任とは主として善管注意義務違反，一部法令違反を含む）について，スルガ銀行は，岡野光喜元会長を含む旧経営陣9人に総額35億円の損害賠償訴訟を起こした。但し，土屋隆司ら2人の常勤監査役に対する提訴は見送る（2018年11月13日「日経」新聞）。これとは別に有国三知男社長に対し元役員らと連帯して565億円の株主代表訴訟が起こっている。

2　取締役等責任調査委員会/監査役責任調査委員会メンバーは，委員長：小澤徹夫（弁護士），委員：片岡義広（弁護士），行方洋一（スルガ銀行社外監査役・弁護士），野下えみ（スルガ銀行社外監査役・弁護士）

　第三者委員会は，常勤監査役がシェアハウス運営業者の物件に対する多額の融資や残高総額の増加，経営会議における決定が非公式の会議で覆された事実等の問題やその兆候を認識する機会があったにも拘らず，その調査も行わず，監査役会にも報告しなかった。従って，善管注意義務違反に該当すると断じている。また，その前提として，常勤監査役による往査が不十分であるばかりでなく，職務への理解度が低く，且つ違法行為の調査に消極的であった。これに対して，

②取締役等責任調査委員会/監査役責任調査委員会は，日常の監査活動に不相当な点は認められない。常勤監査役が往査の際に受領した書類等からの問題の認識について，その根拠や当該行員による不正行為に関する具体的な記載がないことや，従前の往査におけるヒアリングで不正の疑いは判明していなかったこと等を踏まえると，違法行為等の兆候を認識しえたとは認められない。また，

　経営会議における決定内容とその後の会議での結論の抵触の有無及び内容が必ずしも明らかでないこと等の理由から，これによって違法行為等の兆候を認識しえたとは認められないとした。

③2つの委員会の目的が少々異なること，第三者委員会が全部のデータ（フォレジングによるデータ等）を取締役等責任調査委員会/監査役責任調査委員会に開示したとは言い切れないこと，果たして裁判で勝てるかの慎重意見，また，取締役等責任調査委員会/監査役責任調査委員会メンバーに2人のスルガ銀行社外監査役兼弁護士が入っていることなどが複雑に絡んで，真偽のほどは不明であるが2人の常勤監査役は無罪放免となった。これほどの不正や違法行為が組織的に蔓延していながら，チェックできないのみならず，その予兆さえ認識できなかったという監査役会や内部統制システム及びコンプライアンス委員会等の制度は，何のためにあったのか。何故機能しなかったのであろうか。岡野光喜元会長を含む旧経営陣9人の経営者資質に問題があったと矮小化できるのであろうか。同様のことは東芝不正会計事件でも起こっていた（第I部第5章第2節参照）。要するに「不正事件を知る特段の事情がなければ無罪放免」でよいのか。仕事をしない方が良いことになりはしないか。

④慶応義塾大学出身の，引責辞任した創業家第5代頭取岡野光喜は，40歳で頭取になっている。どのような経営者教育（倫理教育）を受けたか疑問である。

30歳でスルガ銀行に入行するまでは富士銀行のロンドン支店にいた。

⑤創業家岡野ファミリーに対して433億円の融資金があり，滞留していたが，2020年2月14日全額回収し，創業家との関係は完全に解消された。

⑥家電量販店のノジマが，ファミリー企業が持つ全株式を140億円で買い取るという。出資比率は累計18%強になる。不良債権約1兆円といわれるが，筆頭株主である家電量販店のノジマによる再建が始まる。ノジマの社長である野島広司氏が社外取締役副会長に，佐川急便の親会社であるSGホールディングス取締役であった嵯峨行介氏が社長になる。生え抜きの有国三知男氏は会長になる。

6.　まとめ

①マーケティング・マイオピアに駆られ，何しろ手段を選ばず，単に契約がとればよいという近視眼的な売上（短期利益）至上主義が問題である。目標をトップダウンで一方的に決め，後は放任という経営スタイルに経営者資質・能力の限界が見られる。

②スルガ銀行には，経営理念，社是，社訓，倫理規範というものが見つからない。いきなり経営の基本方針があるだけである。有国三知男社長は今後「無理をせず慎重な取り扱いをしていく」と述べている。新しい取締会でどのような経営理念がふさわしいのかよく議論・決定し，全社員に徹底されたい。

③第三者委員会報告と取締役等責任調査委員会/監査役責任調査委員会の結論が異なった。後者のメンバーに2人のスルガ銀行社外監査役兼弁護士が入っていることなどが複雑に絡んで，真偽のほどは不明であるが2人の常勤監査役は無罪放免である。これほどの不正や違法行為が組織的に蔓延していながら，チェックできないのみならず，その予兆さえ認識できなかったという監査役会や内部統制システム及びコンプライアンス委員会等のメンバーと諸制度は，何のためにあったのか。何故機能しなかったのであろうか。特に，常勤監査役は何も知らない方が罰せられなくて良いことなのであろうか。カルロス・ゴーンが「何も言わない監査役を連れてこい」といったが，これを正当化するような不祥事事案である。「第Ⅱ部コンプライアンスの実効性向上のために何が必要」

を参照されたい。

④引責辞任した創業家第5代頭取岡野光喜は，40歳で頭取になっている。どのような経営者資質を持ち，どのような経営者教育（倫理教育）を受けたか疑問である。

⑤2020年3月24日，シェアハウス融資は1200人超に計2千億円超が実行された。うち約440億円分の残債がある約250人が昨秋，東京地裁に調停を申し立てた。スルガ銀はシェアハウス融資での損害賠償義務を認定した地裁の調停勧告も踏まえ，借金帳消しに応じた。

第2節　神戸製鋼所の品質データ改竄事件等の事例研究

1. 神戸製鋼所の社訓

　神戸製鋼所は，「社訓6つの誓い」の中に，「① 高い倫理観とプロ意識の徹底。② 優れた品質・サービスの提供」等を持つが，全く形骸化していた。

2. 不祥事の連鎖

①2002～2008年の7年間に意図的所得隠し事件を起こし，更に2009年，2011年，2013年に脱税計4件と延べ10年間，半恒常的に行ってきた。

②2003～2006年，煤煙のデータ改竄による大気汚染防止法違反等25件（罰則：6カ月以下の懲役または50万円以下の罰金と軽い）。

③2005年に，橋梁談合事件を起こした。これにより起こった株主代表訴訟に対し，コンプライアンス委員会という制度の設置を条件に和解したが，全く機能してない。形ばかりであった。

④2006年に，メッキ棟で六価クロム土壌汚染事件。

⑤2007～2016年，ばね用鋼材強度データ改竄事件により JIS 取り消し。

⑥2009年に，5人の選挙資金負担に伴う政治資金規正法違反で水越会長・犬伏社長，引責辞任。

⑦ 2016 年に，鉄鋼事業のグループ会社でデータ改竄事件により，JIS 取り消し（経産省は 2018 年から JIS 違反の罰金を「100 万円以下」から［1 億円以下］に引き上げる）。

⑧ 2017 年のアルミ製部材・銅製品等の品質データ改竄や「特採」扱いを 17 拠点で，約 40 年前（1970 年代）から行っていた。これらは航空機エンジンや「原発」等 688 社で使用され，あきれたことに，この改竄に品質保証部が関与していた。その上，複数の役員も関与していた。これを称して「刻舟求剣」という。過去に身に着けた知恵やしきたりに縛られて，新しいものの見方ができない状態に嵌っていた。不正の背景は，工程能力を超える生産至上主義，納期優先の企業風土，人事異動のない閉鎖的組織，改竄・捏造を可能とする検査プロセス等である。しかも，取締役会で取り上げられたが，2 期連続赤字の観点や法令違反でないという錯覚により，外部報告しなかった。これはおかしと言い出すものは誰もいなかったのか。正に，凝集性の高い集団で，組織的欠陥がある場合に起こりやすい，社会心理学でいう「集団愚行（group-think）の罠」である。2018 年 3 月 7 日，川崎博也会長兼社長の辞任を発表した。

　2019 年 3 月 13 日，神戸製鋼所に対し，我が国の不正競争防止法違反の罪で立川簡裁は罰金 1 億円を科した。一方，米国司法省による（連邦法の詐欺罪？）の調査は終了した。外部調査委員会報告の公表を省略しマスコミに叩かれたが，これは弁護士依頼者間秘匿特権確保（日本でも「独禁法の一部改正 2019 年 6 月」公布に伴い成立した）のためであり，一応このやり方は成功したといえる。一方，余談ではあるが，三菱マテリアルは米国民事訴訟手続きにある e-Discovery（電子証拠開示制度）に対応した自己申告方式を選択した。その後の結果に注目している。なお，「経産省」の 2018 年 12 月東証 1・2 部会社調査によると「外国の子会社や取引先が関係する場合には，弁護士秘匿特権の確保に留意している」会社は僅か 14％である。まだまだ勉強が足りない。今後グローバル企業は戦略的に調査報告書を全部開示した方が良いのか，秘匿した方が良いのかの選択を迫られることになる。

　神戸製鋼所は近時 10 年間で 5 回赤字である。かかる赤字体質の中でこの位のことをやってもモラルハザード（倫理の欠如）にならないとの思いが全社的に

図表 I‐4‐1　神戸製鋼所の過去 20 年における社長の在任期間と不祥事の関係

社長名	就任期間と就任時年齢	出身大学・pp. 63-64 にある不祥事番号の期間就任していた
第 16 代 熊本昌弘	1996 年 6 月-1999 年 3 月, 2 年 10 ヵ月, 60 歳	東北大学法学部
第 17 代 水越浩士	1999 年 4 月-2004 年 3 月 5 年, 61 歳	東京大学経済学部, 不祥事番号 63 頁 ①② 期間就任
第 18 代 犬伏泰夫	2004 年 4 月-2009 年 3 月 5 年, 60 歳	大阪大学経済学部, 不祥事 63 頁 ①②③④⑤⑥ 期間就任
第 19 代 佐藤廣士	2009 年 4 月-2013 年 3 月 4 年, 64 歳	九州大学大学院修士, 不祥事番号 63 頁 ⑤⑥ 期間就任
第 20 代 川崎博也	2013 年 4 月-2018 年 3 月 5 年, 68 歳	京都大学大学院 不祥事番号 64 頁 ⑦⑧ 期間就任
第 21 代 山口貢	2018 年 4 月- 60 歳	北海道大学法学部

出典：「有報」等を基に筆者作成。

蔓延していたのではないか。下記の図表 I‐4‐1 で分るように多くの不祥事に手を染めても辞めず, きっちりと 4 年間とか 5 年間の任期を全うしている経営者が実に多い。何故であろうか。彼らは 60 歳代で社長就任しその後数年で不祥事に巻き込まれている。この年齢的問題を経営者資質の章で検討してみたい。

3.　まとめ

　上記の内, 辞任したのは水越浩士・犬伏泰夫・川崎博也のみである。「データ改竄は暗黙の了解である」とのモラル・ハザードあり。また, 現場との対話や顧客目線の欠落があった。改革としては,

① CG 上の改革としては社外取締役 3 人以上, 議長を社外取締役とすることにした。

②取締役会の諮問機関として社長を含むコンプライアンス委員会を設けた。

③内部通報制度をグループ会社・取引先従業員まで拡大。

④国内研修所に一連の不正の経緯を周知する専用施設を設置した。

2019 年 5 月 9 日, 筆者は神戸製鋼所の現役の監査部担当部長にお会いする機

会を得た。彼は，社内に下記の委員会ができ社風を改善するために鋭意努力していると述べていた。結果に期待いしたい。以下はその展開である。とはいえ，事業競争力を鍛え，赤字体質からの脱出が先決である。

◆神戸製鋼グループにおけるコンプライアンスの推進

（出典 www.kobelco.co.jp/）

神戸製鋼グループにおいては，神戸製鋼所の取締役会の諮問機関としてコンプライアンス委員会を設置しています。社長を含む社内委員3名に対し，公正中立な立場の社外委員が5名と過半数を占め，社外委員が委員長を務める同委員会では，グループ全体のコンプライアンス活動計画の立案および進捗状況の確認をし，必要な見直しと改善を行っています。コンプライアンス活動計画の実行にあたっては，全社コンプライアンス総括取締役，全社コンプライアンス担当役員の指揮の下，専任部署としてコンプライアンス統括部が，事業部門やグループ各社と連携し，以下の活動を行っています。

1. リスク評価・コミットメント

（リスク評価）

神戸製鋼グループにおいては，リスク管理活動の一環として，社内外の動向を踏まえ，事業や組織の活動内容に伴うコンプライアンスリスクを定期的に分析・評価しています。中でも，競争法，贈収賄禁止法令および安全保障貿易管理法令の違反については，その影響が特に重大な不正行為として，神戸製鋼グループにおけるトップリスクと位置づけています。コンプライアンスに関する活動計画は，コンプライアンス委員会において策定され，取締役会に上程されます。

（コミットメント）

神戸製鋼グループにおいては，競争法違反，贈収賄禁止法令違反，安全保障貿易管理法令違反を含むあらゆる不正行為の防止を徹底するには，経営トップが自らコンプライアンス違反を許容しないという姿勢を示す必要があるとの認識のもと，コンプライアンスに関する社長メッセージを随時発信しています。例えば，公務員の汚職を招く金銭授与，過剰接待等の利益・便益の提供のみならず，私人の横領や背任等を招く同様の行為を一切禁止する方針を明文化した「贈収賄防止ポリシー」を策定した際には，神戸製鋼グループにおける贈収賄防止の徹底を，社内外向けの社長メッセージにより宣言しました。

2. 規程やプロセスの整備・リソースの確保

（規程やプロセスの整備）

神戸製鋼グループにおいては，各事業におけるコンプライアンスリスクに対応するため，コンプライアンス全般，競争法遵守，贈収賄防止，安全保障貿易管理お

および内部通報制度等，必要な規程やプロセスの整備を実施しており，違反行為に対しては就業規則に則り厳正な処分をした上で，その原因を究明し効果的な再発防止策を実行しています。贈収賄防止に関しては，ポリシー，規程，各種ガイドラインおよび各国別のマニュアルを整備し，公務員の汚職を招く金銭授与，過剰接待等の利益・便益の提供のみならず，私人の横領や背任等を招く同様の行為を一切禁止し，その予防のために交際費支出の承認や取引先の適格性審査に関するプロセスの運用を実施しています。

（リソースの確保）

神戸製鋼グループにおいては，コンプライアンスの取り組みに必要な，人的，物的および金銭的リソースをグループ各社において確保し，施策を運用・実施しています。なお，神戸製鋼グループでは，必要な教育受講など，コンプライアンスの取り組みに要する時間の確保もリソース確保の一環と考えています。

3.　教育・コミュニケーション

神戸製鋼グループにおいては，全社員にコンプライアンス意識の浸透を図るため，階層別研修においてコンプライアンスに関する教育を実施しています。また，競争法遵守，贈収賄防止，安全保障貿易管理および内部通報制度等の個別分野については，業務に関係する規程やプロセスを社員が理解し遵守できるよう，各社員の役割や業務に伴うリスクに応じたコンテンツを作成し，教育を実施しています。教育にあたっては，社内講師による集合研修や e-learning を実施するほか，社外の専門家によるセミナーも開催しています。教育以外では，ニュースレターによる法改正情報の発信や，社内イントラによるマニュアルの展開を行っています。

4.　モニタリングの実施・通報への対応

（モニタリングの実施）

神戸製鋼グループにおいては，トップリスクと位置付けている競争法遵守，贈収賄防止および安全保障貿易管理に関し，具体的なモニタリングや監査方法を定め，定期的にモニタリングを実施しています。

（通報への対応）

神戸製鋼グループでは，様々なステークホルダーからの通報や問い合わせを受け付ける窓口を設けています。例えば，外部弁護士事務所を窓口とする内部通報制度を整備し，贈収賄，横領，カルテル，ハラスメント等，あらゆる不正行為について匿名による通報や相談（以下「通報等」という。）も受け付けています。通報等への対応においては，関係者の守秘義務と通報者の保護を担保しながら，必要なリソースとスキルを用いて，調査等の対応を適切に行っています。公式ウェブサイトでは，問い合わせフォームにて外部ステークホルダーからの匿名の問い合わせを受け付けており，その内容が当社グループに係る不正・腐敗行為の告発である場合には，内部通報制度と同様に関係者の守秘義務を担保しながら適切に対

応しています。また，神戸製鋼所においては，内部通報制度の窓口を社内外に複数設け，社外の取引先からの通報等についても受け付けを開始しています。

5．見直し・改善

神戸製鋼グループにおいては，モニタリングや通報等への対応を通じて見えてきた課題や社内外の動向を踏まえて，コンプライアンスの取り組みを適宜見直しています。コンプライアンスに関する改善計画は，コンプライアンス委員会において策定され，取締役会に上程されます。

個別分野においても，法改正の状況や他社における取り組み等も参考にしながら，コンプライアンスの取り組みをアップデートしています。

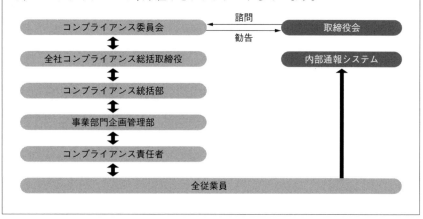

第3節　三菱自動車のリコール隠し等の事例研究

1．三菱自動車の経営理念

　三菱自動車は，経営理念として，「大切なお客様と社会のために，走る歓びと確かな安心を，こだわりをもって，提供し続けます」（下線は筆者挿入）とあるが，全く形骸化していた。

2．不祥事の連鎖

①2000年，乗用車の10車種以上で23年間に亘るリコール隠し事件が内部告発

により露見した。川添社長辞任。

② 2002 年，横浜でトラクターの車輪（直径 1 m，140 kg）が坂道を 50 m 飛び，タイヤが空を飛んだといわれた。不幸にして，母子 3 人死傷事件を起こした。これによりリコール隠しがばれる。

③2002年，リコール隠しのため，山口でトラック運転手が中央分離帯に乗り上げ死亡する事件起こる。

④ 2004 年，トラック・バスで 74 万台のリコール隠し事件が露見。宇佐美前会長や元常務ら 7 人逮捕，再発防止のため倫理委員会が現場で数年徹底指導した。

　三菱自動車は 2000 年及び 2004 年のリコール隠し事件の反省から外部有識者による倫理委員会[3] を作り，現場に入り徹底的に指導・評価を 3 年間に亘って行ってきた。

　しかし，その後「燃費データ不正事件」を起こしている。何故不祥事は再発したのか？

　三菱自動車は，2000 年リコール問題（内部告発）の反省を踏まえ，商品開発の全てのプロセスで品質を保証し改善していくマネジメントシステム「MMDS（三菱自動車開発システム）」を導入した。「企業倫理委員会の評価」(pp. 32–33) は以下のごとし，

ⅰ．MMDS は設計品質の不具合を二重三重にチェックするという意味で効果あり。

ⅱ．しかし，世界的に見て開発スピードが劣る方式であることは否めず，はるかに速い開発スピードを要求される三菱自動車の場合，現実的ではない面があるかもしれない。7 つのゲートを多数の要求設計品質に関する厳格な関門とすると，開発期間が間に合わず，それでも開発期間を守ろうとすれば，かえってゲートが形骸化しかねない。

　開発部門から研究開発納期がタイトで，とてもではないが倫理委員会のご指導を受けている時間がない。何とかスキップできないかとの申し入れに倫理委員会が妥協したと伝えられる。善意があだとなったのかもしれない。

3　倫理委員会メンバーは，松田昇（元最高検刑事部長），川岸近衛（元証券取引等監視委員会委員），藤本隆宏（東大大学院経済学研究科教授），宮本一子（日本消費者協会理事），村和男（弁護士，国学院大学法科大学院教授），山本信之（桐蔭横浜大学コンプライアンス研究センター講師）

⑤2016年，燃費データ不正を共同開発の日産から指摘された。初回は益子社長の指示で燃費目標が引き上げられ，述べ5回/2年間，燃費目標が経営資源の投入なしに引き上げられた。

⑥2016年，実際は，抵抗値を測定する試験の方法について，国が定める方法と異なる不正方法を1991年から25年間実施していた。相川社長，中尾副社長引責辞任。

　アンケート調査で新入社員から「やってることが国の定める方法と比べおかしくないか」と素朴な疑問が投げかけられたが，それをアンケート調査した部長が，現場に差し戻した。現場の部長は「それは新人であるので，まだよく分かってないので……」との説明に，調査した部長は妙に納得してしまった。何故その調査した部長自身が直接新人と面談しなかったのであろうか？

⑦ドイツ検察当局は2020年1月21日三菱自動車の独国内関係先10カ所及びデンソーを家宅捜査したと発表した。同社のディーゼル車が試験時だけ有害物質の排出を減らす不正な装置を搭載した疑いである。2009年EUで導入された排ガス規制「ユーロ5」と2014年からの「ユーロ6」に適合する排気量1.6Lと2.2Lの4気筒エンジンが疑われている。しかし，疑われているのは日本から輸出しているSUV「アウトランダー」であるとの報道もある。真相は不明である。国土交通省が詳細報告を求めた。今後の推移を注視いたしたい。

3.　まとめ

　以上の主因と対策

①低採算下での，経営トップによる経営資源の投入なき開発目標の引き上げを止め，ルノー・日産との3社連合に寄る経営戦略の再構築。

②開発担当役員を含む経営陣の倫理観の欠如。ケーススタディ・ケースメソッドを駆使した倫理教育・研修の実施。

③倫理委員会の例外なき監査・指導の欠落。監査に遠慮があってはならない。

④低採算ないし赤字体質からの脱却

⑤コロナ禍により，ルノーも日産もそして三菱自動車も苦境に立っている。一時ホンダとの連衡合従が噂されたが，赤字体質からの脱却のためには，自動車

業界全体の連衡合従が必要ではないか。特に EV の開発を 1 社でやることは開発費の面から不可能になりつつあると思う。

第5章

不正会計及び損失隠し事件：富士ゼロックス・東芝・オリンパス

第1節　富士ゼロックスの海外での不正会計の事例研究

1．事件の時系列経緯（図表 I −5−1参照）

2．事件の本質

①MSA 契約は，機器導入時にキャピタルリースとして機器相当の売上げを初年度に一括計上し，資金回収は，その後月間のターゲットボリュームに応じて定めたコピー単価に実際のコピー枚数を乗じたコピー料金で回収するもの（パー・クリック制度：例えば白黒：5 円/枚等）。一方，オペレイティングリースは入金の都度売上げに計上する。

②キャピタルリースで処理するためには，一定の条件[1]をクリアしなければならないが，FXNZ の場合，本来キャピタルリースの条件を満たしてない案件を含め全ての案件をキャピタルリースとして処理していた。

3．事件の結果

①債権回収の停滞

1）コピーボリュームが契約時に設定したターゲット（例えば，4000 枚/月）に

1　①最低支払リース料総額の回収が合理的に予想できる，
　　②借り手から回収できない追加コストが発生する不確実性がない，
　　等

図表 I - 5 - 1　事件の時系列経緯

年月	事件内容（FH が発表した第三者委員会資料による）
2015・7	FXNZ は，2009 年から 2013 年の 4 年間で，売上高は 2.3 倍，借入金 1.9 倍，2014 年の買掛金＋借入金残高は年間売上高を優に超えていた。売上げ過大計上を告発するメール（Tony Night）が FX 吉田副社長及び米国 XC に届く。FX・FXAP による共同監査が実施されたが，FH に報告せず。FXAP の内部監査部員次々退職。
2015・9	FXAP が FXNZ の今後の不適切な MSA（注）を是正。しかし，過去分の修正せず。（注）Managed Service Agreement：（機器代金・消耗品代金・保守料金・金利を月まとめてコピー料金で回収する契約）
2016・2	FXNZ の CEO 交代で不適切会計が FXAP に正式に報告され，FX・FXAP が外部弁護士を雇い調査。前 FXNZ 社長の売上げ偏重方針が原因であることが判明。2015 年 4 月より FXAU の社長にも就任していたため，そこでも同種事件起こる。2016 年 5 月退職
2016・9	ニュージーランド現地メーディアが FXNZ の不適切会計等を報道
2016・10	現地報道に対して，FX 吉田副社長は FH にそのような事実はない旨報告（UK の投資家から FH に真偽の問い合わせあり。）
2016・11	・2016 年 4 月以降，新日本監査法人から新規に監査法人となった「あずさ監査法人」が FXNZ の監査開始。
2017・1	・FH 助野社長が FX 栗原社長に改めて調査を指示。
2017・2	・2 月 15 日あずさ監査法人から 133 億円の損失リスクがある旨 FH に報告があった。（日経ビジネス 2017.06.26 によると，FH が 2 月 24 日に起債し 3 月 3 日に発行した 1500 億円の社債が「金商法上の有価証券届出書の虚偽記載」に当たるのではないか─青山学院大学：八田教授談。FH が急いだのは 4 月に約同額の和光純薬の買収が控えていた。）なお，7 月 31 日，訂正発行登録書を提出し事なきを得た。
2017・3	FX 山本会長・栗原社長・吉田副社長から FH 古森会長・助野社長に損失リスク 30 億円と説明。
2017・4	FH が第三者委員会を設置して調査開始。
2017・6	2010～2015 の 6 年間の株主資本影響額で 281 億円の不適切会計が報告された。但し，過去 6 年間の当期純利益への影響額は 375 億円。

注：略称は，FH：富士フイルムホールディング，FX：富士ゼロックス，FXNZ：富士ゼロックスニュージランド，FXAP：富士ゼロックスアジアパシフィック，FXAU：富士ゼロックスオーストラリア，XC：米国ゼロックス。
　　FH とは，2020 年 3 月期：売上高 2 兆 3.1 千億円，営業利益 1,866 億円，当期利益 1,250 億円，取締役 11 人中，独立社外取締役 4 人，監査役会設置会社。FX とは，FH が 75%，XC が 25% をそれぞれ出資していたが，2019 年 11 月 5 日，FH は 25% 買い増し FX を 100% 子会社とした。2019 年 3 月期，売上高約 9,583 億円，営業利益 1,050 億円である。事務機事業の販売地域は，インドを除く全アジアとオセアニア地区，XC が欧米・インド等を担当地域とする契約があるが 2021 年 3 月末で失効する。

届かない（例えば，2000 枚/月）。

2）最低利用料（例えば 3000 枚/月で総コストの 90％が回収可能）が明確に設定されていなかった。

3）与信審査部の意見が無視された。

4）FX・FXAP の内部通報制度がタイムリーに機能しない

などの理由で債権が回収できない取引が多数発生し，FXAU も含めそれが常態化していた（全体の約 70％が ① であった）。

②その結果，売上高は過大に計上され，売掛金，買掛金，借入金も累々と積み上がったが，FXNZ は FX 本社からの親子ローンで資金をつないでいた。この親子ローンは連結決算処理で消去されていた。

③FXNZ の社長（3 回特賞を受けた）や従業員には，コミッションやボーナス等のインセンティブがあり，その仕組みは売上を重視し，早期に売上げを計上する不適切会計を続けた。

④FXNZ では，取締役会が有効に機能しておらず，FXNZ 社長に権限が集中し，業務管理プロセスの透明性に欠けていた。

⑤FXAP の子会社管理の不備（内部統制担当が 2 人，内 1 人退職），FX の監査体制や管理部門による統制の欠如など，内部統制上の問題があった。その結果，FX 社内報告の過程で情報が遮断され FX 会長，社長に適切な実態報告がなされなかった。

⑥FH の FX に対する監視体制，監査部門の監査体制，情報共有体制に不備があり，FX から FH に適切な実態情報が報告されなかった。

4. 第三者委員会より指摘されたマネジメント上の課題と FH の対応

(1) 組織体制の見直し

　FH への FX の経理・監査等の経営管理部門統合による業務管理プロセス強化

(2) FH から FX への経営人材の派遣

　FH から FX への取締役（12 人中 FH6 人，FX3 人，米国ゼロックス 3 人）お

および経営管理実務責任者の派遣及びグループ内人材交流の一層の拡大

(3)　グループ内部統制の強化（監査部門の統合）

・関係会社経営管理のガイドライン拡充，及びグループ内報告制度の再構築と強化

・FXからFHへの報告体制の再構築と強化

・FX（関係会社含む）内の報告体制の再構築と強化

・意思決定に関する会議体再構築と強化（海外子会社の取締役会1回/年→4回/年，また，監査委員会設置）

・コンプライアンス教育の強化・再徹底と人材育成強化

5.　まとめ

① FHは，ホールディングカンパニーとしての求心力を発揮せず，FXの中興の祖である小林陽太郎元経済同友会会長に対する遠慮から，独立経営を認めてきた歴史がある。

② FXの経理・財務担当副社長に長期間（20年間以上）経理・財務畑を任せっきりであった。

③海外運営に当たって，地区社長に対し，所謂マーケティング・マイオピアという近視眼的売上至上主義を採用していた。また，コンプライナス条項が地区社長の目標から欠落（ないし無視）されていた。

④ FHの当時の監査役会・内部監査部門・内部通報制度がFXの子会社までカバーしきれてなかった。

⑤ FXの監査役（社外を含む）は最終段階になるまで蚊帳の外で，情報収集能力が欠けていた。また，海外への往査にも欠けていた。

第2節　東芝不正会計の事例研究

（出典：第三者委員会報告及び今井（2016）『東芝事件と守りのガバナンス』）

1. 証券取引等監視委員会に舞い込んだ 1 通の内部告発

① 2014 年 12 月，証券取引等監視委員会に舞い込んだ 1 通の内部告発が契機で，2015 年 5 月には東芝第三者委員会が発足，総勢約 100 人の弁護士・会計士が 2 か月かけて，340 万文字のメール（削除済み文書を含む）を，フォレッジング技術を駆使して復活し，延べ 200 人以上の関係者との面談・調査の結果，2,248 億円の不適切会計を暴いた。その主因は，経営トップが深く関与した組織ぐるみの不正であった。創業 140 年，最大の経営危機を招いた。

② 物の見事に「1）取締役会の監督機能」と「三様監査である 2）監査委員会監査，3）内部統制部門監査，4）監査法人監査」の 4 つのバリヤーを，7 年間ないがしろにした監査史上，希にみる真に稀有な大事件である。

③ 平成 19 年 2 月の「財務報告の係る内部統制の評価及び監査」に関する企業会計審議会は「内部統制の限界」として，以下の 4 つを述べている。

1）複数者の共謀

2）想定外の環境変化・非定型取引

3）費用と便益の比較衡量

4）経営者が不当な目的のために内部統制を無視ないし無効ならしめることがある。

　東芝はこの内，1）と 4）に該当するが，「内部統制の限界」があるから，やむを得ないでは，株主を含む SH は済まされない。

④ 米国の犯罪学者ドナルドソン・R・クレッシー教授の「不正のトライアングル」即ち，「善人による不正行為」として，動機（Pressure），機会（Opportunity），姿勢・正当化（Rationalization）が揃うと善人といえども背信行為を行う（性弱説）。これは

1）米国監査基準（SAS）の 99 条

2）2013 年の改訂版 COSO の原則 8 の着眼点

3）国際的な公認不正検査士の教育体系への組み入れ

4）日本公認会計士協会の監査基準委員会報告書 240 の「財務諸表における不正」（付録）

5）企業会計審議会監査部会「不正リスク対応基準（付録）」等

で取り上げられている。

⑤東芝の場合，机を叩いて「チャレンジ」「チャレンジ」というプレッシャーがあり，「内部統制の甘さ」という機会があり，「首になりたくない」という正当化（モラル・ハザード）が重なったといえる。旧経営陣5人は総額32億円の損害賠償訴訟を受けている。

2. 事例紹介―1. 社会インフラシステム社（SIS）

⑴ 概要

2011年，スイスのランディス・ギアを約1400億円で買収，産業革新機構40％出資。規格が合わず下記東電案件に使用できないという背景がある。

東芝は，2013年9月に「東電」よりスマートメーターに関する機器製造・設置と保守等を納期2024年3月，契約総額319億円で受注した。

⑵ 問題点

①当初から80億円の工事損失が予想されたが工事損失引当金は計上せず。SISは必要性を認識し，田中久雄P（社長）・北村秀夫グループCEOに承認を求めたが，承認せず先送りの意図ありと思料。

②2013年度の見積工事原価総額の増額は255億円。

③SISの受注政策会議で経理部長（SIS）と財務部（久保誠CFO），田中久雄P等，は同様の説明を受けていたが，適切な指導をせず。久保誠は2014年6月監査委員長に就任するも何ら指摘せず，監査委員会が内部統制機能を果たしていたとは評価できない。

3. 事例紹介―2. PC事業における部品取引

⑴ Buy-Sell 取引の概要

東芝➡東芝トレーディング（TTI）➡東芝情報機器杭州（TIH）➡東芝国際調達台湾（TTIP）➡ODM（Original Design Manufacturer）ルートで部品取引は起こった。

　2012年度以降東芝からTTI（東芝トレ）に対して調達価格の4倍から8倍のマスキング価格（競合他社への漏洩防止のため）で有償支給（製造原価のマイナス）した。TTIはこれに手数料を乗せTIH（東芝杭州）に譲渡，期末在庫はTIHが保有。翌期TIHは同額でTTIP（東芝台湾）へ譲渡し，TTIPはODMに販売し在庫させていた。

(2)　問題点

① 2008年～1014年までの損益要修正額は▲595億円となる。

②佐々木則夫P（社長）は「残り3日で120億円の営業利益改善」を強く求めたので，PC事業部は119億円と回答。佐々木P退任時，本件による利益嵩上げ累計金額は654億円となり，一時期この利益額は売上高を超えていた。内部統制システムは完全に無効化されていた。

③会計監査人に対し，2013年の経営監査部の監査報告書には「会計基準ではBuy-Sellの転売益は売上となるまで未実現であるが，Buy-Sell部品在庫は3日分程度であるとの説明を行い，現行の勘定処理で了解を得ている」と記載されているが，「新日本」との確認はできてないとある。

④ 2015年1月，島岡聖也監査委員は久保誠監査委員長（元CFO）及び田中久雄Pらに2014年9月開催の取締役会で決議されたPC事業再編の会計処理について精査し，専門家の意見を聞いた上で，問題ないか再三，質したが監査委員長は取り上げなかった（東芝第三者委員会報告 p.54）。

　問題点は，島岡聖也監査委員，PC事業部のトップの深串方彦及び経理部長等，数人倫理観のある方がいたが，残念ながら押しが弱く，進言は通らなかった。島岡聖也監査委員は善管注意義務違反に問われてない。何故か彼は顧問として残る。

4．取締役会の監督機能は何故機能しなかったのか

① 2003年，ソニーと共に先進的「委員会等設置会社」の導入会社であるが古い経営体質があった。

1）東芝の代表取締役（社長）等の職務執行を取締役会（東芝：2015年9月末

まで，社内 12 人，社外 4 人）が監督する面で，社外取締役を除くほぼ全取締役
が，社長を頂点としたヒエラルキーの一員であったため，その頂点にいた歴代
の社長を効果的に監督することは，事実上困難で，逆に社長から監督され指揮
命令を受けていた。

2)「社長月例」等の執行役会議において，我が国特有の終身雇用制による，会
社への忠誠心が経営トップへの忠誠心と混同されがちとなる。またムラ社会意
識（Gemeinschaft）等が存在し，強い上下関係や否定しない文化につながって
いた。「集団愚考（社会心理学 group-think）の罠」に陥っていた。

② 3 人の社長を不正に走らせた動機は何か（Root cause は何か―第三者委員会
はこれに触れてない）。

1) 2006 年の WH 社の買収総額は 6600 億円は高価格。これを全て銀行借り入れ
で賄っている。厳しい財務制限条項からその後の決算を赤字にできなかったこ
とは想像に難くない。

2) 2009 年にリーマン・ショックを受ける。

・リーマン・ショックで 2009 年 3 月期▲ 3,988 億円，2010 年 3 月期▲ 539 億円
と連続赤字となり財務制限条項の再交渉をしている。

・2009 年 3 月期のその他の資産（関係会社株式，繰延税金資産，のれん代な
ど）が 1 兆円超あり（この内 WH 分が 5156 億円），減損処理させない将来展望
を必要とした。

・この時に退職給付債務の割引率を前年の 2.8％から 3.3％に引き上げ約 2,300 億
円の債務削減を行っている（20 年物国債利回りが 2.0％）。 仮にこれを行わな
いと，同年 6 月に行った増資が困難と言われていた。

（2016 年 3 月末，割引率 1.1％，昇給率 3.5％）

・2009 年 3 月期自己資本比率は 8.2％（4,473 億円）という危険水域（借入金 1
兆 8,107 億円）に沈む。同年 6 月，増資及び劣後債を含め，約 5,000 億円を調達
した。これらの返済能力維持や減損回避のためにも。無理な決算を強いたと推
定できる。

・2011 年 3 月の東日本大震災による福島原発事故により原子力事業の世界環境
が大きく揺らぎ，WH 社は 2012～13 年度の決算で計 13 億ドル（約 1,600 億円）
の減損処理を行ったが，東芝本社の連結決算では，これに対して逆仕分けを入

れて消去している。これも上記と理由（利益至上主義）は同一であると推定される。

　この様な窮状を 7 年間も取締役会で議論していると 4 人の社外取締役といえども社内取締役に同化し，監督機能を発揮する余地がなかったのかもしれない。

5. 「内部統制部門監査」は何故機能しなかったのか

①経営者トップ，幹部職員の関与により，内部統制機能の逸脱・無効化を図り，不適切会計処理が行われた。

②コーポレート各部門における内部統制が機能せず。

・財務部：各 C の会計処理の適切性チェックする役割は行わず，社長月例の「チャレンジ」の原案作成と目標達成のプレッシャーに関与していた。

・経営監査部：業務分掌規程によれば，CP 部門，C（カンパニー），子会社等の監査（会計監査を含む。行動基準 13「適正な会計」）を司るものとされているが，コンサルタント業務（業務監査）が主であった。

・リスクマネジメント部：業務分掌規程によれば，財務報告に係る内部統制の有効性評価（J-SOX 法対応）等を司るものとされているが，チェック機能なし。

6. 監査委員会監査は何故機能しなかったのか

①取締役監査委員長（元取締役 CFO）の村岡富美雄と久保誠は，在任中，不正会計が行われていた事実を知っていたにも拘らず，取締役会や監査委員会にその旨を報告する等，適切な監査権限を行使すべきであったのに，これを怠ったとして，善管注意義務違反に問われた（但し，島岡聖也監査委員を除く）。

②2 人の監査委員長を除く 12 人の歴代監査委員（2008 年度以降の調査期間）は「知らなかった」で，無罪放免でよいのかとの疑問がある。彼らが，内部統制システム運用義務違反にならない理由は，日本システム技術事件（最高裁判決）における「不正行為の発生を予見すべき特別な事情」即ち，予見可能性がなかったことが論拠になっている。「新日本」が監査報告書で「無限定適正意見」を述べていたことも本件の強力な支援材料となっている。それだけに，

「新日本」の責任は真に重いと言わざるを得ない。

7.　監査法人は何を監査していたのか

①金融庁傘下の「公認会計士・監査審査会」幹部は「新日本」に対して，「"多数の異常値を把握していても，実証手続をしていなかった"と指摘。水増しした利益などの虚偽記載を検証しなかった上，会社側の財務担当者の説明をうのみするケースが見られたという。新日本の審査体制は"重要な判断を客観的に評価できず十分に機能してない"と認定し，2015年12月15日，行政処分を科するよう金融庁に勧告した」。これを受けて，金融庁は，1）新規業務3カ月停止，2）21億円の課徴金，及び，3）業務改善命令を出した。

②証券取引等監視員会は東芝に対して73.7億円の課徴金を命じた。

③また，株主は東芝に対して，新日本の責任を問うため，約115億円（課徴金73＋新日本への支払い報酬額30億円等）の損害賠償請求訴訟を起こすよう求めている。60日後は株主代表訴訟に発展する可能性がある（「日経」2016.7.20）。

④2016年1月27日，日本公認会計士協会は「公認会計士監査の信頼回復に向けた監査業務への取組」を公表した。その中身は

1）リスク・アプローチに基づく監査
2）職業的専門家としての懐疑心
3）経営者による内部統制を無効化するリスク
4）会計上の見積りの監査
5）監査チーム内の情報共有
6）審査
7）監査時間・期間の確保

である。また，2016年7月に同協会の新会長に就任した関根愛子氏は会計士に「不正事例の研修を義務付ける」と述べている。

　その後，KAM（監査上の主要な検討項目）が2016年から検討され，「金商法上2021年3月期から強制適用」になる。「リスクの見える化」で企業と監査法人との緊張感を高め，不正抑止に繋げて頂きたい。

8. 「新生東芝アクションプラン」の概要

・構造改革の断行（省略）
・内部管理体制の強化及び企業風土の変革・再発防止に向けた取り組み
　✓会計・意識改革研修：組織長向けに応じた意識改革研修の実施（2016/11/18〜）
　✓会計コンプライアンス教育：役職や業容内容に応じた，階層別・職能別教育の実施（同年 11/26〜）
　✓会計プロセス見直し：工事進行基準，在庫評価，経費計上などについて経理規程を制定，第 3 四半期より適用
　✓予算策定プロセスの見直し：キャッシュフロー重視への転換社長月例を廃止し，業績報告会を新設，カンパニーの自主自立経営に沿った事業計画策定
　✓ガバナンス規程見直し：コーポレートガバナンスガイドラインを制定（同年 12/21）
　✓内部監査体制強化：内部監査部の機能強化し，人員も増強企業風土改革に向けた取り組み
　✓社長評価制度：約 120 名による信任投票を実施
　✓経営幹部向け 360 度サーベイ：経営幹部 177 名を対象に，リーダーシップの資質を多面的・客観的に調査（2015/12〜）
　✓経営幹部セミナー：経営幹部 177 名を対象に実施（2016/10/3，12/19）
　✓ CSR 職場ミーティング：再生に向けたアクションを各職場で議論（約 8100 職場）（同年 10/23〜12/18）
　✓情報開示の充実：決算情報の拡充（セグメント別からカンパニー別へ）
相談役および顧問制度の見直し
　✓相談役・顧問制度等：廃止を含めた見直し検討（顧問は指名委員会の承認事項とした）
・事業ポートフォリオおよび事業運営体制の見直し（省略）
・財務基盤の整備（省略）

9.　まとめ

(1)　1 通の内部告発

　2014 年 12 月，証券取引等監視委員会に舞い込んだ 1 通の内部告発を契機に
して，2015 年 2 月，社内の調査委員会が動きだす。5 月には上田廣一等 4 人を
中心とした第三者委員会が発足したが，不可解なことに新日本監査法人と子会
社のウェスティングハウス社を調査対象から外した。

　物の見事に取締役会の監督機能と三様監査（監査委員会監査，内部統制監
査，外部監査）の 4 つのバリヤーを，7 年間もないがしろにした稀有にして，
かつ，監査史上最も重大な不正会計事件の 1 つである。この事件の前に東芝は，
東芝機械ココム違反事件を起こして，佐波正一郎会長と渡里杉一郎社長が辞任
している。これは 1987 年に日本で発生した外国為替及び外国貿易法違反事件
である。共産圏へ輸出された工作機械によりソビエト連邦の潜水艦技術が進歩
しアメリカ軍に潜在的な危険を与えたとして日米間の政治問題に発展した大事
件である。今回が大事件としては 2 度目である。

(2)　内部通報は会社にバレバレ

　2015 年 9 月 30 日に行われた臨時株主総会で，ある株主質問者が本件に関す
る内部通報はなかったのかと質したところ会社回答は「本件に関してはなかっ
た」と述べていた。本当にこの様なことがおかしいと思った人は従業員の中に
一人もいなかったのであろうか。もっとも会社の窓口に来る内部通報は全て上
司にバレバレであったとあるビジネス雑誌が伝えている。企業会計審議会のい
う内部統制の限界として，「経営者が不当な目的のために内部統制を無視ない
し無効ならしめることがある。」また，「複数者の共謀」というのもあると述べ
ているが，この 2 件が東芝には当てはまる。「内部統制の限界」だからやむを得
ないで済む話ではない。

(3)　コンプライアンスの実効性をあげるために何が必要か

　この種の事件が起こると，コンプライアンスに係わる制度，例えば会社法や
金融商品取引法のようなハードローが悪いとか，CG コードのようなソフト

ローが不十分との制度論議になりがちであるが，「コンプライアンスの実効性をあげるためには，制度とその運用と経営者資質の三位一体の改革・改善が必須要件である」が筆者の持論である。

　2019年11月22日，「外為法」（外国為替及び外国貿易法）の改正案が衆・参両院で可決された。安全保障上重要な上場企業について，外国資本の事前審査による出資規制を従来の10%から「1%以上」と厳しくする。また，① 外国金融機関・ヘッジファンドのグループで重要事業売却や非公開の技術情報にアクセスしない条件の場合，10%まで制限なし。但し，10%超の取得は事後報告義務あり。② 政府系ファンドや公的年金のグループで ① の条件に加え重要な意思決定権限を持つ委員会に参加したり，取締役会に期限を設けた回答・行動を求めて書面で提案をしなければ10%取得まで事前届け免除。

　ここで注目されるのが，2020年7月31日の東芝の定時株主総会である。外為法改正後の最初の大きな事案である。東芝は改正外為法適用対象会社である。エフィッシモ・キャピタル・マネジメントが7月30日急遽保有比率を15.36%から9.91%に減らした。今回「外務省」の事前審査を受けたかは不明である。また，東芝の独立取締役の独立性の基準が10%であることも斟酌し10%以下にしたようである。その結果，エフィッシモが求めた自ら推薦した取締役の選任議案は否決された。しかし，エフィッシモが問題とした東芝子会社の循環取引に伴うコンプライアンス違反に対しては，「内部管理の体制を強化するため300社超ある子会社の25%を削減する方針」[2]を出すと共に「コンプライアンス有識者会議」を設けるとした。まだまだ内部統制に甘さが残る。一方でエフィッシモ等外国機関投資家が提出した議決権票が株主総会日前までに到着していたのに一部がカウントされてなかったとの信託会社の事務処理の慣例が問題なっている。

⑷　第三者委員会はどうあるべきか

　前述の如く，東芝不適切会計処理事件の原因・再発防止策をまとめた東芝第三者委員会は，何故かその調査スコープから，新日本監査法人とWHCを最初

2　2020年8月1日「日経」新聞

から外していたといわれる。例えば，東芝第三者委員会報告は「会計監査人に対し，2013年の経営監査部の監査報告書には"会計基準ではBuy-Sellの転売益は売上となるまで未実現であるが，Buy-Sell部品在庫は3日分程度であるとの説明を行い，現行の勘定処理で了解を得ている"と記載されているが，新日本監査法人との確認はできてないとある。何故確認しないのか。これは調査スコープを限定しているからである。また，「外部の独立会計監査人としての監査が適切であったか否かの評価のためには，監査業務の全体的な枠組みとプロセスの視点からの組織的かつ綿密な調査が必要であり，委嘱事項について調査を実施する本委員会ではかかる評価は行わない」としている。

更に，「本委員会の調査及び調査の結果は，東芝からの委嘱を受けて，東芝のためだけに行われたものである。このため，本委員会の調査結果は，第三者に依拠されることを予定しておらず，いかる意味においても，本委委員会は第三者に対して責任を負わない（14頁）。とある。

第三者委員会が東芝に雇われている以上，最初から独立性などないのではないか。東芝役員責任調査委員会も同様である。善管注意義務違反をなぜ5人に絞ったのか判然としない。「何が正義か，何が公平か」が今問われている。1992年米国トレッドウェイ委員会組織委員会（COSO）は，倫理的価値観（Ethical Value）とは，何が適法であるかを超えて，何が正しいかを基礎においたものでなくてはならないと述べている。

第3節 オリンパスの損失隠し（飛ばし）事件の事例研究

1. オリンパスとその当時の経営理念とは

事件があった2011年3月期の売上高は8,471億円，当期純利益73億円，有利子負債6,488億円，従業員34千人であった。大株主は，三菱東京UFJグループ10.0％，日本生命8.26％，サウスイースタン・アセット・マネージメント7.15％等である。内視鏡のリーディングカンパニーであり，デジタルカメラ等の映像事業にも力を入れていた。当時の経営理念については，「生活者として

社内と融合し，社会と価値観を共有しながら，事業を通して新しい価値を提案することにより，人々の健康と幸せな生活を実現するという考え方を『Social In（ソーシャル・イン）』と呼び，すべての活動の基本思想としています。この思想に基づき，グローバルな視点で最適・公正な経営管理体制を構築し，運営することが経営の重要課題の一つと考えています」と述べている。また，法令遵守は勿論のこと，高い倫理観に則して行動し公正で誠実な企業行動を行うため，オリンパスグループ企業行動憲章及び行動規範を制定している。これらの内容は立派であったが，全く形骸化していた。

　マイケル・ウッドフォードが解任された 2011 年 10 月 14 日の取締役会時の取締役総数は 15 名，内 3 名が社外取締役（林純一　野村證券出身，林田康男　順天堂大学医学部客員教授，来間紘「日経」元専務取締役），監査役 4 名，内 2 名が社外監査役（島田誠　コパル元社長，中村靖夫　三菱レイヨン元理事）であった。

2．不透明な取引 2 件

①オリンパスが過去の M&A において不透明な取引と会計処理を行っていたことが，雑誌『月刊 FACTA』の 2011 年 8 月号で報じられた。それによると，2008 年に行われた英国の内視鏡処置具メーカー「ジャイラス・グループ」買収の際に，ケイマン諸島に本社を置く，野村證券 OB の中川昭夫と佐川肇が設立したフィナンシャル・アドバイザー AXAM などに対し，ジャイラス買収額2063 億円の 1/3 に相当する 687 億円もの報酬（現金の他に株式オプションとワラントを付与。株式オプションを優先株に交換すると共にワラントを高額で買取，優先株を 6 億 2 千万ドルで買い取る等の形）が支払われていた[3]。通常の助言 fee は良くても 5％前後である。2008 年 11 月の取締役会でこの案を承認していた。あずさ監査法人は 2008 年 12 月，英ジャイラス買収に伴う助言会社への報酬が高すぎるとの懸念を伝えると同時に，2009 年 4 月には監査役に徹底調査を求め「納得いかなければ監査を降りる。金融商品取引法（193 条-3）に基づ

3　オリンパス第三者委員会調査報告書及び「日経」新聞 2011 年 10 月 19 日「オリンパス混乱収まらず」，2013 年 11 月 7 日如水会監査役懇話会　演者一橋大学教授福川裕徳の講演等を参照

き内閣総理大臣（金融庁）に報告することもありうる」と迫った。会社が依頼
した弁護士や公認会計士（会社から「数字を動かすな」といわれていたといわ
れる）からなる外部委員会が買収の妥当性を調査したが，5月にまとまった報
告書では「問題は発見されなかった」であった。あずさ監査法人は結局，2009
年3月期決算を「適正」とする。
② 2006年から2008年にかけて野村證券OBの横尾宣政が設立した投資助言会
社「グローバル・カンパニー」を介して，アルティス（再資源化プラント運
営），ヒューマラボ（化粧品等販売），ニューズシェフ（食品容器製造）の3社
合計で，2008年から2012年の4年間で売上高16倍，営業利益100倍で伸張す
るとの事業計画をもとに，総額734億円で買収する案を2008年の2月22日の
取締役会で承認した。これに対し，あずさ監査法人は減損処理の警告を出し
た。オリンパスは警告どおり，2009年9月期に557億円減損処理したが，2009
年3月期を以ってあずさ監査法人を新日本監査法人へ変更した。引継ぎは通常
通りの形式的なものであった。

3. マイケル・ウッドフォードの登場

　2011年4月に欧州法人から本社の社長兼最高執行責任者（COO）に就任して
いたマイケル・ウッドフォードは，『月刊FACTA』の8月号「オリンパス無謀
M&A，巨額損失の怪」の記事の翻訳を入手，独自に会計事務所プライス
ウォータークーパース（PwC）に調査を依頼した。その報告書では，前掲の
AXAMは幽霊会社であること，AXAMからのジャイラス優先株買取りには事
前の取締役会決議やLaw Firmのチェックがなく，当時の社長菊川剛，副社長
森久志，常勤監査役山田秀雄らのみの稟議で決定されたことなど，経営理念で
述べている「公正な経営管理体制の構築」とは程遠い問題点が報告された。同
年9月29日にウッドフォードは一連の不透明で高額なM&Aにより会社と株
主に損害を与えたとして，菊川剛会長及び森久志副社長の退任を求め，同年10
月1日付けでウッドフォード自身が社長兼CEOに就任したかに見えたが，こ
れは実は，菊川氏が仕掛けたゲームであった。英文表記のCOOをCEOに変更
しただけで日本語版サイトには出なかった。したがって，ウッドフォードは実

質的な全権掌握のため，同年 10 月 11 日菊川剛会長及び森久志副社長に辞任を
促す E-mail を送付した。

4.　ウッドフォード社長解任劇

　前日に菊川剛会長による根回しが終わっていたことではあるが，2011 年 10
月 14 日に開かれた臨時取締役会において，「独断的な経営を行い，他の取締役
と乖離が生じた」「企業風土や企業スタイル，極端に言えば日本文化を理解で
きなかった」として，ウッドフォード社長を全会一致で解任決議し，彼の一切
の発言を認めなかった。開催時間は僅か 5 分であった。後任は菊川が会長兼社
長に就任した。ウッドフォードは，フィナンシャル・タイムズ紙に対し，この
電撃解任の背景には，菊川剛会長らが過去に行って来た不透明な資金の流れを
ウッドフォード氏が追及したことが原因であるとして，一連の経緯と共に
PwC の報告書，会長及び副社長の辞任を求める書簡等をもとに告発すると共
に，英国における金融犯罪の捜査機関である重大捜査局（SFO）に買収に関す
る資料を提出し捜査を促した。

5.　菊川剛会長兼社長の辞任と高山修一の社長就任

　しかし，告発された一連の取引は膨大な額であるだけでなくその内容が明ら
かに常軌を逸するものであったため，ウッドフォードの解任発表および同氏の
告発の報道直後からオリンパス株は急落，2011 年 10 月 20 日の終値は 1,321 円
となり 13 日の終値 2,482 円から 1 週間で半値近くまで値下がりした。日本生命
や米サウスイースタンなどの大株主からは企業統治の不透明さに対する非難が
相次ぎ，株価はさらに下落，同年 10 月 26 日には一連の報道と株価低迷の責任
を取るとして，菊川は代表取締役会長兼社長を辞任し，高山修一が代表取締役
社長に就任した。同年 11 月 10 日には金融庁・「東証」が監査法人を有価証券報
告書における虚偽記載などの嫌疑で調査することとなった。

6.　第三者委員会の設置と損失隠しの発表

　2011年11月1日，甲斐中辰夫元最高裁判事を委員長とする第三者委員会が設置された。この第三者委員会による調査の過程で，同年11月7日森久志副社長が「1990年代から，証券投資により発生した含み損失の隠蔽が続けられ，その補填のために各種の買収が実施されてきたこと」を告白し，事態は一変する。会社は損失の隠蔽に関与した取締役副社長の森久志を解任し，常勤監査役の山田秀雄も辞任の意向を示した。同年11月10日，菊川剛，森久志，山田秀雄は第三者委員会による聴取に対し，損失隠しに関与していたことを認めた。オリンパス社は「2011年9月期」中間決算を同年12月14日発表し，ひとまず上場廃止を免れたものの，東京地検特捜部が関係先の一斉捜索に乗り出した。

7.　関係者の逮捕と裁判

　2012年2月16日，東京地検特捜部と警視庁捜査2課が強制捜査に着手。特捜部は，オリンパスの菊川前社長（元会長），森久志前副社長，山田秀雄前常勤監査役，証券会社の元取締役の4名を，警視庁捜査2課が，投資会社の社長，取締役，元取締役の3名を，金融商品取引法違反（有価証券報告書虚偽記載罪）でそれぞれ逮捕した（同日の「日経」電子版）。2013年7月，東京地裁は菊川前社長に懲役3年執行猶予5年，森久前副社長に懲役3年執行猶予5年，山田秀雄前常勤監査役に懲役2年6月執行猶予4年，法人であるオリンパスに罰金7億円の判決を言い渡した。その後，粉飾決算に絡み，オリンパス社と個人株主が旧経営陣らに損害賠償を求めた訴訟で，最高裁は2020年10月26日までに旧経営陣の上告を退ける決定をした。菊川剛元社長らに総額594億円の支払いを命じた二審・東京高裁決定が確定した。

8.　まとめ：取締役会決議に妥当性はあるのか

①第三者委員会の調査報告書によると2008年2月の取締役会で，後に損失穴埋めに使われる国内3社の高額買収案について，一人の役員が「価格がおかしい

のでは」と質問した。森久志取締役（当時）は「ビジネスチャンスがあり上場を狙っている」と説明，「うまくやれば出来るかもしれない」，「そこまで言うなら仕方がないか」。数少ない質疑も，最後は菊川剛社長（当時）の「いいですか」の一言で終了。2008 年の英ジャイラス買収を巡り，2007 年 11 月から 2010 年 3 月までに開かれた取締役会の議事録によると，助言会社への総額 687 億円の報酬などについて 8 回審議したが，その内 7 回は質疑すらなかった。ジャイラスが助言会社に優先株を発行してわずか 2 カ月後の 2008 年 11 月，発行価格の 3 倍以上での買い戻しを決めた取締役会でも質疑はゼロ。審議時間はわずか 20 分であった。正に，凝集性の高い集団で，組織的欠陥がある場合に起こりやすい，社会心理学でいう「集団愚行（group-think）の罠」である。

　第三者委員会は調査報告書で「取締役会の形骸化」を指摘した。決定権限が社長に集中していた上，役員が担当分野以外に無関心という縦割り意識も強く「チェック機能が果たせず健全な意思決定がなされなかった」。監査役会も 2004 年 7 月から 2011 年 6 月まで財務の知識のある監査役がいないなど「機能していなかった」。調査報告書は「関与者，認識者の取締役の責任」について，損失分離スキームの構築・維持や解消行為に関与，またはこれらを認識しつつ承認（黙認）・放置する行為は，取締役の善管注意義務に違反する。2007 年 3 月期以降に提出された有価証券報告書などについて，損失分離や解消行為に関与またはこれらを認識した取締役が，是正する対応を取らず承認（黙認）した場合は法令順守義務違反または監視・監督義務違反であると述べている。また，取締役会決議に賛成した関与者・認識者以外の取締役についても，善管注意義務に違反が認められると述べている。したがって，一連の取締役会決議に正当性は全く存在しない。

② 2011 年 10 月 14 日に開かれた臨時取締役会において，「独断的な経営を行い，他の取締役と乖離が生じた」として，ウッドフォード社長を全会一致で解任決議し，彼の一切の発言を認めなかった。開催時間は僅か 5 分であった。本件に関しては，第三者委員会は直接何も述べていないが，解任理由が理由になってない。また，反論を許してないことも法律的には問題ない（ウッドフォードはこの場合，特別利害関係人であり，議決権も議事への参加権もない）としてもコーポレートガバナンス上は民主的ではない。加えて，3 名の社外取締役（林

純一　野村證券出身，林田康男　順天堂大学医学部客員教授，来間紘「日経」元専務取締役）の独立性に問題があったのではないかの検証が必要である。少なくとも3人は「東証」の定める「独立役員」ではなかった。林純一は既に第三者委員会から責任ありとされているが，他の2人についても，オリンパスから寄付金や広告収入をその出身母体が継続的に受領していたか否か，またそれらの金額はいくらであったかなどの独立性の検証が必要である。米国にはサンシャインアクトがあり，医師への金銭の支払いや，医療機関への寄付，助成金などの経済的利益の提供について，企業に開示を義務付ける法律がある（米医療保険改革法の一部として2013年8月から適用）。そもそも社外取締役は株主等からの受託責任を果たすだけの経験・見識・倫理観が必要であり，ワンマン経営者に対し異論を唱え，監督・牽制の主役を果たさねばならない。内部出身の社内取締役にイエスマンが揃っているムラ社会的取締役会においては，特にこの監督・牽制機能の発揮が期待される。従って，この臨時取締役会の解任決議について，法的には問題ないが，コーポレートガバナンスの観点からは，何が適法であるかを超えて，何が真の企業統治なのかを問いたい。結局，ウッドフォードは社長復帰を願ったが，大株主からなる「金融支配」コーポレートガバナンス諸悪の根源は，日本の株式の持ち合いにある」との我がコーポレートガバナンスにとって，大変重要な問題提起をしたが[4]，最終的には断念した。

③本件の菊川剛等3人が行った動機について，外国人は殆ど分らないという。外国人は「一体3人は個人資産としてケイマン島に何百億円隠したんだ」と聞く，「彼等は一銭も私腹を肥やしてない」と答えると「ウッソー！（unbelievable）」と驚嘆する。「それでは何のためやったのか」と聞くので「会社のためにやったのだ」と答えると，「ますます分らん」と言う。「ムラ社会」とは，有力者を中心に上下関係の厳しい秩序を保ち，しきたりを守り，よそ者を受け入れない排他的な社会。所属する「村」の掟や価値観，しきたりが絶対であり，少数派や多様性の存在自体を認めない。自分達の理解できない「他所者」の存在を許さない。この「ムラ社会意識」を外国人に理解させることは殆ど無理であろうが，「独立社外取締役」の必要性はよく分るとのことである。

4　「日経」2011年12月17日オリンパス調査報告書から「優先株購入，沈黙した取締役会」参照

第6章

東芝の子会社（WHC：ウェスティングハウス社）の倒産事例研究

1. WHC によるストーン＆ウェブスター（S&W：原発の建設会社）買収事件

　2017年2月15日，東芝は7千億円以上の「のれんの減損処理」を突然発表し，世の中を「アット」驚かせた。理由は，WHC が 2015 年末に買収したシカゴ・ブリッジ＆アイアン（以下 CB&I：米国のエンジニアリング会社）の子会社ストーン＆ウェブスター（以下 S&W：原発の建設会社）等に関し，福島原発事故以降，安全志向から，S&W での建設コストが予想以上膨らんだ旨発表した。この1年2か月間に何があったのかが問題である。

　なお，2016年6月22日東芝会長に就任した志賀重範は WHC の会長・元社長を歴任し 2006 年から約 10 年間在米。米人女性秘書と再婚し，彼以上に WHC に詳しい人はいないし，また，彼以上に英語に堪能な人はいないのではないかといわれた有能な方であった。

2. 2008 年に起こった WHC と CB&I との訴訟合戦

①スキャナ電力の依頼でサウスカロライナ（SC）州にて VC サマー 2・3 号基と

②サザン電力の依頼でジョージア（GA）州にてボーグル 3・4 号基

の合計4基について，原発の設計・建設に携わっていたが，福島原発事故による規制強化により，加重安全対策・納期遅延に伴うコストアップが続き，電力会社との間で，2012 年から3年間この負担を巡り訴訟合戦が続いていた。

3．CB&I とはどのような米国上場会社であるか

① WHC が買収する直前の 2015 年 9 月までは，著名投資家ウォーレン・バフェットの所有会社がこの会社の大株主であったが，危険を予知したのか上手く売り逃げている（2017 年 2 月 21 日「日経」新聞電子版）。

②株式市場で評判が良くない原子力マフィアと呼ばれ，米国証券取引委員会（U. S. Securities and Exchange Commission：SEC）からインサイダー取引の嫌疑で常時監視対象銘柄に指定されていた（『文藝春秋』2017 年 3 月号 pp. 160-168）。

③その当時，CB&I は機関投資家から株主集団訴訟（原発に係る超過コストを認識しながら引当金を計上せず過大に営業利益を計上した嫌疑で）を受けている（2017 年 3 月 4 日「日経」新聞）。

④ 7,000 億円もの超過コストがあることに関し，アメリカ側の官民が結託した隠蔽工作があったからだと考えられる（元国税調査官：大村大次郎『世界が食い尽くす日本経済』）との発言あり。即ち，東芝はアメリカに嵌められたのではないかという話もある。

4．2015 年の WHC による S&W 買収条件

① CB&I の子会社 S&W を買収価格 0 円，約 12 億ドルの CB&I から子会社 S&W への運転資本維持金を補填する，

② 9.8 億ドルの B/S 上の欠損の補填等，合計約 3 千億円を請求。

③第三者会計事務所がこれを判定する（但し，支払強制権はない）

ことを条件に，「以降に発生する追加原価に起因する顕在化した，あるいは潜在的な全ての S&W の負債を引き受ける」（固定価格オプション）旨の買収契約書にサインした（出典：デラウエア州立仲裁裁判所 2016 年 12 月 5 日付けメモランダム・オピニオン，及び細野祐二：2017）。

④桜井上席常務「コストダウンを含め 3,000 億円以上の上積みが想定された。」（2017 年 10 月 24 日臨時株主総会答弁）

5.　WHC による買収監査（Due Diligence）の妥当性

　通常買収監査（DD）は外部の第三者プロチームに任せるものであるが，WHC は社内チームだけで DD を行った（2018 年 1 月 10 日「日経」，大物 OB の質問に，志賀談「買収後 DD をやることになっていた」）。この場合，彼らは受注内容，保証限界等買収リスクを精査しなくてはならない。特に，「買収以前に原因があり，買収後発生した追加コストについては，被買収企業の負担とする」免責条項（Indemnification clause）を入れておくものである。しかし WHC がやったことは真逆の契約内容であった。

　また，WHC が債務遮断のためチャプター 11（日本の民事再生法に相当）を 2017 年 3 月 29 日に申請し，裁判所管理となり東芝の連結対象から外れた。因みに，東芝本社の WHC への保証債務は 6,561 億円で確定した。WHC を 6,400 億円（当時の為替レート）で買収したが，これも紙切れになった。2017 年 3 月期最終赤字は約 9,656 億円億円，年度末時点で 5,529 億円の債務超過（株主資本のマイナス）となった。

6.　経営陣の善管注意義務違反リスクについて

　東芝本社の WHC の志賀会長を含む取締役会構成メンバー全員，特に 3 人の社外監査委員（会計士：2，弁護士：1）は一体何を監督・監査していたのであろうか。東芝本社及び WHC の経営トップは，CB&I やその子会社の S&W とはどのような会社か，固定価格オプションとは何か，巨額追加コストの概算，契約書上の免責条項の有無等経済面・法務面・コンプライアンス面等のリスク評価・分析・対策について，経営判断原則にある

①「事実認識の過程（重要情報収集とその分析・評価）において，不注意による不合理性があり」且つ

②「意思決定プロセスの合理性に問題があった」のではないか。

　よって，善管注意義務違反（会社法 330 条，民法 644 条）等に問われてもおかしくないのではないかとの疑問が残る。（特に，2018 年 1 月 10 日「日経」，志賀談「買収後 DD をやることになっていた」が事実ならば問題である）。

さらに，

① 2017年3月30日の臨時株主総会で，株主より，東芝監査委員及び内部統制部門長に対して，「WHC や買収した S&W に対し，直接往査・面談したか」との質問に対し，大塚仁常務は「WHC の内部統制部門と連携して，2016年2月以降2度にわたって実施した」と誇らしげに答えていたが，WHC が CB&I や S&W と訴訟合戦を行っていた 2012年から 2015年10月27日の S&W の買収契約日までが最大の問題期間であり，所詮，後の祭りである。果たせるかな，新日本監査法人から引き継いだ PwC あらた監査法人は 2017年3月期の監査報告書では「限定付き適正」また，内部統制監査報告書については「不適正」とした。理由は，「2017年3月期の特定の工事に関する損失 6,523億円の内，S&W の工事損失引当金の認識時期の妥当性を検証する内部統制が適切に運用されてないため，2016年3月期に相当程度ないし全ての金額が計上漏れとなり，重要な虚偽記載が存在する。」であった。

②日本監査役協会は平成28年11月24日「会計不正防止における監査役等監査の提言（三様監査における連携の在り方を中心に）」を公表している。この中で，「親会社への影響度が大きい主要子会社に加え，本業とは異なる事業を行う子会社及び M&A で取得した子会社などリスクの実態把握が難しい子会社については，親会社管理部門との連携に加え，各子会社のガバナンス及び監査体制の整備状況の把握，定期的な子会社監査役等との面談や報告受領，子会社における三様監査の連携状況の把握などに特に留意する必要がある（中略）。また，自ら往査を行い，子会社のガバナンス及び監査体制の連携状況を把握すること」と述べている。監査役等はこれを拳拳服膺すべきである。(CG コード 4-4①「監査役または監査役会は，社外取締役が，その独立性に影響を受けることなく情報収集力の強化を図ることができるよう社外取締役との連携を確保すべきである」。4-13③「内部監査部門と取締役との連携を確保すべきである」とある)。

7. 監査法人による巨額債務の認識時期

①東芝本社は，2017年3月30日の臨時株主総会で，株主質問に対し，「エネル

ギー事業部のステアリングコミッティ・経営会議で買収案件を審議し，最終的
に本社取締役会で審議・決定した」と答えていた。但し，開催時期については
明言がなかった。

②この買収時「S&Wの買収取得価格を公正価値で評価するための資産・負債
の配分手続きの過程において内部統制の不備，即ち，決算数字の修正を強要さ
れたと，ある管理職からの内部通報があったが，逆に，これにプレッシャーを
かけ，彼を解任したダニエル・ロデリック社長（2012年から就任）の姿勢は大
問題である。当該管理職から400万ドル（約4.5億円）の損害賠償訴訟を受け
ている。

③後日，東芝本社は米国弁護士事務所に依頼して約240万件のメールをフォレ
ンジック・チェックし，100人以上の関係者とインタビューしたが，決算修正
の事象は見つからなかったという。

④即ち，S&Wの買収に関する東芝本社の取締役会は巨額債務の認識なしに審
議・決定したことになりはしないか。

⑤2016年3月期，新日本監査法人の監査「適正意見」で終了。

⑥2016年5月26日，スキャナ電力が固定価格オプションを発動させる条件と
して，「SC州公共サービス委員会」の承認が必要であったが，意外にもあっさ
り認めた（大村大次郎：2017）。

⑦2016年7月21日，CB&Iは，S&W正味運転資本問題でもめていたので，
WHCをデラウエア州立仲裁裁判所に提訴した。ここでWHCはS&Wの正味運
転資本が大きく毀損していることを主張した（元公認会計士，細野祐二：2017）。

⑧2016年10月，WHCは，建設会社フルアーに債務の見積もりを依頼してい
たが，6千億円以上という回答をもらう（相田英男：2017『東芝はなぜ原発で
失敗したのか』）。

⑨2016年12月27日，東芝は，金額は未確定であるが，数千億円規模の減損を
公表した。従って，東芝本社の取締役会は巨額損失を知らずに，買収契約
（2015年10月27日）を決定したことになりはしないか。

⑩前述の如く，PwCあらた監査法人は2017年3月期の監査報告書では「限定
付き適正」また，内部統制監査報告書については「不適正」とした。理由は
「2017年3月期の特定の工事に関する損失6,523億円の内，S&Wの工事損失引

当金の認識時期の妥当性を検証する内部統制が適切に運用されてないため，2016年3月期に相当程度ないし全ての金額が計上漏れとなり，重要な虚偽記載が存在する」である。

8.　監査法人間の意見不一致に関する問題点

①訴訟リスク（クラスアクション）を恐れる米国PwC監査法人は，新日本監査法人が監査した2016年3月期に6,523億円の損失があったのではないかと疑っており，一切妥協しない。

②一方，東芝は次の理由により断じて上記の①を認められない。

　2016年3月期に損失6,523億円を認めると，3,068億円の債務超過になる。2017年3月期が5,400億円の債務超過であるから，2期連続債務超過で即座に上場廃止になるリスクがある。

　また，東芝は，2016年3月期中に，特に買収時の東芝取締役会で知っていて，故意に適時開示してないならば，善管注意義務違反and/or最悪，自己保身のために行ったのならば，特別背任罪[1]に問われかねない。従って，東芝は，これらを断じて認める訳にはいかなかった。

③前述の如く，新日本監査法人も，これ以上の不名誉と課徴金を避けるために，2016年3月期の「適正意見」を覆すわけにはいかない。

④金融庁は，これまで「限定付き適正意見」を付した「有報」を受理してこなかった。その理由は除外事項が明確なので，それを修正した「有報」を提出すべきであるとの考えである。

　ところが，「2016年3月期に相当程度ないし全ての金額が計上漏れとなり，──」との限定意見では，金額が確定せず，修正仕訳のしようがない文学的監査意見である。

　「金融庁が，3社が傷付かないように，4カ月に亘って調整に動いた」旨述べ

1　特別背任罪（会社法960条〜962条）
　　組織運営に重要な役割を果たしているものが自己若しくは第三者の利益を図り，又は組織に損害を加える目的で，その任務に背く行為をし，当該組織に財産上の損害を加えたときに成立する。
　　例えば，三越百貨店事件等

ている（元公認会計士，細野祐二：2017『粉飾決算 VS 会計基準』pp. 330–331）が定かではない。

　一方，東芝は 2017 年 10 月 24 日の臨時株主総会で「2017 年 7 月以降，3 者協議を実施」と公表。

9．まとめ：監査法人間の意見不一致に関する問題点と筆者所感

①訴訟リスクを恐れる米国 PwC（米国非公開会社の 10-K と 10-Q[2]，共に監査レポートには提出期限がない）とあらた監査法人との力関係が不明である。
② PwC あらた監査法人・東芝本社・新日本監査法人との 3 者間の意見調整がなかなか付かず，日本の投資家を長期間やきもきさせた。（公認会計士協会の「監査業務審査会」が PwC あらたを調査したが監査手続きに問題はなかったと判断した（2018 年 2 月 17 日「日経」新聞）。
③筆者所感
1）監査法人のガバナンス・コードで「監査法人のマネジメントの強化」を謳っているが，仮に米国法人が日本法人に対し上位にいる場合の意思決定機関の在り方について明確化すべきである。
2）監査法人間の引継ぎに伴う係争を裁定する第三者機関の設置が望まれる。例えば金融庁傘下の公認会計士・監査審査会の任務（公認会計士法 35 条，49 条の 3）の拡大とかを図るべき。
3）本件は審議中の企業会計審議会での「監査法人の強制交代制（ローテーション）」の引継ぎ問題の中でよく議論すべきである。しかし，2019 年 11 月 20 日付け「日経」新聞は，「日本公認会計士協会手塚雅彦会長がこのローテーション制について「担当企業についての知見の蓄積が不十分となり，交代直後などに重大な不正を見逃すリスクがあるとして，慎重な姿勢を見せた。」と伝える。果たせるかな，2020 年 1 月 15 日「日経」新聞は「金融庁がこの制度の導入を見送る方針を固めた。」と伝える。英国を揺るがした大手建設会社カリ

　2　フォーム 10 K は，米国の上場企業が米証券取引委員会（SEC；Securities and Exchange Commission）に提出する年次業績報告書であり，フォーム 10 Q は，四半期業績報告書です。両者とも企業の業績についての包括的な報告です。

リオンの突然の倒産事件に関し，何故監査法人は見抜けなかったのか。企業と監査法人とのなれ合いがあったのではないか。英国での「ビック4」といわれる巨大監査法人の寡占状態からくる慢心があったのではなかろうか，との疑問が残る。日本は大丈夫であろうか。

4）2020年1月20日〜2月14日「日経」新聞は，東芝子会社の東芝ITサービス等が2015年から約435億円の架空循環取引に係っていたという。東証1部上場のネットワンシステムズ（276億円）とダイワボウ情報システム（50億円）等がかかわっていたという。 東芝ITサービスが主体的にかかわっていたかは「証拠が検出されてない」というが，コンプライアンスを何が何でも守るという企業風土に改善されたのであろうか。不正取引検知システムを導入するという。東証1部に復帰できるのかの瀬戸際にある。

5）その後，KAM（監査上の主要な検討項目）が，くしくも，2016年から検討され，「金商法上2021年3月期から強制適用」になる。「リスクの見える化」で企業と監査法人との緊張感を高め，不正抑止に繋げて頂きたい。もし，2016年にKAMがあったら，一連の問題は一気に解決していたであろう。

補論 1

日本システム技術事件の最高裁判断

出典：最判一平成 21 年 7 月 9 日判決，破棄自判
東京地方裁判所　平成 18 年（ワ）第 12820 号　平成 19 年 11 月 26 日判決控訴審　東京高
等裁判所　平成 20 年（ネ）第 280 号　平成 20 年 6 月 19 日判決【掲載文献】金融・商事判
例 1321 号 p. 36, 判例時報 2055 号 p. 147, 中村（2019）『コンプライアンス・内部統制
ハンドブックⅡ』pp. 34-71, 浜辺（2017）「内部統制システムをめぐる取締役の責任問題～
日本システム技術事件を中心に」平成 29 年 12 月 22 日，日本経営倫理学会ガバナンス研究
部会編『ガバナンス研究部会年報（平成 29 年度）』pp. 157-162, 等により筆者要約

1. 日本システム技術事件の事実関係の概要

(1) 事業内容

　本件は，当時東証二部上場の日本システム技術株式会社（NSG と略す）で起
こった。注文に応じてソフトウェアの受託開発等を行うソフトウェア事業と大
学向けの事務ソフト等の既製品を開発し販売するパッケージ事業に大別され，
後者のパッケージ事業本部には GAKUEN 事業部が設置されていた。

(2) 組織と職務分掌規定

　B は，平成 12 年 4 月に NSG の GAKUEN 事業部の部長に就任した。当時，
GAKUEN 事業部には，B が部長を兼務する営業部のほか，注文書や検収書の
形式面の確認を担当する BM 課（ビジネスマネージメント課）及び事務ソフト
の稼働の確認を担当する CR 部（カスタマーリレーション部）が設置されてい
た。また，当時の NSG の職務分掌規定によれば，財務部の分掌業務は，資金の
調達と運用・管理，債権債務の管理等とされ，GAKUEN 事業部の分掌業務は，
営業活動，営業事務（受注管理事務，債権管理事務，売掛金の管理及び不良債
権に対する処理方針の決定を含む）等とされていた。

⑶　事務手続きの流れ

　NSG のパッケージ事業部は，NSG が，顧客である D 株式会社ほか 1 社（以下，2 社を単に「販売会社」という）に事務ソフト等の製品を販売し，販売会社がエンドユーザーである大学等に更にこれを販売するというものである。平成 12 年当時のパッケージ事業における事務手続（以下「本件事務手続」という）の流れは，以下のとおりであった。

① GAKUEN 事業部の営業担当者が販売会社と交渉し，合意に至ると販売会社が注文書を営業担当者に交付する。営業担当者は，注文書を BM 課に送付し，同課は受注処理を行った上，営業担当者を通じて販売会社に検収を依頼する。

② CR 部の担当者が，販売会社の担当者及びエンドユーザーである大学の関係者と共に，納品された事務ソフトの検収を行う。

③ BM 課は，販売会社から検収書を受領した上，売上処理を行い，NSG の財務部に売上報告をする。財務部は，BM 課から受領した注文書，検収書等を確認し，これを売上げとして計上する。

⑷　本件不正行為

　B 部長は，高い業績を達成し続けて自らの立場を維持するため，平成 12 年 9 月以降，GAKUEN 事業部の営業担当者である部下数名（以下「営業社員ら」という）に対し，後日正規の注文が獲得できる可能性の高い取引案件について，**正式な注文がない段階で注文書を偽造するなどして実際に注文があったかのように装い，売上げとして架空計上する扱い（以下「本件不正行為」という）**をするよう指示した。B 部長の指示を受けて行われた本件不正行為の手法は，次のとおりであった。

①営業社員らは，偽造印を用いて販売会社名義の注文書を偽造し，BM 課に送付した。

② BM 課では，偽造に気付かず受注処理を行って検収依頼書を作成し，営業社員らに交付した。しかし，検収依頼書は販売会社に渡ることはなく，営業社員らによって**検収済みとされたように偽造され**，BM 課に返送された。実際には大学に対して製品は納品されておらず，CR 部担当者によるシステムの稼働の確認もされていなかったが，B 部長及び営業社員ら（以下「B 部長ら」という）

は，納品及び稼働確認がされているかのような偽装資料を作成した。

③BM課では，検収書の巧妙なる偽造に気付かず売上処理を行い，財務部に売上げの報告をした。財務部は，偽造された注文書及び検収書に基づき売上げを計上した。

④財務部は，毎年9月の中間期末時点で，売掛金残高確認書の用紙を販売会社に郵送し，確認の上返送するよう求めていた。また，毎年3月の期末時点には，上告人との間で監査契約を締結していた監査法人も，売掛金残高確認書の用紙を販売会社に郵送し，確認の上返送するよう求めていた。ところが，営業社員らは，Bの指示を受けて，販売会社の担当者に対し，NSGから封書が郵送される可能性があるが，送付ミスであるから引き取りにいくまで開封せずに持っていてほしいなどと嘘をつき，**これを販売会社から回収した上，用紙に金額等を記入し，販売会社の偽造印を押捺するなどして販売会社が売掛金の残高を確認したかのように巧妙に偽装し**，財務部又は監査法人に送付していた。財務部及び監査法人は，偽造された売掛金残高確認書においてNSGの売掛金額と販売会社の買掛金額が一致していたため，架空売上げによる債権を正常債権と認識していた。

⑤B部長らは，当初は契約に至る可能性が高い案件のみを本件不正行為の対象としていたが，次第に可能性が低い案件についても手を付けざるを得なくなり，売掛金の滞留残高は増大していった。

⑥財務部は，回収予定日を過ぎた債権につき，GAKUEN事業部から売掛金滞留残高報告書を提出させていたが，B部長らは，回収遅延の理由として，大学においてシステム全体の稼働が延期されたことや，大学における予算獲得の失敗及び大学は単年度予算主義であるため支払が期末に集中する傾向が強いことなどをまことしやかに挙げていた。財務部は，これらの**理由が合理的**であると考え，また，販売会社との間で**過去に紛争が生じたことがなく**，売掛金残高確認書も受領していると認識していたことから，売掛金債権の存在について特に疑念を抱かず，直接販売会社に照会等をすることはしなかった。また，監査法人も，平成16年3月期までの上告人の財務諸表等につき**適正であるとの意見**を表明していた。

(5)　事実の露見と処分

1) NSG は，監査法人から売掛金残高の早期回収に向けた経営努力が必要である旨の指摘を受け，代表取締役である A が販売会社と売掛金残高について話をしたところ，双方の認識に相違があることが明らかになり，平成 16 年 12 月頃，本件不正行為が発覚した。

2) NSG は，平成 17 年 2 月 3 日付けで B 部長を懲戒解雇処分とし，その後刑事告発した。B 部長は，有印私文書偽造・同行使の罪で起訴され，有罪判決を受けた。

(6)　株価暴落と損害賠償訴訟

　NSG は，平成 17 年 2 月 10 日，平成 12 年 9 月～平成 16 年 12 月にわたり B 部長らによる本件不正行為（11 億円 4 千万円の架空売上げ）が行われていたこと，それにより同 16 年 9 月ころまでの NSG のパッケージ事業の売上高に影響が生ずること，そのためパッケージ事業については多額の損失計上を余儀なくされるが，NSG グループの売上高の約 80％を占めるソフトウェア事業については影響はないことなどを公表し，同 17 年 3 月期の業績予想を修正した。東証は，NSG から過去の有価証券報告書を訂正する旨の報告を受け，同年 2 月 10 日，上場廃止基準（財務諸表に虚偽記載があること）に抵触するおそれがあるとして，NSG の株式を監理ポストに割り当てることとした。これらの事実が新聞報道された後，NSG の株価は大幅に下落した。NSG の株式を所有していた原告が，NSG の代表取締役 A には従業員の不正行為を防止するためのリスク管理体制構築義務違反の過失があり，その結果原告が損害を被ったとして，会社に対し，損害賠償請求をした。

2.　地裁・高裁（控訴棄却）の判決と最高裁判決

(1)　地裁・高裁（控訴棄却）の判決

　以下東京地裁判決である。本件不正行為当時，① GAKUEN 事業部は幅広い業務を分掌し，② BM 課が作成した検収書を同営業部を経由して販売会社に送付していたこと及び ③ システム稼働確認を行う CR 部が同事業部に直属して

いる④取引先からの入金と売掛金債権との照合を直接行うことをせずなど，NSG の組織体制及び本件事務手続には B 部長らが企図すれば容易に本件不正行為を行い得るリスクが内在していた。NSG の代表取締役である A は，上記リスクが現実化する可能性を予見せず，組織体制や本件事務手続を改変するなどの対策を講じなかった。また，財務部は，長期間未回収となっている売掛金債権について，販売会社に直接売掛金債権の存在や遅延理由を確認すべきであったのにこれを怠り，本件不正行為の発覚の遅れを招いたもので，このことは，A が財務部によるリスク管理体制を機能させていなかったことを意味する。従って，A には，NSG の**代表取締役として適切なリスク管理体制を構築すべき義務を怠った過失がある**。上告人の代表取締役である A の上記過失による不法行為は，上告人の職務を行うについてされたものであるから，NSG は，会社法 350 条に基づき，被上告人に生じた損害を賠償すべき責任を負う。本件は代表訴訟や取締役に対する責任追及ではなく，代表者の責任を根拠に会社に損害賠償請求をした 350 条の事件です。因みに，**第 350 条**（代表者の行為についての損害賠償責任）とは，「株式会社は，代表取締役その他の代表者がその職務を行うについて第三者に加えた損害を賠償する責任を負う」である。

(2)　**最高裁判決**

　その要旨は，NDG は，
①職務分掌規程等を定めて事業部門と財務部門を分離している。
② GAKUEN 事業部について，営業部とは別に注文書や検収書の形式面の確認を担当する BM 課及びソフトの稼働確認を担当する CR 部を設置し，それらのチェックを得て財務部に売上報告がされる体制が体制が整えている。
③監査法人との間で監査契約を締結し，当該監査法人及び NSG の財務部が，それぞれを定期的に販売会社にあてて売掛金残高確認書の用紙を郵送し，その返送を受ける方法で売掛金残高を確認することにしていたというのであるから，**NSG は通常想定される架空売上げの計上等の不正行為を防止しうる程度の管理体制を整えていたものということができる**旨の最高裁判決を出した。即ち，
　本件は GAKUEN 事業部の B 部長が，その部下である営業担当者等数名と共謀して，架空売上げを計上した手法は，極めて巧妙である。

・販売の相手方が限定的である特殊な事業であるため，相手方の偽造印を作って注文書を偽造

・別の部署が販売に応じて相手方に送付する検収依頼書を相手方に渡らないようにして検収したように装う資料を作成

・財務部，監査法人が相手方に送付する売掛金残高確認書は相手方に虚偽を伝えて開封することなく回収して，残高を確認した用紙を作成して勝手に返信

　このようにして，いくつか用意されている確認のための制度をすべて手を回してふさいでしまうことで発覚を防いでいたといえる。

　「以上によれば，NSG の代表取締役である A に，B 部長らによる本件不正行為を防止するためのリスク管理体制を構築すべき義務に違反した過失があるということはできない」といえる旨判決した。

(3)　原審と最高裁判決との考え方の違い

　原審は，「不正行為が起こった内部統制システム上の要因を特定し，これらの義務違反の有無を判断し，その後，不法行為の要件事実である過失の有無を判断するプロセスをたどっている（中村：2019，p. 39）。」一方，最高裁は個々の不正行為の要因特定から遡るのではなく，本来内部統制システムとして求められる内容から判断している。即ち，

「① 通常想定される架空売上げの計上等の不正行為を防止し得る程度の管理体制を整えているか，② 当該**不正行為の発生を予見すべきであったという特別の事情**があったか否か（中村：2019，pp. 40-41）」の 2 つの判断基準を設定している。

「ポイントは過失の基礎となる「予見可能性」と「結果回避可能性」である。これにより，善管注意義務違反が認定する基礎が認められることになる。ただし，経営判断の原則，信頼の権利，期待可能性の問題をクリアしなければ，責任ありと認められるとは限らない（浜辺：2017）」。

　日本システム技術事件の最高裁判決（平成 21 年 7 月 9 日）以降の内部統制に関する判例として，日経インサイダー事件，大起産業事件，IHI 事件，JR 東日本信濃川事件，笹子トンネル事件，イビデン事件の 6 件があり，日本システム技術事件の最高裁判決に影響されている旨述べている（中村：2019，pp. 48-

71）。大いに参考にされたい。それ以外に2件を追加いたしたい。

⑷　**日本システム技術事件を引用した東芝役員責任調査委員会，及びスルガ銀
行事件の常勤監査役2名の不起訴理由**

①東芝役員責任調査委員会報告書からの要約
（今井祐（2016）『東芝事件と守りのガバナンス』参照）
（ⅰ）2008年度以降の歴代取締役・執行役（約98名）について，その職務執行に
関し任務懈怠の有無について，及び責任追及すべきか否かについて，3人の外部
法律家による委員会が調査開始。
（ⅱ）2015年11月7日，東芝は調査委員会などの報告を基づき，関与者14の内,
旧経営陣5人（西田厚聡，佐々木則夫，田中久雄の3元社長と元CFOの村岡富
美雄，久保誠2人）を相手取り，不適切会計を認識しながら是正を指示しなかつ
ため，善管注意義務違反として計3億円（金融庁の課徴金等が加わったので更
に増える）の損害賠償を求める提訴を東京地裁に起こした。
（ⅲ）関与者の内，訴追を免れた9人について，「（不適切会計）を主導したとみと
める証拠がない」「注意義務を果たしていなかったとは言いがたい」などを理由
に賠償責任がないとした。
東芝の役員責任調査報告書において，9人の役員を不問に付した根拠は，**日本シ
ステム技術事件（高裁まで責任肯定したが，最高裁で責任否定）に依拠している**
（東芝役員責任調査報告書 p. 27 参照）。**日本システム技術事件は従業員らによる
架空売上げの計上を防止するためのリスク管理体制構築義務違反の過失がないこ
とがその理由である（最高裁判決平成21年7月9日，判例タイムズ1307号117
頁）**が，論点は予見可能性の問題である。即ち，「不正行為を予見すべき特別の事
情があったか否か」である。9人は知らなかったがゆえに無罪放免された。根拠
として，日本システム技術事件の最高裁判決を引用している。これでよいのであ
ろうか。

前述の如く，スルガ銀行事件でも，

②取締役等責任調査委員会/監査役責任調査委員会は，第三者委員会の見解と異
なり，日常の監査活動に不相当な点は認められない。常勤監査役が往査の際に受
領した書類等からの問題の認識について，その根拠や当該行員による不正行為に
関する具体的な記載がないことや，従前の往査におけるヒアリングで不正の疑い
は判明していなかったこと等を踏まえると，**違法行為等の兆候を認識しえたとは**
認められない。また訴訟になっても勝てるか分からないとして2人の常勤監査役

を無罪放免にした。

(5)　今後の留意点

　須井（2011）によると，今後，内部統制システム構築義務違反が争われる
ケースでは，次が問題になると思われる。まず，どのような内部統制を構築す
る義務があったかという点に関しては，不正行為当時において，

（ⅰ）当該不正行為は通常想定されるものかどうか

（ⅱ）通常想定される場合，そのような不正行為を防止しうる程度の体制を
とっていたか

（ⅲ）通常想定することが困難な不正行為の場合でも，当該不正行為を予見す
べき特別な事情があったかどうか

（ⅳ）特別な事情があった場合，当該不正行為を防止し得る体制をとっていた
かどうかが問われる。

　また，現にあった内部統制を機能（運用）させていたかどうかという点に関
しては，

（ⅴ）不審な兆候があったか

（ⅵ）不審な兆候に対する調査，評価は適切であったかが問題になると思われ
る。

　いずれにしても，予見可能性と結果回避可能性が問題となるが，門切り型に
適用するのではなく所詮ケースバイケースであるので慎重に適用した方が良い。

補論 2

リスクマネジメント

東芝のリスクマネジメント部は「職務分掌規程によれば，財務報告に係る内部統制の有効性評価（以下「J–SOX 法対応」という）に関する基本方針の策定，J–SOX 法対応に関する実施諸施策の企画，立案等及び J–SOX 法対応に関する社内カンパニー等に対する施策展開，支援，推進状況の確認等に関する業務をつかさどるものとされていた。しかし，実際の業務において，カンパニー等における財務報告に係る内部統制が適切に機能しているか否かをチェックすることは行っていなかった」と第三者委員会は述べている。

米国 SOX 法とは，2002 年 7 月成立した SOX 法（Sarbanes–Oxley Act of 2002）のことで，わが国の金融商品取引法（通称 J–SOX 法）にも多大な影響を与えた連邦法（証券法制）として有名である。SOX 法が制定された背景には 2001 年 12 月のエンロン社や 2002 年 7 月のワールドコム社の倒産事件がある。

金融商品取引法（J–SOX）が要求するリスク管理体制は，有価証券報告書提出会社が作成する財務計算に関する書類・情報の適正性を確保することを目的としている。これは，あくまで，「財務分野に限定」されている。その限定されている「J–SOX 法対応」を東芝は全く行っていなかったとは，どういうことか。これに対して，前述の如く，証券取引等監視委員会は行政処分として同社に 73 億 73 百万円の課徴金を課するよう金融庁に勧告した。会計不祥事に関する課徴金としては過去最高額となる。東芝の歴代経営陣は損失の先送りを繰り返し，利益修正額は 7 年で総額 2248 億円に上った。監視委は有価証券報告書への虚偽記載によって，投資家に与えた悪影響が極めて大きいいと判断。金融商品取引法上の「開示書類の虚偽記載」にあたると認定した。これが引き金になって，その後，KAM（監査上の主要な検討項目）が 2016 年から検討され，「金商法上 2021 年 3 月期から強制適用」になる。「リスクの見える化」で企業と監査法人との緊張感を高め，不正抑止に繋げて頂きたい。

　また，企業内容等の開示に関する内閣府令が2019年に改正され，2020年3月期から適用されている。「事業等のリスク」はこれまで一般的なリスクの羅列であったが，改正後は主要なリスクを重点的に記載し，リスクが顕在化する可能性，経営に与える影響，リスクへの対応策を記載する必要がある。

　一方，会社法が要求する危機管理体制（リスクマネジメント体制）は，取締役・取締役会が行う会社の経営判断・業務執行全般の適正性を確保することを目的としている。即ち，会社の「業務執行全般」を対象としており，会社法が要求する危機管理体制（リスクマネジメント体制）の方が，金融商品取引法（J-SOX）が要求するリスク管理体制よりも広い範囲を対象としている。

　会社法が要求する危機管理体制（リスクマネジメント体制）とは，会社法348条3項の四及び会社法362条④六号に定める，

　「取締役の職務の執行が法令及び定款に適合することを確保するための体制その他株式会社の業務の適正を確保するために必要なものとして法務省令で定める体制の整備」とある。この法務省令とは会社法施行規則98である。

　第98条

1. 法第348条第3項第四号に規定する法務省令で定める体制は，次に掲げる体制とする。

　一　取締役の職務の執行に係る情報の保存及び管理に関する体制
　二　**損失の危険の管理**に関する規程その他の体制
　三　取締役の職務の執行が効率的に行われることを確保するための体制
　四　使用人の職務の執行が**法令及び定款に適合**することを確保するための体制
　五　当該株式会社並びにその親会社及び子会社から成る**企業集団における業務の適正**を確保するための体制

また，事業報告等の内容については，会社法施行規則118条，即ち，

第二款　事業報告等の内容

第一目　通則第百十八条　事業報告は，次に掲げる事項をその内容としなければならない。

一　当該株式会社の状況に関する重要な事項（計算書類及びその附属明細書並

びに連結計算書類の内容となる事項を除く。）

二　法第三百四十八条第三項第四号，第三百六十二条第四項第六号，第三百九十九条の十三第一項第一号ロ及びハ並びに第四百十六条第一項第一号ロ及びホに**規定する体制の整備についての決定又は決議があるときは，その決定又は決議の内容の概要及び当該体制の運用状況の概要**を事業報告に記載しなければならない。

　会社法には所謂「内部統制」なる言葉は出てこない。また，「損失の危機の管理」とは，いわゆる「リスクマネジメント」のことである。

　リスクとは，将来のいずれかの時において何か悪い事象が起こる可能性をいう。それは危険事象の被害規模と生起確率で決まる。

　危機管理とは，企業不祥事等があった場合に企業が受ける損失を最小化し，早期に企業活動を再び正常化させることを目的としている。

　自社で発生する可能性がある多様な「損失の危機」リスクについて，取締役会で決議した事項の概要を事業報告等で公表することが求められている。

(1)　その発生を未然に防止するための手続き，体制

(2)　発生した場合の対処方法等を定めた社内規程の整備など

(3)「損失の危機」とは，防災などの危機管理だけではなく，全体的リスク・マネジメント（ERM）として，自社なりに定義することが望まれる。

　自社なりにリスクベースアプローチにより主要リスクを洗い出し，定義し，事業継続計画（BCP）を策定し，事業継続管理（BCM）によりBCPを運用，訓練，継続的改善（P-D-C-Aの管理サイクル）に取り組むことになる。

　2020年6月12日，政府は2020年版の「防災白書」を閣議決定した。大規模災害に備え，BCPを策定している大企業は68.4%，中堅企業（資本金1億円以上10億円未満の中堅企業）で34.4%である。

　企業が多様化するリスクへの対応を急いでいる。「東証」一部上場1300社の「有報」のリスク記載を調べると（2020年9月25日「日経新聞」），トップがパンデミックで93%，深刻化するサイバー攻撃には53%の企業が言及したが，経営者の交代に寄るリスクについては僅か2%である。84歳のオリエンタルランドの加賀見俊夫会長兼CEO，81歳の富士フイルムHLの古森重隆会長兼CEO，

同様に81歳のレンゴーの大坪清会長兼CEOらの記載がないと指摘されている。一方，日本電産の森永重信会長兼CEOは76歳，及びマツモトキヨシHLの松本南海雄会長は77であるが記載がある。

　2019年10月の15号台風で，JR東日本は北陸新幹線の全車両の3分の1が被害にあった。国土交通省のハザードマップを見て，取締役会で真剣に議論しなかったのであろうか。正に油断である。今後，気候変動やESG（環境・社会・企業統治）リスクは取締役会のメインテーマになる。

　ESGの発想なくして本業のサステナビリティは保証されないであろう。
特に，東日本大震災から9年になるのにあたり，BCPの精度を高めて災害に強くなるため，イオンが食品，日用品メーカーなど50社と連携して新システム「BCPポータルサイト」を稼働する等，自然災害への対応は各企業で確実に進みつつある。パソナが本社機能を淡路島に段階移転するという。

イオンの「BCPポータルサイト」（www.**aeon**.info/bousai/）
　わたしたちイオングループは東日本大震災以降，BCP（事業継続計画）に基づき，被災地域を含む全国各地で防災対策を実施してきました。地震や異常気象による集中豪雨などの自然災害が増加するとともに，テロや爆発事故等，想定されるリスクが多様化し，BCPをいかに機能させるかが重要な課題となっています。この課題に対応すべくBCPが確実に実行されているかを総合的に管理するプロセスとして考案されたのがBCM（事業継続マネジメント）です。「情報インフラの整備」「施設における安全・安心対策の強化」「商品・物流におけるサプライチェーンの強化」「事業継続能力向上に向けた訓練計画の立案と実行」「外部連携の強化とシステム化」の5分野でBCMを推進し，BCPを起点とするPDCAサイクルを早期に確立していきます。

　しかしながら，新型コロナの蔓延でもろくも，我が国のサプライチェーンが崩壊した。労賃の安い中国や東南アジアに原料・部品や製品の製造委託をしていた企業は，急遽日本に拠点を移し始めた。マスク・消毒剤・人工呼吸器や医薬品等がその典型である。需要地に近くで生産する「地産地消」は1つの解。先進国に生産拠点を戻す選択肢も出てくる。因みに，

　富士フイルムHLは新型コロナ治療薬アビガンを国内で安定生産するための供給網をつくる。原料メーカーのデンカやカネカなど15社が協力し，2020年

9月からの月30万人分の生産に目途をつけた。海外からの原料調達は移動制限など物流面のリスクがあり，国内調達に移行する[1]。

　森永卓郎（2020）は「グローバル資本主義の基本理念である大規模・集中から小規模・分散への転換」を求める。リスクマネジメントの要諦である。

1　12020年7月23日「日経」新聞

第Ⅱ部

コンプライアンスの実効性向上
のために何が必要か

第1章

コンプライアンスとは何か

第1節　コンプライアンスの定義と解説

1.「経産省」によるコンプライアンスの定義

　経産省が2019年6月8日「グループ・ガバナンス・システム（CGS）に関する実務指針」の「4内部統制システムの在り方」で示した「コンプライアンス」とは、「法令違反に限らず、契約違反や不正表示の問題も含め、社会規範や消費者等のステークホルダーからの合理的な期待に応える姿勢や取組を含む」と定義した。一言でいえば、**社会的責任の履行**ということである。

2. 図表Ⅱ-1-1の解説

　コンプライアンスとは法令順守と訳されることがあるが、このように限定的に考えるべきではない。図表Ⅱ-1-1の全体を示す。先ず、縦を説明すると、一番上に法令・規則がありその下に倫理がある。モーセの10戒や仏教の5戒のように文章化されている部分であり、「人を殺めてはならない」とか刑法等の基礎を提供している。その下に道徳Aがあり、それは広範囲に亘って倫理と重なる領域であり文章化可能部分である。その下に道徳Bがあり、それは善悪の判断基準であり文章化できないほどに広範囲にある。躾などはここに入る。その下に膨大なる社会常識がある。

　これらを横展開の企業にあてはめると米国のハードロー（国会の承認を要する法律）の内、SOX法（Sarbanes Oxley Act of 2002 は我が国の金融商品取引法の源典になった法律）とその施行規則を取り上げた。その右の我が国のCG

図表Ⅱ-1-1　コンプライアンスの定義と解説

法律・規則／支える概念	米国ハードロー（米国 SOX 法及び施行規則）	日本ソフトロー（「東証」上場規則にある CG コード）	日本ハードロー*（会社法，金融商品取引法等）＊国会の承認を要す
・倫理（Ethics）・道徳 A（倫理とのオーバーラップ域）	企業倫理（SOX 法第 4 章 406 条に Code of Ethics があり，Code of Conduct が上場規則にある）	企業倫理（原則 2-1「経営理念」，原則 2-2「倫理基準・行動準則」を上記に含む）	企業倫理（「倫理」という言葉は上記法律の本文にはない）
・道徳 B（Moral）それは善悪の判断基準である	・社会道徳・社会通念（郷原信郎）・社会の共通善（野中郁次郎）・ベストプラクティス	社会道徳社会通念社会の共通善ベストプラクティス	社会道徳社会通念社会の共通善ベストプラクティス
常識	社会常識	社会常識	社会常識

出典：筆者作成

コードというソフトロー（国会の承認を要しない規則）を取り上げた。その右に我が国のハードローである会社法・金融商品取引法・刑法等を取り上げてみた。以下個別に用語を解説する。

3. 図表Ⅱ-1-1の個別用語解説

　初めて Ethics（倫理）なる文言が法文上現れたのは，1940 年の米国連邦証券法の中の投資会社法である。文中に「SEC が作成・適用する規則・規制には Code of Ethics（倫理規範）の適用が含まれる」との一文がある。これが「企業倫理規則」の始まりである。我が国の場合，経営理念・倫理規範・行動準則が概ね一体なるものとして論じられてきた。そこで，経営倫理用語辞典（日本経営倫理学会編：2008）を参考にして，本著者が以下に要約・解説する。

(1) 倫理（Ethics）

　倫理とは，「りんりんと鈴虫でもあるまいし」とよく揶揄される方がいるか

もしれないが，これは大事である。もともとギリシャ語の Ethicos（品格，人格）から来ている。社会における人と人の関係を良くするために定める規範，原理，規則の総体である。ヨーロッパ文化圏では，道徳（moral）とほぼ同じ意味となる。人間の本能には，生理欲（性欲，食欲，排泄欲等），愛憎，征服欲等があるが，これらを上手にコントロールしないと人間関係が悪くなり，野蛮人になってしまう。法律が国家による強制力（他律的規範）を有するのに対して，倫理は，人間の良心や社会通念，社会常識など，非強制力（自律的規範）を基礎にして働くもの。漢語では倫理とは仲間の間で守られるべき道であり実践道徳のよりどころとなる原理である。『道徳感情論』を書いたアダム・スミスは，「人間の社会の存続は，正義，誠実，貞節，忠誠の義務をよく守ることに懸かっている。人類がこの重要な原則の尊重を植え付けられていなかったら，その社会は空中分解してしまうだろう」と述べている（竹本洋：2020）。

　田中一弘（2014）は『良心から企業統治を考える』において，自律的規範として良心の重要性を説いている。法律が国家による強制力（他律的規範）を有するのに対して，倫理は，**人間の良心**や社会道徳，社会通念，社会の共通善など，非強制力（自律的規範）を基礎にして働くもの。日本の法学者の言う「倫理は法になじまない」の根拠はこの「人間の良心」にある。会社法・金融商品取引法・監査役監査基準の本文に倫理という言葉ない。一方，ドイツの法学者G・イェリネック（Georg Jellinek，1851–1911 年）は「法は倫理の最小限」と述べている。法はその内容につき，社会の存続のために必要最小限の倫理を取り入れることが要求されるという主張である。筆者は後者を支持するものである。

(2)　倫理規範（Code of Ethics）

　経営者行動の4原則で申し上げたように，企業にとって競争と効率による企業価値の向上も重要であるが，企業活動が人間や社会をも重視するという4つの価値基準をバランスよく重視する企業経営が求められる。実践的にはこの価値観を経営理念・倫理規範・行動準則等（ミッション・ビジョン・コアバリュー）として企業内外に周知徹底させることである。これは，日本経営倫理学会の創始者水谷雅一による経営倫理の4原理，即ち，競争性，効率性，社会

性，人間性を踏まえることが重要である。一方，近時，社会性から環境性が独立するほど重要視されつつある。我が国の大学で環境学部のような環境を冠する大学学部・科が 140 以上ある時代である。ESG 投資の E（環境）がトップに来る時代でもある。即ち，筆者は水谷 4 原理に環境性の 1 原理加え 5 原理と呼ぶ。即ち，この 5 原理に基づいて以下の企業行動準則を作成されたい。また，倫理の領域には水尾（2013）『セルフ・ガバナンスの経営倫理』（pp. 14-21）の言う「積極倫理」と「予防倫理」がある。

(3) 行動準則（Code of Conduct）

　企業倫理を社内に徹底するツールとして，行動準則は大事である。これは企業行動規範，企業行動憲章，行動指針（綱領），「——WAY」などの名称で呼ばれている。場合によっては，(2)の倫理規範と一体化されることもある（CG コードにはそのように書いてある）。これは，創業者の思いや経営理念・社是・社訓などによって明示された倫理的価値判断原則とつながり，深化・具体化されたものである。法令・規則・社会規範等の遵守を含む概念である。既に述べた如く，コンプライアンスのバイブルである米国トレッドウェイ委員会組織委員会（COSO：Committee of Sponsoring Organizations of Treadway Commission）は 1992 年，統制環境要因として誠実性と倫理的価値観を取り上げ，「何が適法か」を超え，「何が正しいか」で判断しなくてならないのである。これが，コンプライアンスが法令順守を超えるといわれる所以である。一方，日本郵便やかんぽ生命では「コンプライアンスは法令順守」であると考えていたと特別調査委員会は報告している。困ったものである。

　この考え方は，L. S. Paine の Value Shift 論（2004）や 2015 版 OECD のコーポレートガバナンス原則にある「高い倫理基準の適用」や「倫理的行動の枠組みは法令遵守を超える」に継承・深化されている。米国では SOX 法の第 4 章 406 条と施行規則及び SEC 規則で Code of Ethics と Code of Conduct の設定・順守が実質的強制されている。

　我が国では，米国 SOX 法を源典として金融商品取引法（2007 年 7 月施行）が学識者によって検討されたが，不幸にして，上記の第 4 章 406 条はスキップされ，長らく導入されなかった。既に述べた如く，2015 年 6 月制定された

（注：2018年6月改定版でも同じ）CGコードの【原則2-2. 会社の行動準則の策定・実践】に遅ればせながらやっとソフトローとして入った。

　これ等を，会社の役員・社員・派遣社員・子会社・取引先やアウトソーシング先まで含め，遵守すべき考え方及び行動を規律・規則などに纏めた行動準則文書として纏める。また，株主，従業員，顧客・取引先，債権者，地域社会などのステークホルダーと協働する際に，会社の一員として従うべき考え方・行動の仕方として定めるべきである。前述した如く，会社の価値観の共有化を重視した価値共有型（山田・中野：2006），及び，法令・規則・社会規範などの遵守を重視したコンプライアンス型，などがあるが，価値共有型に基づいた企業集団基準での「倫理・コンプライアンス委員会」（後述）で作成する方を推奨する。

(4)　法律と倫理の違い

　法律とは，人間が社会の一員として守るべきルールであるが，法律が国家による強制力（他律的規範）を有するのに対して，倫理は，人間の良心や社会道徳，社会通念，社会の共通善など，非強制力（自律的規範）を基礎にして働くものである。「倫理」と「法」は規範として成文化できるが，「倫理」の方が「法より広い」，即ち，「法」には適用条件が厳格であるため，また，見つからなければ，見つかっても訴えられなければ，訴えられても訴訟で勝てば，問題とならない違法行為・脱法行為がある。これら空白域がかなりあるので，その合間を埋めるために倫理・道徳・社会通念等がある。

　因みに，日本の刑法犯平成28年認知件数99.6万件，検挙件数33.7万件，検挙率33.8％，公判請求率8.3％である。また，カルロス・ゴーンの言った「日本の有罪率99％」は間違いであるとの論が新聞紙上に出ている。曰く，「日本の大部分の事件は，検察官の幅広い不起訴裁量により起訴されずに終結する。地裁に起訴されたうち90％もの事件で被告人が罪を認め，主に量刑を争う裁判になるようだ。残りの10％程度が有罪か無罪かを争う否認事件ということになる。即ち，前段の90％が抜け落ちている（2020年6月26日「日経」新聞）。

(5)　道徳とは

「道徳」は善悪の判断基準である。それは倫理より広く，全てを成文化できないほど広い，そこから「倫理」が抽出されてくる（かなり重なる部分あり）。但し，道徳的善悪は宗教，国，民族，文明により異なることがある。絶対的正義等はない。また，道徳には個人道徳と社会道徳がある。

(6)　個人道徳とは

個人道徳は，個人の良心や自律的選択等，内面的・主観的心情にウエイトを置き，個々人の抱く道徳的理想の独自性・多様性を尊重（ポルノ，カジノ，飲酒）する。

(7)　社会道徳とは

社会道徳は，社会成員によって相互の外面的行動を規制するものとして一般的に受容され，共有されている客観的な道徳原理・規範で刑法の基本をなす。「社会道徳・社会通念等」から「法」が抽出される。「法の倫理化」を考える時，念頭に置かれるのは社会道徳である。法は通常，個人道徳には立ち入らず，社会道徳と基本的なところで合致している。

第2節　コンプライアンスを包含する企業倫理とは何か

コンプライアンスの全体像は上記の図表Ⅱ−1−2全域である。これを包含する概念である企業倫理はどのようにして形成されねばならないかについて下記図表Ⅱ−1−3にある番号順に逐一説明いたしたい。

1.　全体図の解説

MBA 辞典（但し，カッコ内の番号は筆者挿入）によると企業倫理（business ethics）とは「日本では企業倫理＝法令遵守（図表Ⅱ−1−3）と取られることもあるが，むしろ法令だけではカバーできない領域を規定することが重要であ

図表Ⅱ-1-2　コンプライアンスの範囲と行動

（下に行くほど行動範囲は狭くなる）

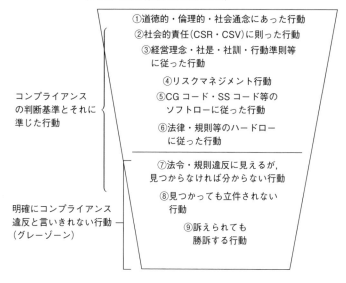

コンプライアンス
の判断基準とそれに
準じた行動

①道徳的・倫理的・社会通念にあった行動

②社会的責任(CSR・CSV)に則った行動

③経営理念・社是・社訓・行動準則等
　に従った行動

④リスクマネジメント行動

⑤CG コード・SS コード等の
　ソフトローに従った行動

⑥法律・規則等のハードロー
　に従った行動

明確にコンプライアンス
違反と言いきれない行動 ―
（グレーゾーン）

⑦法令・規則違反に見えるが,
　見つからなければ分からない行動

⑧見つかっても立件されない
　行動

⑨訴えられても
　勝訴する行動

図表Ⅱ-1-3　企業倫理の主要構成要素

(3)企業の
社会的責
任(CSR・
SDGs 等)

(1)法令・
規則遵守
(ソフトロー・
ハードロー)

(4)経営
理念・倫理
規範・行動
準則等

企業
倫理

(2)社会
通念・社会
常識

(5)経営者
倫理
(COSO 等の
考え方)

(6)従業員
倫理(自律
的規範)

る。法令で明確に定義できる領域でなく，法令遵守だけではカバーできない領域（同(2)）を企業倫理の領域とする考え方がある。そのためには，自社自ら経営理念や行動指針など（同(4)）で自社としての倫理感，判断基準となる価値観

を明確に定義することが必要であり，一方でステークホルダーとの信認関係での権利と義務（同(3)）を明確にすることも重要である。（中略）企業倫理制度を社内で具体的に進めるには，倫理網領，行動指針の整備や担当役員任命や担当部署設置などの組織体制，相談窓口や内部告発制度といった制度の確立，経営層からの率先垂範（同(5)），役員から現場レベル（同(6)）までの全社での教育・研修，企業倫理の浸透状況の継続的な評価といった組織への浸透，さらに倫理規範違反事実の開示と厳正な対応といった施策が必要である」と述べている。

2. 企業倫理の構成要素の番号順解説

(1) 法令・規則の遵守

　法とは，秩序維持の為に作られた人の行動を外的に規律するルールである。倫理・道徳の内的規律と異なる。コンプライアンスの一部である法令順守は当然である。ルールベースのハードロー（国会の承認を要する法規）とプリンシプルベースのソフトローに分れる。ハードロー以外の規則・規律は全てソフトローの範疇に入る。民法90条には公序良俗に反してはならないと書いてある位である。即ち，公序良俗とその違反の効果について規定している。公の秩序（国家や社会などの一般的な秩序）や，善良の風俗（社会の一般的な道徳的観念や社会通念）に反する法律行為は，無効となる。

(2) 社会通念・社会常識等の遵守

　コンプライアンスの一部である，社会通念・社会常識までコンプライ（従う）しなくてはならないことは図表Ⅱ-1-2で説明した通りである。自社の常識，業界の常識は時として非常識となることがある。「菓子の下にある金貨入り箱」をいただくことや，50万円相当のお仕立券付き背広生地をいただくことは，やはり非常識なのである。いかなる脅迫があろうとも，即刻返却すべきである。

　平成3年（1991）1月，富士写真フイルムの鈴木専務は同社の総務部長を兼務した。これ以後株主総会は短時間のシャンシャン総会からロングランの荒れた総会へと変わった。つまり，鈴木氏が総会担当者になって以後，総会屋へ金

を出すことを一切やめたのである。平成6年（1994）年2月28日，東京都世田谷区の自宅前で，鈴木氏は暴力団に5万円で雇われた男に刺された。自力で玄関まで戻ったが力尽き，そのまま死亡した。これが世に言う富士フイルム専務刺殺事件である。次の社長候補といわれていただけに惜しまれる。残念である。

(3)　企業の社会的責任（CSR・CSV）

　企業の社会的責任について，ISO26000[1] の定義によれば，企業は社会的責任（CSR・CSV）として，その決定・活動が社会及び環境に及ぼす影響に対して，次のような透明且つ倫理的な行動を通じて企業が行う責任を果たさなくてはならない。即ち，
①持続可能な発展に貢献する。
②ステークホルダー（SH）の期待に配慮する。
③法令順守と国際行動規範と整合を図る。
④企業の関係の中でこれらが実践されねばならない。
　また，国連はSDGs（Sustainable Development Goals：持続可能な開発目標）を定めた。SDGsは2015年9月の国連サミットで採択されたもので，国連加盟193カ国が2016年から2030年の15年間で達成するために掲げた17原則，169のターゲットを持つ目標です。原則の7には「クリーンエネルギーを使おう」，原則13には「気候変動に具体的な対策を」が入っている。企業はこれらの目標を自らの中長期経営計画に具体的に関連づけて達成していかねばならない。

(4)　経営理念・社是・社訓

　企業活動には経営理念・社是・社訓という経営者（創業者等）の思い・考えが企業倫理と深く結びついている。米国ではSOX法第4章406条というハードローやそれを受けたSECルールにCode of EthicsやCode of Conductが入っている。我が国では2015年CGコードというソフトローにやっと入った。

1　ISO26000とは，ISO（国際標準化機構：本部ジュネーブ）が2010年11月1日に発行した，組織の社会的責任に関する国際規格です。ISO26000の開発にあたってはISO規格としては，はじめてマルチステークホルダープロセスがとられ，幅広いセクターの代表が議論に参加し，決定した。

図表Ⅱ-1-4　SDGs が掲げる 17 原則

原則	目標	原則	目標
1	貧困をなくそう	9	産業・技術革新の基盤を作ろう
2	飢餓をゼロに	10	人や国の不平等をなくそう
3	全ての人の健康と福祉を	11	住み続けられるまちづくりを
4	質の高い教育をみんなに	12	つくる責任つかう責任
5	ジェンダー平等を実現しよう	13	気候変動に具体的な対策を
6	安全な水とトイレを世界中に	14	海の豊かさを守ろう
7	クリーンエネルギーを使おう	15	陸の豊かさも守ろう
8	働きがいも経済成長も	16	平和と公正を全ての人に
		17	パートナーシップで目標達成

【原則 2-1. 中長期的な企業価値向上の基礎となる経営理念の策定】

　上場会社は，自らが担う社会的な責任についての考え方を踏まえ，様々なステークホルダーへの価値創造に配慮した経営を行いつつ中長期的な企業価値向上を図るべきであり，こうした活動の基礎となる経営理念を策定すべきである。

【原則 2-2. 会社の行動準則の策定・実践】

　上場会社は，ステークホルダーとの適切な協働やその利益の尊重，健全な事業活動倫理などについて，会社としての価値観を示しその構成員が従うべき行動準則を定め，実践すべきである。取締役会は，行動準則の策定・改訂の責務を担い，これが国内外の事業活動の第一線にまで広く浸透し，遵守されるようにすべきである。

補充原則

2-2① 取締役会は，行動準則が広く実践されているか否かについて，適宜または定期的にレビューを行うべきである。その際には，実質的に行動準則の趣旨・精神を尊重する企業文化・風土が存在するか否かに重点を置くべきであり，形式的な遵守確認に終始すべきではない。

〔背景説明〕

上記の行動準則は，倫理基準，行動規範等と呼称されることもある。

(5)　経営者倫理（COSO の考え方）

　先に述べた如く，経営者は，経営者倫理として，コンプライアンスのバイブルである米国トレッドウェイ委員会組織委員会が示す通り，統制環境要因としての誠実性（正直であること等）と倫理的価値観に従い，「何が適法か」を超え，「何が正しいか」で判断しなくてならない。COSO の発行したレポートで提示された内部統制のフレームワークに準拠して，善管注意義務・忠実義務等を守れない場合は株主代表訴訟等に巻き込まれかねない。米 PR 会社エデルマンのトラストバロメーター2016年調査によると，経営者資質についての質問に対し，北米で 59%，欧州で 53% が「正直である」ことであった。これに対して，日本では「決断力がある」とか「有能である」が上位にあり，「正直である」が 26%（5 位）であった。経営者たるもの，どんなに有能であっても，まず誠実（Integrity）でなくてはならない。たとえ，菓子箱の下に金貨が敷き詰めてあった頂き物を提示されても，正直に「これは頂くことはできません」とその場で直ぐに拝辞すべきである。それは，田中一弘（2014）がいう経営者の良心（conscience）がそういわせるのかもしれない。経営者は自利心（self-interest）の塊であってはならない。

(6)　従業員倫理（自律的規範）

　従業員は人間の良心や社会通念，社会常識など，非強制力（自律的規範）を基礎にして仕事をし，たとえ「会社のため，家族を守るため」であっても法令・規則違反やモラル・ハザード（倫理の欠如）を行ってはならない。最後，会社は何一つ守ってくれない。最悪，懲戒解雇が待っているだけである。

　以上が企業倫理を形成する主要構成要素の解説である。

第3節　コンプライアンスはコーポレートガバナンスの主要部分

1.　コーポレートガバナンスとは

⑴　ガバナンスの語源

　コーポレートガバナンスの "Governance" は「統治する，支配する（人々の行動を）左右する」といつた意味を持つ "govern" から派生した言葉である。語源はギリシャ語で「船の舵を取る」を意味している。即ち，船長等が，たえ暴風雨に会おうが，海賊に遭遇しようが，迅速・果断なかじ取りをして，安心・安全に乗客・貨物を目的地に導くための意思決定の仕組みを意味している。企業の場合，その目的は「持続的成長と中長期の企業価値向上」でなくてはならない。

　後に説明する，金融庁が定めた，CGコードにおける「コーポレートガバナンス」の定義とは，「会社が，株主をはじめ顧客・従業員・地域社会等の立場を踏まえた上で，透明・公正かつ迅速・果断な意思決定を行うための仕組み」を意味すると定義されており，CGコードが，我が国の成長戦略の一環として，経営者の迅速・果断な意思決定を促し，我が国上場企業の「稼ぐ力」を取り戻させるための「攻めのガバナンス」の強化を意図していることが示されている。学説的には，啓発的株主価値（ESV：Enlightened Shareholder Value[2]），即ち，株主と顧客・従業員・地域社会等のステークホルダーとの利害のバランスをとることを示した点は評価できる。

　今から30年前の1991年5月13日，我が国でコーポレートガバナンスを「企業統治」と訳した言葉が初登場した。当時，一橋大学教授であった竹内弘高の「日本経済新聞」に載った論文においてであった。

　更に，上記の監査役会等の機関設計について，説明しておこう。

2　David Millon（2010）"Enlightened Shareholder Value, Social Responsibility, and the Redefinition of Corporate Purpose Without Law" WASHINGTON AND LEE UNIVERSITY SCHOOL OF LAW Washington & Lee Legal Studies Paper No. 2010-11 47 Pages Posted: 16 Jun 2010

図表Ⅱ-1-5　企業を取り巻く利害関係者と機関設計

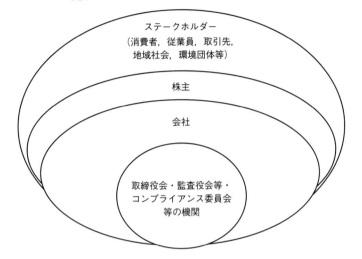

ステークホルダー
（消費者，従業員，取引先，
地域社会，環境団体等）

株主

会社

取締役会・監査役会等・
コンプライアンス委員会
等の機関

(2)　我が国の監査における機関設計の特色

　企業の不祥事が多発して，防衛線である監査制度が岐路に立っている。我が国では監査役会設置会社が主流であり，監査役が単独で権利行使できる「独任制」という天下の切り札を持っているが，不発のケースが多い。関西電力事件でも監査役が取締役会への報告を怠り批判されているし，スルガ銀行の監査役は何一つやっていなかった。独立社外取締役が中心になって監督する米国型の仕組みである指名委員会等設置会社は78社（上場会社のみ，2019年8月）あり，不祥事等を犯した企業が採用することが多い。やはり独立社外取締役による監督と指名委員会や報酬委員会による社長牽制がその理由であろう。監査等委員会設置会社は2019年8月で1,027社となったが，従来社外監査役であった方々が社外取締役に横滑りした点が問題となっている。その理由は，本来監査役と取締役はミッションや資質が違うだろうということである。

　ともあれ，3つの機関設計が乱立する日本の制度は国際的に見ても異例であり，外から見て分かりづらい。収斂すべきであろう。

図表Ⅱ-1-6　監査役会設置会社，指名委員会等設置会社，監査等委員会設置会社の比較

	監査役会	指名委員会等	監査等委員会
監査役・監査委員会委員・監査等委員会委員の選解任と任期	監査役は株主総会で選任，解任は特別決議を要す。	監査委員会委員である取締役は株主総会，各委員は取締役会で選定	監査等委員である取締役は株主総会，但し，それ以外の取締役と区別して選任し，解任は特別決議を要す。
	4年	1年	2年
他の一般取締役の任期	2年以下（⇒1年にして459条の規律も可能）	1年	1年
・独任制	あり	なし	なし
・常勤の有無	常勤1名以上	常勤不要（任意）	常勤監査等委員は任意，但し，理由の開示必要
監査の対象	違法性監査，但し，妥当性監査の法的義務なし	違法性監査と妥当性監査	違法性監査と妥当性監査
選解任等への意見陳述権	監査役についてのみ意見陳述権あり	なし	監査等委員になる取締役及び他の取締役の選解任，報酬等に関して，意見陳述権あり
解任・辞任後の意見陳述権	あり（345条4項）	なし	あり
報酬規制	定款又は株主総会決議による	報酬委員会による	他の取締役とは別に定款又は株主総会決議による
取締役会が委任可能な職務範囲	362条4項の範囲内	重要な事項（416条4項但書）を除き，執行役に広く委任可能	362条4項の事項も委任可能
423条の推定規定（利益相反取引）	必ず適用	必ず適用	監査等委員会の事前承認で任務懈怠の推定規定が不適用

出典：商事法務 NO. 2054 号 47 頁等を基に筆者作成。

第2章

我が国の企業統治改革

第1節　我が国における 2014 年以降の目を見張る企業統治改革

（下記の項番号（1〜6）は図表Ⅱ-2-1の中の（1）〜（6）までの番号と符合する）

1. 日本再興戦略と企業統治改革元年

2014 年 6 月 24 日，アベノミクスの一環として 2014 年版日本再興戦略が出された。企業統治改革は，アベノミクスの三本の矢である成長戦略の中心に位置づけられた。第一次の改革は 1997 年の銀行危機〜2003 年にあった。メインバンク制の崩壊や株式持ち合いの減少により，企業は銀行支配から脱した。

1997 年の商法改正により，ストック・オプション制度の導入，取締役会人数の大幅減少が見られた。2002 年の商法改正により委員会等設置会社の選択可能，執行役員制度の導入等が見られた。しかしながら，企業統治の中身の実質改革という意味では，2014 年以降の改革の方が目を見張るものがある。

2. 内部留保の増大

累々と貯まる企業内現預金や内部留保を「企業の稼ぐ力（イノベーション力）」に転嫁させようとの強い意図を持ち，その成長戦略の一環として，インベストメント・チェーンの高度化とコーポレートガバナンスの強化，が謳われた。しかし，新型コロナウイルス感染症対策として，内部留保の厚さが安心感をよんでいる。危機管理には強みを発揮している。内部留保の増大は必ずしも

図表Ⅱ-2-1　企業統治改革元年とは

悪ではない。要は目的的に，また戦略的に使用できるか否かである。

3. スチュワードシップ・コードの公表

　金融庁は，2014 年 2 月に我が国の SS コードを公表した。その源典は英国の SS コードにある。そのスチュワードの語源は，欧州中世における財産管理人といわれているが，元を正せば，キリスト教の聖書（マタイ 25 章 14～30）にあるタラントン（現在のタレント＝有能な方の語源）の逸話である。要するに，「マイナス思考はやめよう，人から預かった金は増やし，最終的には教会に寄進することが良い」ということです。

　我が国の SS コードは，国内外の機関投資家（2019 年 9 月で 269 社，内 124 社が海外機関投資家である）が登録され，SS コードにある原則を遵守する旨，各社のウエッブサイトで公開している。2019 年 9 月で 13 カ国（日本，英国等）が SS コードを策定済みであるが，内 8 カ国（米国，カナダ，韓国等）は自主団体であり徹底ぶりが異なる。

　スチュワードシップ責任とは，機関投資家が，投資先企業やその事業環境等に関する深い理解に基づく建設的な「目的を持った対話」（エンゲージメント）

などを通じて，当該企業の企業価値の向上や持続的成長を促すことにより，「顧客・受益者」（最終受益者を含む。）の中長期的な投資リターンの拡大を図る責任のことで，実際，機関投資家と企業との間で建設的な対話が進みつつある。

2014年版スチュワードシップ・コードの7原則
(1) スチュワードシップ責任を果たすための明確な方針を策定し，これを公表すべき
(2) スチュワードシップ責任を果たす上で管理すべき利益相反について，明確な方針を策定し，これを公表すべき
(3) 投資先企業の持続的成長に向けてスチュワードシップ責任を果たすため，当該企業の状況を的確に把握すべき
(4) 投資先企業との建設的な「目的を持った対話」を通じて，投資先企業と認識の共有を図るとともに，問題の解決に努めるべき
(5) 議決権の行使を行使結果の公表について明確な方針を持つとともに，議決権行使の方針については，単に形式的な判断基準にとどまるべきでなく，投資先企業の持続的成長に資するものとなるよう工夫すべき
(6) 議決権の行使を含め，スチュワードシップ責任をどのようにして果たしているのかについて，原則として，顧客・受益者に対し定期的に報告を行うべき
(7) 投資先企業の持続的成長に資するよう，投資先企業やその事業環境等に関する深い理解に基づき，当該企業との対話やスチュワードシップ活動に伴う判断を適切に行うための実力を備えるべき

4.　コーポレートガバナンス・コードの適用

　CGコードが金融庁及び「東証」から2015年の6月から適用された。その目的は企業の持続的成長と中長期の企業価値の向上である。社外取締役の導入割合が飛躍的に増大した。本来これは，SSコードの前に設定され，企業における企業統治体制が整備されてから，機関投資家からの建設的な「目的ある対話（エンゲージメント）」を受け，CGコードの内容について議論されるべきであった。特に，法令とは異なり，法的拘束力を有する規範ではなく，その実施に当たっては，プリンシプル・ベースの，いわゆる「コンプライ・オア・エクスプレイン」（原則を実施するか，実施しない場合には，その理由を説明するか）の手法を採用している。これらは車の両輪である。

　実効的なコーポレートガバナンスの実現に資する主要な基本原則は，次の5つである。

　①株主の権利・平等性の確保，

　②株主以外のステークホルダーとの適切な協働，

　③適切な情報開示と透明性の確保，

　④取締役会等の責務，

　⑤株主との対話

　この5つの章に分けて，ベストプラクティスとして示される73の原則（基本原則・原則・補充原則）によって構成されている。73コード（2018年改訂後は78コード）は東証上場会社に適用され，それ以外の上場会社には5基本原則のみが適用される。

5.　伊藤レポート

　経産省は，2014年8月に，公称「伊藤レポート」を公表し，ROE（株主資本利益率）8%以上の目標が示された。多くの企業が経営目標としてROEを採用するようになり，投下資本に対する効率性を考えるようになった。しかし，ROEは，自己資本をどれだけ効率的に使い利益を稼いだかを示す指標である。ROEは自社株買いや負債に依存するレバレッジ経営を助長し，世界の上場会社約7500社の総資産に占める有利子負債の比率は2012以降上昇し2019年には32%と18年ぶりの高さにある。ROE経営は，新型コロナ事件に遭遇しもろさを露呈している。サステナビリティの観点からROE指標だけでよいのかが問われている。ESGスコアとの併用が検討されるべきである。

6.　2015年版改正会社法

　法務省は，2015年5月1日から改正会社法を施行し，一定の公開会社について，社外取締役1名以上の実質的義務化が決まった。しかし，法律上の明文化は2020年の改正会社法に持ち越された。

第 2 節　2016 年以降の企業統治の継続的改革

1. 背景：ESG と SDGs 重視の流れ

　アベノミクスに平仄を合わせるように各省庁が競って「攻めのガバナンス」に動き出した。CG コードの目的の一つである，持続的成長については，2006年に国連が公表した，国連責任投資原則［機関投資家が ESG（環境：Environment，社会：Social，ガバナンス：Governance の課題を投資の意思決定に組み込み，長期的な投資成果を向上させることを目的とする原則］へ世界最大の年金基金（145 兆円）を保有する我が国の年金積立金管理運用独立法人（GPIF）が署名したことから，140 以上の機関投資家がこぞって署名し，彼らが企業との建設的な対話の中で ESG を取り上げ出し，更に，2017 年 10 月に経産省から「伊藤レポート 2.0（ESG・無形資産投資）報告書」が出され ESG の重要性が強調された。2020 年の SS コード改訂で明確に ESG が取り上げられた。因みに，世界の ESG 投資残高は \$30.7 兆（2018 年）で世界の金融資産の約30% を占める。欧米の機関投資家約 800 社は化石燃料やたばこなど環境や健康

図表Ⅱ-2-2　2016 年以降の企業統治の継続的改革

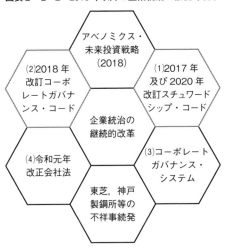

への負荷が多い企業から投資の引き上げを表明している。その流れは，2015年，国連で採決された SDGs（Sustainable Development Goals）「持続可能な開発のための 2030 アジェンダ」にて記載された 17 のゴール・169 のターゲットからなる国際目標の各企業における具体的遵守の動きへと広がっている。

　以下図表Ⅱ-2-2 の（1）～（4）までを順次説明する。

2.　2017 年版改訂スチュワードシップ・コード

金融庁「責任ある機関投資家」の諸原則≪日本版スチュワードシップ…
www.fsa.go.jp/news/29/singi/20170529.html より筆者要約

　スチュワードシップ・コード改訂に当たって
平成 29 年 5 月 29 日
スチュワードシップ・コードに関する有識者検討会
1.　平成 26 年 2 月 26 日，「日本版スチュワードシップ・コードに関する有識者検討会」によりスチュワードシップ・コードが策定されてから約 3 年が経過した。この間，スチュワードシップ・コードの受入れを表明した機関投資家は 200 を超えるに至り，また，平成 27 年 6 月には，上場企業に対し，コーポレートガバナンス・コードの適用が開始された。両コードの下で，コーポレートガバナンス改革には一定の進捗が見られるものの，いまだに形式的な対応にとどまっているのではないかとの指摘もなされている。
2.　こうした中，平成 28 年 11 月 30 日，金融庁・東京証券取引所に設置された「スチュワードシップ・コード及びコーポレートガバナンス・コードのフォローアップ会議」において，「機関投資家による実効的なスチュワードシップ活動のあり方」と題する意見書（以下，「意見書」という。）が公表された。意見書においては，コーポレートガバナンス改革を「形式」から「実質」へと深化させていくためには，機関投資家が企業との間で深度ある「建設的な対話」を行っていくことが必要であるとされ，スチュワードシップ・コードの改訂が提言された。
3.　意見書を受け，金融庁において，平成 29 年 1 月から計 3 回にわたり，「ス

チュワードシップ・コードに関する有識者検討会」（以下，前出の「日本版スチュワードシップ・コードに関する有識者検討会」と併せ，「本検討会」という。）を開催し，コード改訂に向けた議論を重ねてきた。こうした議論を踏まえ，今般，本検討会は改訂版のスチュワードシップ・コード（以下，「本コード」という。）を取りまとめた。

4．意見書と改訂ポイント（下記□の括弧内は筆者による改訂ポイントの要約である。）

・アセットオーナーによる実効的なチェック

①アセットオーナーは，ESG を含む課題について深い目的を持った建設的な対話を行うこと。
②アセットオーナーは，運用機関に実効的なスチュワードシップ活動を行うように求めるべき。
③アセットオーナーは，実効的に運用機関に対するモニタリングを行うべき。

・運用機関のガバナンス・利益相反管理等

①運用機関の経営陣は，ガバナンス強化・利益相反管理に関して重要な役割・責務を担っていることを認識し，これらに関する課題に対する取り組み推進すべき。
②機関投資家の経営陣は，スチュワードシップ責任を実効的に果たすための適切な能力・経験を備えているべきであり，系列の金融グループ内部の論理に基づいて構成されるべきではない。

・パッシブ運用における対話等

①機関投資家は，パッシブ運用を行うにあたって，より積極的に中長期的視点に立った対話や議決権行使に取り組むべきである

・議決権行使結果の公表の充実

> ①機関投資家は，議決権行使結果を，個別の投資先企業及び議案ごとに公表すべき。
> ②議決権行使の賛否の理由について対外的に明確に説明すること。

・運用機関の自己評価

> 運用機関は，本コードの各原則（指針を含む）の実施状況を定期的に自己評価し，結果を公表すべきである。

についての提言がなされており，本検討会は，これらの内容について議論を行い，新たに本コードに盛り込むこととした。

5. さらに，検討の過程では，意見書にある論点以外についても，以下のような指摘がなされた（下記の枠で囲った部分は筆者による改訂ポイント要約）。

　現在のコードにおいても，議決権行使助言会社に，利益相反管理等の各原則が当てはまる旨は示されているが，議決権行使助言会社自身が，十分な経営資源を投入した上でサービスを提供することが重要であり，また，自らの取組みについて公表を求めることが考えられるのではないか。

> ①議決権行使助言会社は企業の状況の的確な把握等のため十分な経営資源を投入し，また，本コードの各原則（指針を含む）が自らに当てはまることに留意して，適切にサービスを提供すべし。

　複数の機関投資家が協働して企業と対話を行うこと（集団的エンゲージメント）について，企業との間で対話を行う際の選択肢として考えられることを，コードにも盛り込むべきではないか。他方で，集団的エンゲージメントを行う際には，対話が形式的にならないよう，十分留意する必要があるのではないか。

> 必要に応じ，他の機関投資家と協働して対話を行うこと（集団的エンゲージメント）が有益な場合もあり得る。

　ESG（環境・社会・ガバナンス）要素のうち，投資先企業の状況を踏まえ重要と考えられるものは，事業におけるリスク・収益機会の両面で，中長期的な企業価値に影響を及ぼすのではないか。

　こうした指摘を踏まえ，関連する事項についても，今回の改訂に当たって盛り込んだところである。

6. および7. の手続き（省略）

「責任ある機関投資家」の諸原則≪日本版スチュワードシップ・コード≫について

　本コードにおいて，「スチュワードシップ責任」とは，機関投資家が，投資先企業やその事業環境等に関する深い理解に基づく建設的な「目的を持った対話」（エンゲージメント）などを通じて，当該企業の企業価値の向上や持続的成長を促すことにより，「顧客・受益者」（最終受益者を含む。以下同じ。）の中長期的な投資リターンの拡大を図る責任を意味する。

　本コードは，機関投資家が，顧客・受益者と投資先企業の双方を視野に入れ，「責任ある機関投資家」として当該スチュワードシップ責任を果たすに当たり有用と考えられる諸原則を定めるものである。本コードに沿って，機関投資家が適切にスチュワードシップ責任を果たすことは，経済全体の成長にもつながるものである。

　両コードの下で，上場会社においては，CG コードの各原則に対応した取組みを推進する動きが見られ，CG コード原則 4-8 は，上場会社は独立社外取締役を少なくとも 2 名以上選任すべきであるとしているところ，独立社外取締役を 2 名以上選任する東証一部上場企業は，CG コード導入前の 2014 年には 21.5％であったが，5 年後の 2019 年には 93.4％に達している。

　一方で，コーポレートガバナンス改革が十分な実質が伴っているかについては，様々な問題意識が述べられており，例えば，多くの企業において，なお経

営陣による資本政策に基づく設備投資やM&A等を含む事業ポートフォリオにおいて果断な経営判断が行われていないのではないか，投資家についても，企業との対話の場にCEOや社外取締役等が出席することが少ないため，企業の取締役会に持ち帰り活発な議論がなされているのか，単なるセレモニーで終わっているいるのではないか，といった声があった。

こうした指摘を踏まえ，2015年9月以降，「SSコード及びCGコードのフォローアップ会議」が開かれ，その成果の一つとして，上記の如く，2017年5月にSSコードが改正され，機関投資家の議決権行使結果の個別公表等が決まった。

3. 2018年版改訂CGコード

上記のように，2015年9月以降，「SSコード及びCGコードのフォローアップ会議」は，コーポレートガバナンス改革をより実質的なものへと深化させていくことを目的として，連続的に開催され，

①SSコードにおける機関投資家と企業の対話において重点的に議論することが期待される事項をとりまとめた「投資家と企業の対話ガイドライン」（平成30年6月1日金融庁）の策定が提言された。ただし，これは付属文書の位置づけであり，コンプライアンドエクスプレインの対象になってないことが問題である。もう一つが，

②2018年のCGコードの改訂である。その改訂の要点は，以下のごとし，

改訂点1．変化の激しい経営環境に対応した経営戦略と資本政策の策定
（下線部太文字が改訂点，以下同様）

> 【原則5-2．経営戦略や経営計画の策定・公表】
> 経営戦略や経営計画の策定・公表に当たっては，**自社の資本コストを的確に把握した上で**，収益計画や資本政策の基本的な方針を示すとともに，収益力・資本効率等に関する目標を提示し，その実現のために，**事業ポートフォリオの見直しや，設備投資・研究開発投資・人材投資等を含む**経営資源の配分等に関し具体的に何を実行するのかについて，株主に分かりやすい言葉・論理で明確に説明を行うべきである。

　我が国においては，経営環境の急変（AI，IoT，5G 等）に応じた事業ポートフォリオの見直し M&A・設備投資・研究開発投資・人材投資等などの果断な経営判断が欧米に比べて少ないといわれる。その背景として，リスクに備えて，内部留保を厚くする傾向がある。同時に，経営陣の資本コストに見合うリターンに対する意識が未だ不十分であるといわれている。企業は，ROE，ROIC（投下資本利益率，Return on Invested Capital）等の KPI（重要業績評価指標，Key Performance Indicator）として，中長期計画で明確にすべきである。しかしながら，第Ⅰ部で述べたように ROE の問題点として，世界的な債務の膨張や株主だけに報いる自社株買いの横行，さらには一株当たりの利益中心主義・短期主義がコンプライアンス違反を助長していること等を勘案すると中長期計画における KPI としては，ESG 格付けとか ROC（C はカーボン）なども取り入れられるべきである。

改訂点 2. CEO の選解任と後継者計画

【原則 3-1. 情報開示の充実】
上場会社は，法令に基づく開示を適切に行うことに加え，会社の意思決定の透明性・公正性を確保し，実効的なコーポレートガバナンスを実現するとの観点から，（本コードの各原則において開示を求めている事項のほか，）以下の事項について開示し，主体的な情報発信を行うべきである。
（ⅰ）会社の目指すところ（経営理念等）や経営戦略，経営計画
（ⅱ）本コードのそれぞれの原則を踏まえた，コーポレートガバナンスに関する基本的な考え方と基本方針
（ⅲ）取締役会が経営陣幹部・取締役の報酬を決定するに当たっての方針と手続
（ⅳ）取締役会が経営陣幹部の選**解**任と取締役・監査役候補の指名を行うに当たっての方針と手続
（ⅴ）取締役会が上記（ⅳ）を踏まえて経営陣幹部の選**解**任と取締役・監査役候補の指名を行う際の，個々の選**解**任・指名についての説明
補充原則
3-1①　上記の情報の開示（**法令に基づく開示を含む**）に当たっても，取締役会は，ひな型的な記述や具体性を欠く記述を避け，利用者にとって付加価値の高い記載となるようにすべきである。

4-1③　取締役会は，会社の目指すところ（経営理念等）や具体的な経営戦略を踏まえ，最高経営責任者（**CEO**）等の後継者の計画（プランニング）について**の策定・運用に主体的に関与するとともに，後継者候補の育成が十分な時間と資源をかけて計画的に行われていくよう**，適切に監督を行うべきである。

補充原則
4-3①　取締役会は，経営陣幹部の選任や解任について，会社の業績等の評価を踏まえ，公正かつ透明性の高い手続に従い，適切に実行すべきである。

4-3②　取締役会は，CEOの選解任は，会社における最も重要な戦略的意思決定であることを踏まえ，客観性・適時性・透明性ある手続に従い，十分な時間と資源をかけて，資質を備えたCEOを選任すべきである。
4-3③　取締役会は，会社の業績等の適切な評価を踏まえ，CEOがその機能を十分発揮していないと認められる場合に，CEOを解任するための客観性・適時性・透明性ある手続を確立すべきである。

　久保克行早稲田大学教授（2010）によると，我が国の場合，「日経225に所属する企業の1992年から2006年までの15年間で「3年連続赤字で経営者交代があったのは7.6%」であったという。これは適時に交代させるメカニズムに欠けていたことが，日本企業の低収益性の1つの原因となっているのではないか，との指摘に繋がっている。

　このため，当初よりCGコードにおいては，経営トップを含めた取締役の指名プロセスの客観性・適時性・透明性の確保は重要なテーマとなっており，例えば，取締役会は，経営陣幹部の選解任は公正かつ透明性の高い手続に従い適切に実行すべきであるとする原則（補充原則4-3①）や，CEO等の後継者の計画（プランニング）についての策定・運用に主体的に関与するとともに，後継者候補の育成（倫理研修等を含む）や経営者資質の見定めに十分な時間と資源をかけて計画的に行われていくよう，適切に監督を行うべきであるとされてきた（第3章．「コンプライアンスの実効性を上げるための経営者資質はどうあるべきか」参照）。

　フォローアップ会議の議論においては，特に，経営トップ（CEO）の選解任について，企業にとって最も重要な戦略的意思決定であり，客観性・適時性・

透明性ある手続を確立していくことの必要性が強調された。また，CEOの選解任の基準は未だ整備が進んでおらず，後継者計画についても，取締役会による十分な監督が行われている企業は少数にとどまっている状況にあるとの指摘が行われた。特に手続きが文書化されてない。すべては現 CEO の頭の中にある企業が多いといわれている。

改訂点 3.　経営者の報酬決定

> 補充原則
> 4-2 ①　**取締役会は**，経営陣の報酬は，が持続的な成長に向けた健全なインセンティブの一つとして機能するよう，**客観性・透明性ある手続に従い，報酬制度を設計し，具体的な報酬額を決定すべきである。**その際，中長期的な業績と連動する報酬の割合や，現金報酬と自社株報酬との割合を適切に設定すべきである。

　役員報酬の決定プロセスについて，会社法に従い，株主総会決議による総額の枠内であれば，取締役の報酬の具体的な配分は，取締役会決議により取締役会から社長（CEO）に再一任されることが殆どである。役員人事と各人別役員報酬の決定権は社長（CEO）の専権事項であるとの思いが，日産元会長カルロス・ゴーンの例を見るまでもなく存在する。取締役会決議を得てない場合もあるといわれる。客観性・透明性ある手続を作り，これに準じるべきである。
　証券取引等監視委員会は，2019 年 12 月 10 日，日産元会長カルロス・ゴーン被告らが「金商法」違反（有価証券報告書の虚偽記載）の罪で起訴された事件で，ゴーン被告の役員報酬を計 91 億円少なく記載した件で，「日産」に対し課徴金 24 億円を納付させるように金融庁に勧告した。
　我が国企業の役員報酬は，米国や欧州に比べて金額の水準は低いものの，固定報酬が占める割合が大きく（日本では 57%，米国では僅か 9%：出典：2020年 7 月 19 日「日経」新聞），中長期の業績連動報酬の割合が低いため，業績向上やイノベーションに対するインセンティブが弱いとされている。
　今回の改訂においては，補充原則 4-2 ① において，これに取締役会が果たすべき役割が加えられており，取締役会は，「客観性・透明性ある手続に従い，報

図表Ⅱ-2-3　役員報酬の開示対象系譜

開示命令と適用時期	内容
内閣府令改正（2010年3月期～）	役員報酬1億円以上の氏名・金額
内閣府令改正（2019年3月期～）	固定報酬と業績連動報酬の内訳，連動部分の算出方法の開示
2020年改正会社法（361条7項）	取締役会が各役員の報酬額の方針を決め，公表する。

酬制度を設計し，具体的な報酬額を決定すべきである」とされている。2020年改正会社法でも，監査役会設置会社の上場企業等及び監査等委員会設置会社に対しても，どのように取締役の報酬が決められるのか，その方針を定めることが求められる。具体的には取締役個人別の報酬の種類ごとの比率や業績連動報酬の有無及びその内容にかかる決定の方針（361条7項：上場会社等の取締役会は，原則として，取締役の個人別の報酬等の内容ついての決定に関する方針を決定しなければならない。）を決め，対外的な情報開示が求められる。武田薬品が，2020年6月24日公表した有価証券報告書で全ての取締役を対象に役員報酬を開示した。透明性向上の為に自主的に開始した。一方，ESG・SDGsが声高に叫ばれる時代に，業績連動報酬だけでよいのか，定量的要素に加え定性的要素も盛り込むべきであるとの考え方がある。米マイクロソフト，豪英BHPビリトン，英蘭ロイヤル・ダッチ・シェルなどの大手多国籍企業をはじめとする企業は，役員報酬を従業員多様性，安全性，温暖化ガス排出量などの数値に連動させようとしている。わが国では戸田建設が役員の株式報酬にCO2排出削減幅を連動させる。

　一方，決算内容の重大な修正や不正があった場合に役員報酬を会社に返還させる「クロ―バック制度」を導入しいている企業が増えている。我が国ではメガバンク・大手証券・ビール会社などで導入がすすんでいる。2020年4月1日，武田薬品が導入すると発表した。

改訂点4.　独立した諮問委員会の活用

補充原則
4-10①　上場会社が監査役会設置会社または監査等委員会設置会社であって，独立社外取締役が取締役会の過半数に達していない場合には，経営陣幹部・取締役の指名・報酬などに係る取締役会の機能の独立性・客観性と説明責任を強化するため，例えば，取締役会の下に独立社外取締役を主要な構成員とする任意の**指名委員会・報酬委員会など，独立した**諮問委員会を設置することなどにより，指名・報酬などの特に重要な事項に関する検討に当たり独立社外取締役の適切な関与・助言を得るべきである。

　我が国において，指名・報酬に関する任意の諮問委員会を設置する企業は年々増加しており，「東証」は，2020年8月14日までにガバナンス報告書を提出した企業で，指名委員会等設置会社の法定の指名委員会・報酬委員会を含めて，東証一部上場企業のうち，指名（含む諮問）委員会を設置する企業は58.7％，報酬（含む諮問）委員会を設置する企業は61.0％となった。

　今回のCGコードの改訂においては，指名委員会・報酬委員会の設置・活用を更に進めていくとの観点で，監査役会設置会社または監査等委員会設置会社であって，独立社外取締役が取締役会の過半数に達していない場合には，指名・報酬に関する任意の諮問委員会の設置を求めることとされている。

改訂点5.　独立社外取締役の活用と取締役会の多様性等

【原則4-8.　独立社外取締役の有効な活用】
独立社外取締役は会社の持続的な成長と中長期的な企業価値の向上に寄与するように役割・責務を果たすべきであり，上場会社はそのような資質を十分に備えた独立社外取締役を少なくとも2名以上選任すべきである。
また，業種・規模・事業特性・機関設計・会社をとりまく環境等を総合的に勘案して，少なくとも3分の1以上の独立社外取締役を選任することが必要と考える上場会社は，上記にかかわらず，**十分な人数の独立社外取締役を選任**すべきである。

【原則4-11.　取締役会・監査役会の実効性確保のための前提条件】
取締役会は，その役割・責務を実効的に果たすための知識・経験・能力を全体と

してバランス良く備え，**ジェンダーや国際性の面を含む**多様性と適正規模を両立させる形で構成されるべきである。また，監査役には，**適切な経験・能力及び必要な財務・会計・法務に関する知識を有する者が選任されるべきであり，特に**，財務・会計に関する適切十分な知見を有している者が1名以上選任されるべきである。取締役会は，取締役会全体としての実効性に関する分析・評価を行うことなどにより，その機能の向上を図るべきである。

　取締役会に占める独立社外取締役の比率については，フォローアップ会議において，3分の1以上の独立社外取締役を求めるべきではないかとの意見があり，直前の案には入っていた。しかし，3分の1以上の選任を求める改訂は遺憾ながら見送られ（原則4-8），引き続き，独立社外取締役2名以上の選任があれば，コンプライが可能とされている。日本経営倫理学会ガバナンス研究部会からのパブリック・コメントで「3分の1以上の独立社外取締役」を強力に求めたが受け入れられなかったのは誠に残念である。真偽のほどは不明であるが，直前になって経済界からの反対があったと伝えられる。

　しかしながら，日米など10カ国に拠点を持ち，約1700の機関投資家を顧客にもつ議決権行使助言会社の大手であるISS（Institutional Shareholder Services）は，2019年2月から「指名委員会等設置会社及び監査等委員会設置会社において，取締役の3分の1以上を社外取締役とすること」を求め，株主総会後の取締役会に占める社外取締役の割合が3分の1未満である場合，経営トップである取締役の選任議案に反対を推奨することとしている。これはCGコードの欠点を補完するものとして歓迎されうる。野村資本市場研究所が2020年3月末時点の上場会社を調べた。社外取締役が1/3以上の企業はまだ51%であった。「東証」は，2020年8月14日まで「ガバナンス報告書」を提出した市場第一部の企業で，独立社外取締役が1/3以上いる企業の比率は58.7%であった。

　野村アセットマネジメントや大和アセットマネジメントは支配株主のいる企業の社外取締役が3分の1を下回る場合，会長や社長などの取締役再任に原則反対する。明治安田生命保険も同様の基準を21年4月以降，第一生命は22年4月以降に適用する。この流れはもう止められない。

　また，取締役会構成における女性取締役の比率に関しては，政府は「日本再興戦略」において，女性の役員・管理職への登用「2020 年 30%」の政府目標を掲げた。第 4 次男女共同参画基本計画（平成 27 年 12 月 25 日閣議決定）では，上場企業役員に占める女性の割合の目標値を「早期に 5%，2020 年までに 10%を目指す」と定めている。同目標の現状値はプロネッドの 2019 年 7 月調査では 5.7% である。また，2018 年の「なでしこ銘柄」の平均値では 6.8% である。帝国データ（2020 年 7 月調査：課長以上）では 7.8% であった。

　政府は，女性の役員・管理職への登用「2020 年 30%」を断念し，先送りを決めた。誠に遺憾である。一方，「経団連」は管理職の女性比率に関して，2030 年を目途に 40% 超にすべきであるとの目標を立てた。同時に，出産や子育てがキャリアに影響しないように，終身雇用ではなく「人材の流動化」を求め，中途採用の比率を拡大して能力で評価する給与体系への移行を促す。若手の男性が育児参加を申告しづらい傾向があるため「職場の雰囲気を変える」ことも明記する（2020 年 10 月 3 日「日経」新聞）としたことは歓迎される。

政府の目標は何時達成されるのか

　「東証」及び「経産省」による，2018 年度女性活躍度調査（なでしこ銘柄）に基づく，全回答企業（上場企業約 3700 社中約 522 社）の平均値を図表Ⅱ－2－4 に示す。

　女性が部長以上に昇格するにはガラスの天井があるといわれる。ジェンダーバイアス（性差による偏見・固定観念）を男女ともに打破する努力が足りない。

図表Ⅱ－2－4　政府目標と実績

役職名	2018 年度企業平均実績	2020 末政府目標
女性役員（カッコ内は社内取締役）	6.8%（2.3%）	10%
女性部長相当職	4.0%	10%
女性課長相当職	9.5%	15%
女性係長相当職	19.2%	25%
女性役員・管理職	帝国データ（2020 年 7 月調査：課長以上 7.8%）	30%

（詳細第Ⅳ部「取締役会構成における多様性（Diversity）による監督」参照）

改訂点 6. 政策保有株式

【原則 1-4. 政策保有株式】
上場会社が政策保有株式として上場株式を保有する場合には，**政策保有株式の縮減に関する方針・考え方など**，政策保有に関する方針を開示すべきである。また，毎年，取締役会で，**個別**の政策保有**株式**についてそのリターンとリスクなどを踏まえた中長期的な経済合理性や将来の見通しを検証し，これを反映した保有のねらい・合理性について具体的な説明を行うべきである。**保有目的が適切か，保有に伴う便益やリスクが資本コストに見合っているか等を具体的に精査し，保有の適否を検証するとともに，そうした検証の内容について開示すべきである。**
上場会社は，政策保有株式に係る議決権の行使について，適切な対応を確保するための**具体的な**基準を策定・開示すし，**その基準に沿った対応を行う**べきである。
補充原則

1-4①　上場会社は，自社の株式を政策保有株式として保有している会社（政策保有株主）からその株式の売却等の意向が示された場合には，取引の縮減を示唆することなどにより，売却等を妨げるべきではない。

1-4②　上場会社は，政策保有株主との間で，取引の経済合理性を十分に検証しないまま取引を継続するなど，会社や株主共同の利益を害するような取引を行うべきではない。

　持ち合い株式を含む政策保有株式は，ガバナンス上の重要課題である。指数算出会社 MSCI によると，2018 年で日本の主要企業の 7 割が株式を持ち合っており，ほぼゼロの欧米に比べ突出している。すなわち，近年の両コードの下でのコーポレートガバナンス改革は，株主による経営監視を通じた「株主ガバナンスの強化」であるともいえるが，戦後，金融機関統治といわれた時代があったために，金融機関や取引先などが安定株主として存在する。これらの企業はお互いに，白紙委任状を会社の資金で買っているようなものである。この行為は議決権の空洞化を進めている。また，政策保有株式は，企業のバランスシートにおいて活用されていないリスク性資産であり，非効率資産となることもあ

る。

　このような状況において，改訂後のCGコードにおいては，上場会社が政策保有株式として上場株式を保有する場合，「政策保有株式の縮減に関する方針・考え方など」を開示することが求められることとなった（原則1-4）。

　また，政策保有株式の保有の適否について，より深度のある検討を求める観点から，上場会社は，毎年，取締役会において，保有目的や保有に伴う便益・リスクが資本コストに見合っているか，等を具体的に精査した上で，保有の適否を検証し，開示することが求められることとなった（原則1-4）。この点，日本経営倫理学会ガバナンス研究部会からのパブリックコメントでの主張（Q263：「保有の適否を検証するために，銘柄別に株数・金額・保有目的・投資利回り・期末時価の含み損益及び縮減計画を具体的に開示すべきである。」）がコメントとして取り上げられ，金融庁の金融審議会ディスクロージャーワーキング・グループで検討され①個別の政策保有株式の開示銘柄を30から60にすること及び②保有目的欄に保有目的，定量的効果，相手方の保有の有無，株式数増加の理由が入ったことは歓迎されるが，今のところ，CG報告書での開示状況は遅れ気味である。また，5メガバンクが進める削減計画は壁にぶち当たっている感がある。岩盤銘柄が残っている。その上，ここに来てコロナ禍の影響で「会わずに売れない」との理由で削減が足踏み状態にある。一方，金融庁は銀行の株式保有を厳しく評価する自己資本規制を2022年に開始する（政策保有株のリスクウエイトを2022年の100％から2027年の250％に毎年30％ずつ段階的に引上げる）。但し，新型コロナの感染拡大を受け，金融当局は，この実施時期を1年先延ばしする予定である。また，2020年2月21日，日本取引所グループ（JPX）はプライム市場の要件の一つに流通株式比率35％以上を入れたが，この流通株式から政策保有株式を除外する方向で検討するという。

　トヨタの発行済み株式総数に占める「持合い関係が確認できる株式」の比率は2019年3月期が17.3％，2016年3月期の13.6％から大きく拡大している（ニッセイ基礎研究所調べ）。日本製鉄やOSGなど4銘柄は売却したことを2020年6月24日公表した有価証券報告書で明らかにした。一方でNTTとの相互出資の業務資本提携も結んでいる。JR4社やNTT・NTTドコモ2社も持ち合い株を増やしている。このように持ち合い株の解消は建前と本音が異なる。

図表Ⅱ-2-5　CGコードの78原則中，2019年7月時点のコンプライ率ワースト3（「東証第一部 2148社」）

原則	原則の要旨	コンプライ率
補充原則4-10①	独立社外取締役を主要構成員とする任意の指名委員会・報酬委員会など独立した諮問委員会の設置	56.1%
補充原則4-1③	経営責任者等の後継者計画の策定・運用への関与，後継者候補の計画的な育成の監督	71.4%
原則4-11	ジェンダーや国際性の面を含む多様性と適正規模が両立された取締役会の構成，適切な経験・能力及び必要な財務・会計・法務に関する知識を有する者への選任	72.7%

出典：月刊監査役 No.705 より筆者作成

　一方，2020年8月末で，日銀によるETFの保有は市場価格で5.7%，約7兆円に上る。筆頭株主が97社ある。これは経営陣にとっては株式が売られる心配のない安定株主である。おそらく2020年末までにはGPIF（年金積立金管理運用独立法人）を超えて日本最大の株主となるであろう。ETFを買う運用会社である野村アセット，大和アセット，日興アセットの3社が議決権行使において果たす役割は大きい。

　東京証券取引所によると，2018年12月末時点で全ての原則に「100%従っている」とした東証1部上場企業は全体の18.1%と17年7月末から13.5ポイント減少した。これまでは指針とは合わないが詳細な説明を避けるため無理な解釈で「従っている」とする企業が目立っていたが，積極的に自社流を説明する姿勢に変わりつつある。

　2020年10月20日，金融庁と「東証」が共同事務局を務める「スチュワードシップ・コード及びコーポレートガバナンス・コードのフォローアップ会議（通称「フォローアップ会議」）」の第20回が再開され，「2021年中に改訂を行う」とされた。座長が池尾和人教授から神田秀樹教授に変更となった。

　再開後の1回目は，「第20回フォローアップ会議でご議論いただきたい事項」として，次の5つの項目が挙げられた。

1. 資本コストを意識した経営（現預金保有，政策保有株式の在り方等）
2. 取締役会の機能発揮（社外取締役の質・量の向上，ダイバーシティ等）
3. 中長期的な持続可能性（サステナビリティ，管理職等におけるダイバーシ

ティ等）

4. 監査の信頼性の確保（内部監査部門から経営者及び取締役会等に直接報告を行う体制の構築等）

5. グループガバナンスのあり方（グループ全体としての経営の在り方，上場子会社の一般株主保護等）

これらの論点につき検討の上，証券市場の見直しを含め2021年中に次の改訂を行うとしている。

4.　コーポレートガバナンス・システム（CGS）

出典：www.meti.go.jp/policy/.../corporategovernance.html

　「経産省」のCGS研究会（第1期）は，2017年3月，我が国企業のコーポレートガバナンスの取組の深化を促す観点から，各企業において検討することが有益と考えられる事項を盛り込んだ「コーポレート・ガバナンス・システムに関する実務指針」（CGSガイドライン）を策定した。

　このCGSガイドラインのフォローアップとして，「経産省」は，2017年12月に，上場企業を対象にアンケート調査を実施するとともに，CGS研究会（第2期）を立ち上げ，コーポレートガバナンス改革の現状評価と，2018年6月のコーポレートガバナンス・コードの改訂も踏まえた実効性向上に向けた課題について検討を行ってきた。

　この検討結果をとりまとめたCGS研究会（第2期）の中間整理（2018年5月）で示された提言を受けて，今般，コーポレートガバナンス改革を形式から実質へと深化させていく上で重要と考えられる事項に関し，CGSガイドラインの改訂を行った。その概要は以下のごとし。

①社長・CEOの指名と後継者計画

　社長・CEOの指名と後継者計画に関する記載を全面的に改訂し，その重要性や，客観性・透明性を確保する意義について改めて整理している。また，新たに「社長・CEOの後継者計画の策定・運用の視点」を作成し，後継者計画の策定・運用に取り組む際の基本形となる標準的な7つのステップや，社内者と社

外者の役割分担の在り方，後継者計画の言語化・文書化の必要性などについての考え方を整理している。

②取締役会議長

　取締役会の監督機能を重視する企業において社外取締役などの非業務執行取締役が取締役会議長を務めることの意義や，そのための環境整備について追記している。

③指名委員会・報酬委員会の活用

　CG コードの改訂により，指名委員会・報酬委員会の設置が原則化したことを踏まえ，委員会の構成については，社外取締役が原則であることを明確化した上で，(1) 社外役員が少なくとも過半数であるか，または，(2) 社外役員とそれ以外の委員が同数であっても委員長が社外役員であることを検討すべき旨を追記している。

④社外取締役の活用

・社外取締役として必要な時間や労力を自社のために費やせること

・責任感と覚悟を持つこと

・取締役会・社外取締役を総体として捉えて，全体として必要な資質・能力を備えさせること

・企業経営に対して複合的・多様な視点を有する構成とすること

・社外取締役の再任については，再任上限を設定することの意義や再任基準の設定を検討すべき旨を追記している。

⑤相談役・顧問

　退任した社長・CEO 経験者を相談役・顧問として会社に置く場合には，その人数，役割，処遇等について積極的に情報発信を行うことが期待される旨を追記している。

図表Ⅱ-2-6　相談役・顧問の開示状況

「東証上場会社 CG 白書 2019」より	社数（比率）
上場企業	3,175 社
相談役・顧問等の制度の有無の開示	1,117 社（35.2%）
制度を開示し，一人以上存在する企業	601 社（18.9%）

　参考までに，2020年1月16日「日経」新聞（「東証上場会社CG白書2019」を基に作成）によると図表Ⅱ-2-6の如くである。

5. 令和元年改正会社法

　2018年，法務省法制審議会会社法部会で更なる改正案（株主総会資料の電子化や株主提案権の乱用的行使の防止等）が中間試案として示された。これを受けて，政府は2019年10月18日の閣議で，上場企業などに社外取締役の設置を義務付ける会社法改正案を決定した。そして，令和元年12月4日法案は成立，11日に公布された。その理由は，日産自動車元会長のカルロス・ゴーン被告の報酬過少申告記載や東芝の不正会計等の巨額損失などの問題がある。社外取締役が有効に機能してないと指摘される事案が相次げば，海外からの投資家が引き上げかねない。企業が社内の利害関係にとらわれず，第三者の視点で経営をチェックできる体制を整備する。日本企業のコーポレート・ガバナンス（企業統治）を強化して株式市場の透明性を高め，海外から投資を呼び込む狙いである。但し，規則や制度を如何に巧妙に作ってもその運用と経営者資質の三位一体の改善・改革が進まないと不祥事はなくならないであろう。

(1) 社外取締役の義務化
　改正案には「上場会社は社外取締役を置かなければならない」と明記した。① 監査役会を置き，株式の譲渡制限がない ② 資本金が5億円以上または負債総額200億円以上の大会社 ③ 有価証券報告書の提出義務がある――のいずれも満たす企業を対象とする。東京証券取引所（東証）は2015年，上場企業にCGコードを適用し，経営から独立した立場の社外取締役を2人以上選ぶよう求めた。2019年8月時点で東証一部上場企業の社外取締役2人以上は93%であるが，マザーズでは51%，ジャスダックでは35%であるので，これらの企業以外の監査役設置会社で大会社で且つ「有報」提出会社が社外取締役を置かねばならないことになる。

⑵ 電子提供制度の新設

　株主総会について，①取締役が，株主総会の3週間前の日または招集通知を発した日のいずれか早い日に，株主総会資料を自社のホームページのウエッブサイトに掲載し，株主に対し，当該ウエッブサイトのアドレス等を書面により通知した場合には，株主の個別の承諾を得ていないときであっても，株主に対し，株主総会資料を適法に提供したものとする電子提供制度を新たにもうけるものとする。他方で，インターネットを利用することが困難な株主の利益に配慮し，株主は，株式会社に対し，株主総会資料に記載すべき事項を記載した書面の交付を請求することができる。2020年5月12日，法務省は，新型コロナウイルス感染拡大で特例措置を拡大すると発表した。招集通知に添付すべき資料の一部について，例外として，ウェブ公開により株主への公開を省略できる「みなし提供」制度を認める。今回は，臨時的に貸借対照表と損益計算書，事業報告資料の一部を対象に加える。電子提供制度は一気に普及するかもしれない。

⑶ 株主提案権

　株主総会で株主1人が提案できる議案を10件までとする上限を設ける。1人の株主が100件以上を提案した例があり，株主総会の運営をより円滑にする見直しである。また，②「他人の名誉を侵害したり，侮辱したり，困惑させたりすると企業判断した場合に提案を拒否できる」が原案に入っていたが，ある政党が「企業側が恣意的に判断できるのではないか」との指摘があり，②は衆院法務委員会で原案から削除された。2019年11月26日の衆院本会議で承認された。

⑷ 「取締役会が役員報酬の内容を決める方針」を決定・開示

　役員報酬の透明化として，取締役会が役員報酬を決める考え方を開示する。現行の会社法では，指名委員会等設置会社以外の株式会社は，取締役の報酬額等を定款または株主総会の決議によって定めるものとされている（会社法第361条第1項）が，実務上は全員の報酬総額の最高限度額のみを定めて，その範囲内で各取締役に対する配分決定を取締役会に委任することができる。今回の改正では，監査役会設置会社の上場企業等及び監査等委員会設置会社に対し

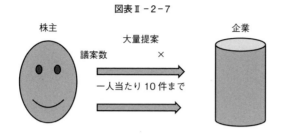

図表Ⅱ-2-7

ても，どのように取締役の報酬が決められるのか，その方針を定めることが求められる。具体的には取締役個人別の報酬の種類ごとの比率や業績連動報酬の有無及びその内容にかかる決定の方針（361 条 7 項：上場会社等の取締役会は，原則として，取締役の個人別の報酬等の内容ついての決定に関する方針を決定しなければならない。）を決め，対外的な情報開示が求められる。また，

①当該企業の株式等の金銭でない役員報酬を支給する場合，その内容を株主総会の決議で定めること，

②取締役の報酬である株式及び新株予約権に関する特則，

③役員等の報酬についての情報開示の拡充，

等が盛り込まれている。

　加えて，企業の業務が高度に複雑化している状況下，役員が過度にリスクを回避することがないように，補償契約や保険契約（役員等賠償責任保険）に関するインセンティブ規定が新たに設けられ，それらが許容される場合を明確化する。

　新型コロナウイルスの感染拡大で，ビックカメラ他で役員報酬の大幅減額や返上が続いている。

　施行期日は，その公布日（2019 年 12 月 4 日）から起算して 1 年 6 月以内の政令指定日（2021 年 6 月まで）からとされるが，① 株主総会資料の電子提供制度及び会社の支店の所在地における登記の廃止の関する改正規定については，公布日から起算して 3 年 6 月以内の政令指定日からの施行とされている。

6. **2020 年再改訂版 SS コード**

⑴　**概要**

（出典：https://www.fsa.go.jp/news/r1/singi/20200324.html）

　意見書[1]を受け，金融庁において，2019 年 10 月から計 3 回にわたり，「スチュワードシップ・コードに関する有識者検討会」（令和元年度）（以下，前出の「日本版スチュワードシップ・コードに関する有識者検討会」，「スチュワードシップ・コードに関する有識者検討会」と併せ，「本検討会」という）を開催し，コード改訂に向けた議論を重ねた。こうした議論を踏まえ，同検討会はスチュワードシップ・コード改訂案を取りまとめてこれを公表し，広く各界の意見を求めた。

　寄せられた意見を検討の上，今般スチュワードシップ・コード再改訂版（以下，「本コード再改訂版」という）を公表した。

⑵　**本コード再改訂版の主なポイントとその考え方**

①意見書においては，
- ・運用機関における議決権行使に係る賛否の理由や，対話活動及びその結果や自己評価等に関する説明・情報提供の充実
- ・ESG 要素等を含むサステナビリティを巡る課題に関する対話における目的の意識
- ・企業年金のスチュワードシップ活動の後押し
- ・議決権行使助言会社における体制整備，それを含む助言策定プロセスの具体的公表，企業との積極的な意見交換
- ・年金運用コンサルタントにおける利益相反管理体制の整備やその取組状況についての説明等

についての提言がなされており，今回の検討会では，これらの内容について議論を行い，新たに本コード再改訂版に盛り込むこととした。

1　2019 年 4 月 24 日，金融庁・東京証券取引所に設置された「スチュワードシップ・コード及びコーポレートガバナンス・コードのフォローアップ会議」において，「コーポレートガバナンス改革の更なる推進に向けた検討の方向性」と題する意見書。

②さらに，同検討会の議論の過程では，意見書の提言に係る論点以外についても，以下のような指摘がなされた。

・スチュワードシップ活動が，中長期的な企業価値の向上や企業の持続的成長に結び付くよう意識して行われることが重要ではないか。

・ESG 要素を考慮することは，事業におけるリスクの減少のみならず収益機会にもつながる。また，昨今の世界における ESG を巡る動きの急速な変化に鑑みれば，こうした変化自体がリスクや収益機会に影響を及ぼし得る。こうしたことを踏まえれば，ESG 要素を含むサステナビリティに関する課題についても，投資プロセスに組み込むことが有益ではないか。

・コードが中長期的な企業価値の向上を目的としていることや，株主と債券保有者とで利益相反関係に陥るケースがあること等には留意が必要であるが，上場株式以外の債券等の資産に投資する機関投資家においては，当該資産にコードを適用することが有益な場合もあるのではないか。

・年金運用コンサルタントに限らず，機関投資家をサポートする役割を負う者は，利益相反管理等を行うべきではないか。

こうした指摘を踏まえ，上記の事項についても議論をした上で，議論の結果を本コード再改訂版に盛り込んだところである。

なお，アセットオーナーが，運用機関のスチュワードシップ活動の取組状況について報告を受ける際に，共通様式を用いる民間団体の取組みについても紹介がされたところである。アセットオーナーの実効的なスチュワードシップ活動の支援に向けて，こうした動きが民間団体においても進むことが望まれる。その際には，モニタリングを形式化させずに「質」を高めるよう意識することが重要である。

そのほか，議論の過程で以下のような指摘がなされた。今後実態も踏まえて本検討会において検討していくことが必要であると考えられるが，金融庁においても検討を進めることが期待される。

・パッシブ運用が広まる中で，いかにしてエンゲージメントの充実化を図るか，について考えるべきではないか。

・金融庁が公表している「日本版スチュワードシップ・コードの策定を踏まえた法的論点に係る考え方の整理」では，現状行うことができる協働エ

ンゲージメントの範囲が明確でないとの声もあるため，その対応を検討する必要があるのではないか。

⑶ パブリックコメントを踏まえた対応

①本コード再改訂版の取りまとめに当たっては，策定時・改訂時と同様に，和英両文によるパブリックコメントを実施し，和文については 44 の個人・団体から，英訳版については 23 の個人・団体から意見が寄せられた。検討会においては，これらについても検討を行い，下記のように本コード再改訂版の取りまとめに反映させていただいた。

②パブリックコメントにおいては，

・脚注 9 の「本コードは，基本的には，基金型・規約型の確定給付企業年金及び厚生年金基金を対象にすることを念頭に置いている」という記述につき，本コードの対象を企業年金等に限定するように誤解されかねないとのご指摘

・脚注 15 の機関投資家が投資先企業と対話を行うに当たって自らがどの程度株式を保有しているかを説明することが望ましい旨の記述につき，株式を少数しか持っていない投資家が建設的な対話に応じてもらえなくなるおそれがあるなどのご指摘

・指針 8-3 の「議決権行使助言会社は，企業の開示情報のみに基づくばかりでなく，必要に応じ，自ら企業と積極的に意見交換しつつ，助言を行うべきである」という記述につき，開示情報のみに基づく判断では不十分で，必ず企業と意見交換をしなければならないかのように受け止められる懸念があるなどのご指摘がそれぞれ寄せられた。これらのコメントを踏まえ，本コード再改訂版では，脚注 9，脚注 15 及び指針 8-3 をご指摘の趣旨を反映して修正した。

③パブリックコメントではそのほかにも，

・議決権行使助言会社が指針 8-2 及び 8-3 に沿った取組みを行うためには，企業においても株主総会の開催時期の分散，株主総会資料の早期開示や開示の充実等に取り組むべき

・内部監査のコーポレートガバナンスにおける重要性に鑑み，機関投資家

は内部監査部門の整備・活用状況についても把握すべき

・政策保有株式の更なる縮減に向けた取組みを進めるべき

・企業年金の実効的なスチュワードシップ活動のためには，母体企業において利益相反管理に努めることが重要などのご意見が寄せられたところである。

⑷　今回の改定のまとめ

①今回の改定で最も注目すべきは，「スチュワードシップ責任」の定義にサステナビリティ（ESG 要素**を含む中長期的な持続可能性）の考慮**が加わったことである。企業との対話の中で ESG とか SDGs（本文ではないが，注 6 で入った）等が話し合われ，環境問題とか，新型コロナウイルスにとる雇用問題やサプライチェーン問題等が真剣に会話されることが望まれる。以下，その「スチュワードシップ責任」定義である。

> 本コードにおいて，「スチュワードシップ責任」とは，機関投資家が，投資先企業やその事業環境等に関する深い理解のほか運用戦略に応じたサステナビリティ（ESG 要素**を含む中長期的な持続可能性）の考慮**に基づく建設的な「目的を持った対話」（エンゲージメント）などを通じて，当該企業の企業価値の向上や持続的成長を促すことにより，「顧客・受益者」（最終受益者を含む。以下同じ。）の中長期的な投資リターンの拡大を図る責任を意味する。

②次に，スチュワードシップ活動に係る開示の充実がある。この背景には英国コード 2020 の変更点であるアプライド・アンド・エクスプレインの影響がある。即ち，規範を強制的に適用した上でその結果を説明することを求めるようになった。

③ GPIF（年金積立金管理運用独立行政法人）のような企業年金団体のスチュワードシップ活動の促進です。

④アセットクラスの拡大です。社債など上場株式以外のアセットクラスについてもスチュワードシップ活動の展開です。

⑤議決権行使助言会社等の機関投資家向けサービス提供者の行為規範の充実です。

◆SSコードの8原則

機関投資家は,
①機関投資家は, スチュワードシップ責任を果たすための「基本方針」を策定し, これを公表すべき。
②機関投資家は, 顧客・受益者の利益を第一として行動するため,「利益相反」を適切に管理すべき。
③機関投資家は, 投資先企業のガバナンス, 企業戦略等の状況を的確に把握すべき。
④機関投資家は, 建設的な対話を通じて投資先企業と認識を共有し, 問題の改善に努めるべき。
⑤機関投資家は,「議決権行使」の方針と行使結果を公表すべき。
　・議決権行使結果は, 個別の投資先企業及び議案ごとに公表。
　・形式的に議決権行使助言会社の助言等に依拠せず, 自らの責任と判断の下, 議決権を行使すべき。
⑥機関投資家は, 顧客・受益者に対して, 自らの活動について定期的に報告を行うべき。
⑦機関投資家は, 投資先企業に関する深い理解のほか運用戦略に応じたサステナビリティの考慮に基づき, 適切な対話と判断を行うための実力を備えるべき。
⑧機関投資家向けサービス提供者は, 機関投資家がスチュワードシップ責任を果たすに当たり, 適切にサービスを提供し, インベストメント・チェーン全体の機能向上に資するものとなるよう努めるべきである。

第3節　コーポレートガバナンスの実効性を上げるために何が必須要件か

1. 制度とその運用（機能化）と経営者資質の三位一体の改革・改善が必須要件

　今井（2014, 2016, 2017）が取り上げた12社（国内6社：東芝, オリンパス, 三洋電機, 日本航空, 日本振興銀行, 川崎重工, 海外6社：Enron, WorldCom, Rehman Brothers, Eastman Kodak, GM, Xerox）の不祥事や経

営戦略ミスによる経営破綻等の事例研究等より導いた考え方として，

> コーポレートガバナンスの実効性を上げるためには，制度とその運用と経
> 営者資質の三位一体の改革・改善が必須要件である。

がある。この 3 要件は重要で外せないという意味であり，他の要件も付随的に
あるであろう。なお，先行研究として平田（2008）は，企業統治と経営者資質
の重要性に関しその比較論を 4 社の 5 事例から行い，経営者資質の重要性を説
いている。曰く，「企業統治には，もともと企業不祥事の発生を抑止する機能
もなければ，企業競争力の強化を促進する機能もない」。「企業統治のシステム
は，不祥事を減らし競争力を強める手段の 1 つに過ぎない（以上 p. 235）」。ま
た，「優れた人間教育と倫理観に裏打ちされた革新的な責任経営者や社員を育
成することが今ほど社会的に要請されている時代はないであろう（p. 237）」と
述べている。正に先見の明である。

　下記は，上記 12 社の内，代表的なケース 3 社を取り上げたい。今井（2014）
「米国大企業の経営破綻～経営理念・経営倫理・コーポレートガバナンス諸制度
の視点から見た問題点と提言～」の論文で取り扱った Enron（2001 年 12 月倒
産），Rehman Brothers（2008 年 9 月倒産），Eastman Kodak（2012 年 1 月倒
産）の 3 社におけるコーポレートガバナンスに関する諸制度とそれらが如何に
機能してなかったかを分析したものである。勿論，経営者資質もそれぞれひど
い（CEO・CFO の倫理観）がそれ以前にどんなに良き諸制度（経営理念，倫理
コード，指名委員会，報酬委員会，リスクマネジメント委員会等）を作っても，
それらを機能させなければ，コーポレートガバナンスの実効性は上がらず，企
業は倒産することを示している。

2．米国の経営破綻事例と経営理念・経営倫理・C/G の視点から見た問題点

　以下に 3 社につきに解説すると，

図表Ⅱ-2-8　米国の経営破綻事例と経営理念・経営倫理・C/G の視点から見た問題点

会社名 破綻年月	Enron 2001 年 12 月	Lehman Brothers 2008 年 9 月	Eastman Kodak 2012 年 1 月
1.　経営理念	×　飾り物。Integrity・Respect・Excellence 等（平田）	○　お客様第一主義, 最先端の金融商品・サービスの提供,	○　人間尊重, Integrity, 従業員信頼等 G. Eastman の価値観存在
2.　経営倫理（倫理コード）	×　倫理コード保有, しかし, 制度化が出来てなかった（若園）	×　倫理コード保有, しかし, 制度化が出来てなかった。	△　企業行動原則の前文に株主との良好な関係が第 1 とある
3．Ｃｏｒｐｏｒａｔｅ Governance（Board Diversity 等の状態）	2001 年, 社内取締役 2 名, 社外取締役 12 名, 内女性 1 名	2008 年, CEO1 名以外全て社外取締役, 内女性 1 名	2007 年, 外様 CEO ＋8 社外取締役　内女性 2 名,
（1）　社外取締役の独立性 社外取締役の専門性 取締役議長と CEO の分離	×　独立性ない社外締役 5 名 ×　不正経理の分かる人 1 名, ×　Kenneth L. Lay が兼務	×　CEO のお友達, 高齢者多い, ×　金融の分かる人 2 名のみ, ×　Richard S. Fuld が兼務	○　独立性有り。 ×　既存事業分かる取締役不在 ○　議長と CEO 分離
（2）　指名委員会	×　指名委員会あるが機能せず CEO, COO, CFO の暴走許す,	×　指名委員会機能せず, CEO の暴走を許す。	×　外様 CEO, 2 名延 16 年間在籍 ×　CEO 交替の都度, 方針変更
（3）　報酬委員会	×　CEO に $140mn/年を許す。 社外取締役に S. Option	×　CEO に $484mn/8 年を許す。	×　株式報酬が 70％以上 ×　社外取締役に, S. Option
（4）　リスク委員会	×　委員会がない,	×　委員会機能せず, 高リスクの COO, CDS を放置	×　委員会機能せず, $6bn の自社株買いで財政基盤弱体化

注：上記の○は保有し, 且つ, 実施/機能してることを表す。×は全く機能せずを表す。△はその中間を表す。

出典：今井祐（2014）287 頁の一部, 日本経営倫理学会誌第 21 号

⑴　Enron 事件

①事件の経緯

　2002 年 7 月成立した SOX 法（Sarbanes-Oxley Act of 2002）は, わが国の金融商品取引法（通称 J-SOX 法）にも多大な影響を与えた連邦法（証券法制）と

して有名である。SOX 法が制定された背景には 2001 年 12 月のエンロン社や 2002 年 7 月のワールドコム社の事件がある。エンロンは米国のエネルギー関連会社で天然ガス，電力を扱う会社として 1985 年に設立された。その後，海外も含めた M&A を繰り返し，急速に成長を遂げ，リスク管理技術やデリバティブなどの金融商品を開発し，そこにインターネットなど IT 技術を駆使して，エネルギー分野を主とする多数の商品についてのトレーディング・ビジネスを立ち上げたユニークなエネルギー・インフラ企業であったが，未実現利益の計上や SPE（Special Purpose Entity）を活用した「損失飛ばし」等の粉飾決算の末，2001 年 12 月に経営破綻。誠実（Integrity），尊敬（Respect），対話（communication），最良（excelence）等の経営理念（平田光弘：2002，229P）や 2000 年に制定された 64 頁に及ぶ倫理コード（若園智明：2008）は，経営破綻後，この倫理コードはインターネットのオークションで売りに出され，「一度も開いていません」とのシールが貼られていたなどの話がある（『OECD コーポレートガバナンス』：2006，p. 30）ように，所詮，絵に描いた餅であった。会長兼 CEO のケネス・レイ（Kenneth L. Lay）は，一方では従業員には年金を自社株で運用するように薦めておきながら，自分の方は，粉飾決算の発覚が報道される寸前に自社株をうまく売り抜いて，大量の利益を手にしていたのである（平田光弘：2002，p. 229）。また，取締役会（17 名）は指名・報酬・監査等の委員会をもち，2001 年米国のベスト・ボードの上位に評された事もあったが，社外取締役（15 名）に独立性に問題ある人（子会社の取引先，コンサルタント契約，寄付金受領等）が 5 名，経理・財務の専門家が 1 名しかいなかったため，会長兼 CEO のケネス・レイ（Kenneth L. Lay）と COO のジェフェリー・スキリング（Jeffrey K. Skilling）の暴走を許した。その上，監査法人，投資銀行，証券アナリスト，信用格付け機関等の機能不全が明確になった。

　各機関の機能不全状況は次の通り。

　第 1 は，取締役会：15 人の社外取締役がいたが，リスクの高い会計処理を行うことや，利益相反の取引きを行うこと，巨額の開示されない簿外取引きを行うこと，過大な経営者報酬を支払うことなど疑問のある行為が存在したこと等，数年にわたる幾多の兆候があっにもかかわらず，取締役会はそれらを無視したこと。また，取締役の何人かは，エンロンと財務的な関係を持つに至って

いたので取締役会の独立性は危機に瀕していたことを指摘している（Senate Committee）。その上，粉飾を首謀したCFOのアンドレー・ファストウ（Andrew Fastow）に全権を付与した。

　第2は，監査法人（アーサー・アンダーセン）：虚偽記載の財務諸表に監査証明を出した。

　第3は，投資銀行：財政状態を曖昧にする証券及び金融商品の開発販売を行った。

　第4は，証券アナリスト：破綻寸前までアナリストが買いを推奨した。

　第5は，信用格付け機関：いつまでも格下げせず機能不全。

　第6は，SEC（U. S Securities Exchange Commission）：倒産必至となる迄調査せず。

②経営破綻

　2001年12月2日，NY連邦破産裁判所に連邦破産法の適用を申請した。負債総額310億ドルであった。会長兼CEOのケネス・レイは，刑はまだ未確定であったが，2006年服役中に心臓発作で死亡。COO（後にCEO）のジェフェリー・スキリングは24年の禁固刑を45百万ドルの没収と禁固刑の更なる短縮化を求めないことを条件に，14年の禁固刑に短縮化され，服役中。

(2)　Rehman Brothers 事件

①事件の経緯

　リーマン・ブラザース（Lehman Brothers）はNYに本社を置いた米国第4位の巨大証券会社・投資銀行であった。リーマン兄弟により1850年設立されたが，次第に同族経営から脱却し，1984年にはアメリカンエキスプレスに，また1988年にはプライメリカに買収される。その後プライメリカはリーマン・ブラザース・ホールデイングとしてNY市場に再上場。1999年，クリントン大統領がグラス・ステーガル法（1933年に，大恐慌の教訓から，商業銀行と投資銀行の間に恒久的な壁を作る法案）を無効化する法案を成立（この無効化が行われなければリーマン事件は防げたといわれる法案）させたため，大手商業銀行が証券市場に参入してきたことに対抗して，1994年リーマンのCEOに就任したリチャード・ファルド（Richard. S. Fuld）は，1999年に危険性の高いサブプラ

イム・ローンの証券化をいち早く推進するという，ハイリスク・ハイリターンの方針を打ち出す。これが米国の低金利政策による住宅バブルの到来と軌を一にし，業績の拡大に成功する。彼は最大手の住宅ローン 2 社が契約したサブプライム・ローン債権を，細分化し組み合わせた CDO（Collateralized Debt Obligation）証券，住宅ローンの借り手が債務不履行（Default）するかに賭ける CDS（Credit Default Swap）なる新しい金融商品を開発し，全世界に販売した。しかしながら，これらの新しい金融商品を取り締まる政府機関は無かったし，金融の神様といわれた FRB（Federal Reserve Board）議長のアラン・グリーンスパンでさえコントロールできなかった。韓国開発銀行からの買収による救済提案も CEO が握りつぶし，取締役会に上程されることが無かった。2008 年 9 月 15 日，住宅バブルの崩壊により破綻した。その負債総額 6,130 億ドル（日本円で 64 兆 5 千億円）と米国市場最大の倒産となる。

②経営理念はあったのか

　「① 徹底したお客様第一主義と ② 最先端の金融商品とサービスの供給を通じて，常にお客様との強固な信頼関係の構築」を経営理念としていた。

　最先端の金融商品とは前述の CDO，CDS などのリスクの高いデリバティブである。会社の中から両事業から安全な事業への転換を訴える声が上がったが CEO のリチャード・ファルドはこれを取り上げなかった。マネジメント層を含め，多くの優秀な人材が辞めていった。コーポレートガバナンスの観点から言えば，経営理念を適切に実現できる優秀なリスク委員長の不在とデリバティブが分る金融専門家が取締役の中に少なかったためである。

　Rehman Brothers の経営理念である「最先端の金融商品の開発・販売」には大きなリスクが潜んでいた。リスク委員会メンバーに能力的にデリバティブを評価できる委員がいなかった。また，主として友人からなる社外取締役の独立性に問題があっただけでなく，ワンマンである CEO の Richard. S. Fuld に対して，10 人からなる社外取締役は，本来，物事を多様な視点から批判的に評価する能力を持たねばならないのに，逆に「集団愚考（group-think）の罠」に嵌っていた。Code of Ethics も立派であったが，CEO はこれを無視し，社内で制度化しようとの意思は全くなかった。CEO の倫理観不足の上に，社外独立取締役の牽制力欠如・リスク対応能力不足等が複雑に加重され，経営破綻に至ったと

いえる。かかる意味において（1）と（2）のケースの要因は近似している。

(3) **Eastman Kodak 事件**

　Eastman Kodak の場合はより複雑である。経営理念である Kodak Value には創業者 G. Eastman の従業員尊重・海外マーケティング重視等の考えが色濃く反映されていたが，外部招聘 CEO を採用するようになってからは，これらの考えは無視された。1970 年代の後半に M. Friedman の株主主権論に影響されたのか企業行動原則の前文に株主中心主義が入れられた。ここから，CEO は勿論のこと独立社外取締役・監査委員においても報酬の 70％が株式報酬というインセンティブが働き，上から下まで「**株！・株！・株！**」ということになり，それに加え，取締役構成における社外招聘 CEO ＋全員独立社外取締役というアウトサイダーシステム（早稲田大学の宮島教授：2013 による呼称）が複合的に絡み，社内取締役が一人もいないため，社内の意見が殆ど聞かれず，これまで営々と続けてきた複写機事業，医療事業，有機 EL 事業等を次々と売却し，その一部資金の約 6000 億円を自社株買いに使用し，株主を喜ばせたが，企業の財務体質を著しく脆弱なものとし，最後は知的財産権の売却を試みたが成功せず，経営破綻に至ったといえる。

　さて，本著書の本論である，コンプライアンスはコーポレートガバナンスの一部であるから上記の考え方である「コーポレートガバナンスの実効性を上げるためには，制度とその運用（機能化）と経営者資質の三位一体の改革・改善が必須要件である」はコンプライアンスにも適用されねばならないとの仮説を立て次章以降にて検証を試みた。

第3章

コンプライアンスの実効性を上げるためには何が必要か

第1節　仮説の検証

> コンプライアンスの実効性を上げるためには，制度とその運用（機能化）と経営者資質の三位一体の改革・改善が必須要件である。

1．近時の60件の企業不祥事事例の内41社（70％）がモラル・ハザード等に寄る経営者資質に問題がある（詳細は第Ⅰ部第1章第2節の2「2000年中期以降2020年に至る主要不祥事60社の内容」を参照されたい）。

2．この60社中，名称の如何に係らずコンプライアンス委員会等を作り全社横断的に制度化を図っていた35社において，社長（CEO）自らが委員長をやらずに専務・常務クラスに丸投げし，機能してなかったことが私の調査で判明した。以下に，これらの実態を検証してみよう。

　なお，60社中の主要10社（関西電力，日本郵政グループ，スルガ銀行，神戸製鋼所，三菱自動車，富士ゼロックス，東芝，東芝の子会社（WHC：ウェスティングハウス社），オリンパス，日本システム技術）につては，頁数を割いて詳細に第Ⅰ部第2章以下で解説しているので参照されたい。

　従って，上記原則「コンプライアンスの実効性を上げるためには，制度とその運用（機能化）と経営者資質の三位一体の改革・改善が必須要件である」は概ね検証されたと思う。

　従って，第2節で，コンプライアンスの実効性を上げるための「倫理コンプ

図表Ⅱ-3-1　企業不祥事と機能しなかった社内制度及び経営者資質一覧表

企業名と不祥事内容	不祥事防止制度	経営者資質に問題あり
1．神戸製鋼所（データ改竄等）	内部統制委員会	川崎博也会長兼社長の辞任
2．中山製鋼所（同上）	コンプライアンス・リスクマネジメント委員会	詳細公表せず
3．東洋ゴム（免震ゴム等データ改竄）	コンプライアンス委員会	山本卓司社長ら代表取締役3人含む取締役5人全員が引責辞任
4．日産（不正検査と不正役員報酬）	コンプライアンス委員会	西川社長辞任，C・ゴーン係争中に逃走
5．三菱自動車（2回のリコール隠し等）	倫理委員会	益子会長兼CEO，CEO職を辞任
6．スズキ（不正検査）	コーポレートガバナンス委員会	スズキ会長兼CEO，CEO職を辞任
7．マツダ（同上）	リスク，コンプライアンス委員会	詳細公表せず
8．SUBARU（燃費不正）	コンプライアンス委員会	吉永社長辞任
9．日本ガイシ（不正検査）	経営倫理委員会	詳細公表せず
10．旭化成建材（杭打ちデータ改竄，マンション傾く）	企業倫理委員会（旭化成）	本社前田社長辞任，旭化成建材の浅野社長辞任
11．三菱マテリアル（グループ5社でデータ改竄）	グループ内部監査担当部署	詳細公表せず
12．宇部興産（約50年前から不正検査）	内部統制実務委員会	山本社長経営責任取り6月報酬全額返上
13．東レ（データ改竄）	倫理委員会・全社法令遵守委員会	詳細公表せず
14．フジクラ（約30年前からケーブルデータ改竄）	リスク管理委員会	詳細公表せず
15．KYB（15年前から免震ダンパーのデータ改竄1,600件）	不正リスク特別監査委員会	経営陣が黙認していた。
16．日立化成（40年前から部品不正検査）	監査委員会	副社長を含む一部役員の降格と3ヶ月の減俸
17．三菱電機（子会社トーカンのゴム不正検査等）	監査委員会	詳細公表せず
18．クボタ（40年前から部品のデータ改竄）	全社リスク管理委員会	木俣社長3割役員報酬2ヶ月返上

19. TATERU（通帳偽造による不正融資 350 件）	コンプライアンス委員会	役員報酬返上
20. IHI（不正検査 211 件）	コンプライアンス委員会	識名常務（検査員不足認識）
21. ジャムコ（子会社不正検査）	コンプライアンス委員会	詳細公表せず
22. タカタ（エアバッグリコール事件）	コンプライアンス委員会	リスク有りながら事業継続し経営破綻。高田会長のワンマン経営
23. 富士ゼロックス（NZ での不正会計）	海外内部統制部門（シンガポール）	山本会長・吉田副社長辞任
24. LIXIL（子会社不正会計 2 件）	コンプライアンス委員会	社長交代（内紛か），潮田から瀬戸社長へ
25. 東芝（不正会計）	委員会設置会社であるが機能せず	元社長等善管注意義務違反で係争中
26. パナソニック（海外独禁法・FCPA 違反）	グローバル＆グループリスクマネジメント委員会	詳細公表せず
27. オリンパス（不正会計（飛ばし））	コンプライアンス委員会	菊川剛会長兼社長他辞任
28. 電通（過労死）	内部統制・コンプライアンス委員会	石井社長引責辞任
29. ヤマト HL（5 年間法人向け引越代金過大請求）	コンプライアンス・リスク委員会	山内社長組織ぐるみ認める。
30. 大和ハウス（耐久性・耐火性等違法建築 4 千棟）	内部統制委員会	樋口 CEO 辞任，代表権のない会長へ
31. スルガ銀行（カボチャの馬車事件等）	コンプライアンス委員会	創業家岡野光喜会長ら 5 人の取締役が引責辞任
32. レオパレス（深山創業家社長指示による違法建築）	コンプライアンス委員会	深山社長辞任
33. 関西電力（金品受領等）	関西電力コンプライアンス委員会	八木会長及び岩根社長他 4 人の関連役員が経営責任を取って辞任
34. 日本郵政・かんぽ生命（二重保険他）	コンプライアンス委員会・リスク管理委員会	経営トップ層辞任
35. ジャパンディスプレイ（JDI）（不正会計）	コンプライアンス委員会	上司の指示による在庫の過大計上

出典：新聞情報，及び「有報」等より筆者作成

ライアンス・プログラム（仮称）」の制度化とその運用はどうあるべきか。第3
節にて，コンプライアンスの実効性を上げるための経営者資質はどうあるべき
か，の2つについて述べてみたい。

第2節　コンプライアンスの実効性を上げるための「倫理コンプライアンス・プログラム（仮称）」の制度化とその運用はどうあるべきか

1.　日本取引所自主規制法人によるコンプライアンス・プリンシプル

（注）巻末参考資料1および2に詳細あり

(1)　「上場会社における不祥事対応のプリンシプル」の策定について
（出典：www.jpx.co.jp/regulation/.../1-01fusyojiprinciple.pdf）
　2016年2月24日　日本取引所自主規制法人
①　不祥事の根本的な原因の解明
②　第三者委員会を設置する場合における独立性・中立性・専門性の確保
③　実効性の高い再発防止策の策定と迅速な実行
④　迅速かつ的確な情報開示

　東芝の不正会計事件等の反省から，根本原因（ルートコーズ）の解明，東芝
の第三者委員会が調査スコープから新日本監査法人や子会社のウェスティング
ハウス社を外したことが後々問題となったことを踏まえて，出されているとみ
られている。

(2)　「上場会社における不祥事予防のプリンシプル」の策定について
　（出典：www.jpx.co.jp/news/3030/20180330.html）
　2018年3月30日　日本取引所自主規制法人
［原則1］　実を伴った実態把握

［原則2］　使命感に裏付けられた職責の全う
［原則3］　双方向のコミュニケーション
［原則4］　不正の芽の察知と機敏な対処
［原則5］　グループ全体を貫く経営管理
［原則6］　サプライチェーンを展望した責任感

　日本取引所自主規制法人による2つのコンプライアンス・プリンシプルだけでは不足であり且つ体系化・制度化されてない点があるので，以下に倫理コードも踏まえ具体的な制度化を図る。

2.「倫理コンプライアンス・プログラム」の制度化・運用の要点

(1)時代にあった経営理念・倫理基準を含む行動準則・経営方針（ミッション・ビジョン・コアバリュー：序論注12）参照）の確立
(2)CEO の姿勢
(3)制度設計
　①海外を含む企業集団及びサプライチェーン・アウトソーシング先を含む全社末端へのミッション・ビジョン・コアバリュー等の周知・研修・評価
　②海外を含む企業集団全員からの遵守誓約書の取得
　③取締役会のリスク監視機能の確立及び海外を含む企業集団との双方向報告制度の確立
　④不祥事に関する速やかなる情報開示
　⑤全社リスクマネジメント（ERM）の徹底
　⑥海外を含む企業集団に対する監査体制の確立
　⑦デフェンスラインとして第1線から第5線までの確立
　⑧社内に聖域を設けてはならない
　⑨監査部門に多様性を持たせる
　⑩海外を含む企業集団の内部通報制度の確立
　⑪海外を含む企業集団における社内リーニエンシー（罰則減免する）制度の導入（国内外独禁法，FCPA（米国腐敗行為防止法），英国 BA に備えるため）
　⑫社内消費者（又は取引先）センター等の活用による外部情報の取得
　⑬ステークホルダー・ダイアログによる「外からの眼」の活用
　⑭内部統制の目的の達成を支援する（IT）技術に関する全般的統制活動を選択

　　し整備する。また AI 活用による，デジタル・オーディットの導入
　　⑮国内外長期滞留人事のローテーション化。
　　⑯目標管理制度の改善
　　⑰キャッシュフロー経営目標制度の導入

　以上大項目 3 ＋施策 17 の 20 項目からなる「倫理コンプライアンス・プログラム」
の制度とその運用につき，PDCA（Plan-Do-Check-Action）の管理サイクルを回
しながら，再発防止に関するベスト・プラクティスを毎年積み上げると，自由闊
達なる価値共有型の企業文化が醸成される。それはミッション・ビジョン・コア
バリューにより主導された価値観や信念であり，組織が成功し続けることで共有
されていくものである。この 20 項目の中で最も重要な項目は，(2) の「トップの
姿勢」と (3) の ① の「海外を含む企業集団へのミッション・ビジョン・コアバ
リュー等の周知・研修・評価」である。

　　この制度化ができると，企業集団の内部統制・海外独禁法・FCPA 等に係る訴
訟に対する耐性（レジリエンス）を強く持つようになる。これを称して，「企業倫
理の制度化」（Institutionalization of Business Ethics）という。この有無は米国に
おける量刑が最低と最高では 80 倍の差と著しく異なる。

　以上の項目について逐一解説を行う。

3. 「倫理コンプライアンス・プログラム」の制度化・運用の個別項目の解説

(1)　時代にあった経営理念・倫理基準を含む行動準則・経営方針（ミッション・ビジョン・コアバリュー）の確立

　これまで見てきた 35 社の不祥事企業の多くは，立派な経営理念等を持つが，
全く形骸化していることが見てとれる。「ミッション・ビジョン・コアバ
リュー」の基本理念を確立し，それらが真に，AI・IoT・5G・環境問題等激変
しつつある経営環境等に適応しているかについて一度，取締役会で議論・決定
すること。
　「経産省」の 2018 年 12 月東証 1・2 部会社調査によると「グループ全体の経
営理念等の浸透状況を定期的に確認し，本社の取締役会や経営陣幹部に報告し
ている」と回答した企業は僅か 25％である。これは経営の根幹である。疎かに
してならない

◆**経営理念が激変しつつある経営環境等に適応しているかの検証事例**
①東芝の場合，第三者委員会は「（前略）あるべき確固たる企業倫理（企業理念）を策定・構築することが重要である。」と述べている。現在の経営理念である人間尊重を基本理念とした「人と，地球と，明日のために。」のままでよいのか真に取締役会で議論してみる価値がある。人間尊重といいながら，歴代社長が机を叩いて「チャレンジ！　チャレンジ！」を連発していた。或る社長は3日で120億円出せ！　と過大な要求を出した。これは一種のパワハラかもしれない。臨時株主総会で女性の従業員株主が「軍隊組織」なる言葉を社風として連呼していた。これらが事実ならばこれらを変えるような経営理念・倫理基準・行動準則等が必要である。
②富士フイルムは写真フイルムがなくなるという経営環境の激変に遭遇し，2006年に企業理念，ビジョン，コーポレート・ブランドを一新した。翌年の2007年に中期計画「Vision75」策定，Slim & Strong なるキャッチ・フレーズの下，意識改革運動を展開すると共に約5,000人，のリストラを2回にわたって実施した。
③三井住友フィナンシャルグループは，今後の経営環境の激変を見越して，経営理念等を2020年度からスタートする中期経営計画に合わせ，変更している。太田純社長は「激変する社会の要請に応じえねば，存在価値はない。旧態依然のサービスを提供しても誰も振り向かない。銀行は必要不可欠な存在か（日経ビジネス2020.09.28）」と不退転の決意で述べている。

「経営理念・倫理基準・行動準則の作り方」につては，第Ⅲ部参照

(2)　**CEO の姿勢（Tone at the top）**

　CEO は強いリーダーシップをもって，ミッション・ビジョン・コアバリュー等についてマネジメント・レター等で継続的に，且つ，しつこく発信すると共に，スピーチやタウンミーティングのような会議のたびに直接話したり質問を聞いたりして，不正を許さないコンプライアンス重視の企業文化が価値共有・自由闊達型共感を持って受け入れられるように，中間管理職はもちろんのこと，全社隅々まで徹底すること。毎年，従業員アンケート調査等により，その浸透度を確認すること。この項目は，真の「倫理コンプライアンス・プログラム」の制度化・運用項目の中で最重要項目の1つである。米国司法省のコンプライアンスガイドライン（USSG§8B2.1 (a)，(b)(2)(A)第Ⅲ部第2章参照）においても同様である。

(3)　制度設計

　取締役会は，「(仮称)倫理・コンプライアンス委員会」を設置し，委員長に大物推進担当役員（CEO，ないし同等の権力者：35社の事例研究では専務・常務クラスの事業部長等の兼務者をコンプライアンス委員長に任命し，失敗しているケースが実に多い）を任命する。また，事務局長に内部統制部門長等を指名する。委員長は，委員会構成メンバー（各部門長・連結子会社社長等）を指名し，本社管理部門（法務部・経理部・人事部・リスクマネジメント部等）の協力を得て次の17項目の施策を推進する。

> ◆失敗事例
> 　①関西電力では，平成14年11月からは，常務会の諮問機関としてCSR会議があり，その下部組織として，社外委員（弁護士）2名を含む「関西電力コンプライアンス委員会」を設置すると共に社内および弁護士事務所に「コンプライアンス相談窓口」を設置し，「コンプライアンス・マニュアル」を策定，全従業員に配布し，また，役員・従業員各層を対象に研修会を実施するなど，コンプライアンス体制の充実を図ってきた。しかし，不祥事を防止できなかった。CEOとコンプライアンス委員長との間に常務会とCSR会議と2つ諮問機関が介在している。距離が遠すぎ迅速性・正確性に問題があった。
> 　②郵政グループは，経営会議の諮問機関としてグループコンプライアンス委員会やグループリスク管理委員会が存在していた。Gコンプライアンス委員会長は専務執行役員（平成26年から稲澤徹）で経営企画部門，総務部門，人事部門を兼務統括していた。グループコンプライアンス委員会は，4半期に1回程度，開催された。不適正募集に係る報告としては，不祥事件の件数のみが主に報告されていた。このようなGコンプライアンス委員会長とCEOとの間に経営会議があり，連絡距離が長いこと及びコンプライアンス業務が専属でなく兼務である点，米国司法省は嫌う（後述）ので，グローバル企業は特に留意されたい。CEO自身が就任しない場合には，実力のある会長等を任命すべきである。

①海外を含む企業集団及びサプライチェーン・アウトソーシング先を含む全社末端までへのミッション・ビジョン・コアバリュー等の周知・研修・評価
1）ミッション・ビジョン・コアバリュー等に関する各種マニュアル・規程の作成と海外を含む役員・執行役・事業部長・管理部門長等の定期的教育・研修（ケース・ワーク/ケース・スタディ等による倫理研修を含む）とその評価を行う。

2）海外を含む中間管理職・社員・非正規社員・構内外注者等を対象とした教育・研修（外国語 E-ラーニング等併用）を重点的・定期的に実施し，企業集団及びサプライチェーン・アウトソーシング先を含む全社末端まで，「倫理・コンプライアンス・プログラム」の価値共有・自由闊達型の制度化を図る。

　この項目もまた，真の「倫理コンプライアンス・プログラム」の制度化・運用項目の中で最重要項目の 1 つである。米国司法省のコンプライアンスガイドライン（USSG § 8B2.1 (a)）第Ⅲ部第 2 章参照）においても同様である。

　なお，自動車メーカーは過当競争から社員教育費を合理化対象とした可能性高い（2018.8.10 日経）といわれるが，長年にわたって徐々に各種マニュアル・規程は現場で都合よく解釈されることがあるので，教育費に手を付けてはならない。また，「経産省」の 2018 年 12 月東証 1・2 部会社調査によると「企業グループとしてルールや業務手順を浸透させるために，研修を実施している」と回答した企業は僅か25％であった。海外現地法人等への外国語による研修はまだまだである。特に，本社のミッション・ビジョン・コアバリューや企業文化を浸透させるには現地人が分るように工夫が必要である。

②海外を含む企業集団全員からの遵守誓約書の取得

　海外子会社を含む，企業集団全体の全役員・全管理職・全従業員から法令・ミッション・ビジョン・コアバリュー等等に関する遵守誓約書をとり責任を明確化する（例：資生堂，伊藤忠，LIXIL 等）。コンプライアンス違反発覚時には，社内規則に則り，最低限の賞罰を明確化すること。特に，経営陣は責任の所在を明確化し部署の加減点を明確にすること。

　米国の場合は原則として，全従業員から遵守誓約書をとる（SOX 法第 4 章 406 条・SEC ルールを受けた上場規則）また，米国司法省は違反者への罰則適用を促す。

③取締役会のリスク監視機能の確立及び海外を含む企業集団との双方向報告制度の確立

　取締役会は，内部統制の基本方針を決定する。また，取締役会は，経営者の職務執行に関する監督機関であり，経営者を選定及び解職する権限を有する

（会社法 362 条，416 条，420 条）。従って，取締役会は内部統制の整備及び運用状況について監視を行うこと。従って，各コンプライアンス委員から「当委員会委員長」への実施状況の定期的及び緊急報告制度の確立。重要事項について，当委員長から経営層（取締役会・監査役）へのタイムリーな報告制度の確立。また，現場（中間管理層を含む）とコンプライアンス委員等との双方向のコミュニケーション（従業員との自由闊達型の対話集会等）の充実を図ること。特に有事における悪い情報の早期発見・早期報告（バッドニュースファースト）・機敏な対処を行うこと。また，重要な不祥事対応はコンプライアンス委員長自ら 4 現主義（現地，現物，現実，現人：日経ビジネス 2018.7.23 号）に基づきリーダーシップを持って原因究明・機敏な対処を行うこと。内部統制部門長は同行・詳細調査を行うこと。従来は 3 現主義といわれていたが，重要な不祥事に対し委員長は自ら現地に飛び，現物を手に取り，現実を工場長・製造部長から聞いていたが，これに加え事故現場の労働者（社員，非正規社員，構内外注者）からの意見や労働環境等の雰囲気を感知しなくては真因を掌握できない場合がある。

④不祥事に関する速やかなる情報開示

　不祥事に関する情報開示は，把握の段階から再発防止策実施に至るまでの各段階で，事案の重大性を見極め，公表が必要と判断した場合には，迅速な第一報を優先させること。以降，適時開示すること。因みに，「経産省」の 2018 年 12 月東証 1・2 部会社調査によると「発生した問題に対する内部調査の実施と対外発表のタイミング等について社内で方針・ルールが整備されているか」に対する回答は僅か 21％であった。

◆問題事例
1.　東洋ゴム免震ゴム事件及び旭化成建材杭工事データ改ざん事件等のケースでは，事件発生から公表までの懐妊期間が長いため，社員等による自社株の売り抜けによるインサイダー事件が起こっている。
2.　ダイキン社のミスタードーナツ事件（2002 年）
(1)まず輸入販売した中国製肉まんに，中国では許可済みであるが，添加物（日本では許可されていない酸化防止剤）が混入していないか，キチンと検査をしてい

なかった。

(2)この食品添加物が混入していると指摘をした業者に，63百万円の口止め料を支払った。

(3)更に，業者から指摘されながら，その中国製肉まんを販売し続けたこと（食品衛生法違反）。

(4)ダスキンの会長兼社長に報告があった時に，社内調査を実施しなかったこと。

(5)後に，社外取締役の指摘で社内調査が実施されたが，事実の公表をしないことを取締役会で決定したこと。

(6)取締役・監査役合計11名に対しても，2006年6月，大阪高裁は連帯して約5億6,000万円の損害賠償責任を認める判決を下した。最高裁は上告棄却した。（齋藤憲「企業不祥事辞典—ケーススタディ150」参照）

⑤全社リスクマネジメント（ERM）の徹底

1）全社リスクマネジメント（ERM：特に大規模自然災害・サイバーテロ・大規模感染症等に対するBCP（事業継続計画）を準備しておくこと）の実施。その一環として，内部統制のシステムに係る監査基準第4条第3項で述べる「リスクベース・アプローチ」に基づき，現場が抱える具体的なリスクを抽出し，体系的に可視化した「リスクマップ」を作成し，取締役会で十分議論すること。

　会社法が要求する危機管理体制（リスクマネジメント体制）は，取締役・取締役会が行う会社の経営判断・業務執行全般の適正性を確保することを目的としている。即ち，会社の「業務執行全般」を対象としており，会社法が要求する危機管理体制（リスクマネジメント体制）の方が，金融商品取引法（J-SOX）が要求するリスク管理体制よりも広い範囲を対象としている。

　会社法が要求する危機管理体制（リスクマネジメント体制）とは，会社法362条④六号及び会社法施行規則100で定められた「取締役の職務の執行が法令及び定款に適合することを確保するための体制およびその他株式会社の業務の適正を確保するために必要なものとして法務省令で定める体制の整備」のことをいうが，会社法には所謂「内部統制」なる言葉は出てこない。また，「損失の危機の管理」とは，いわゆる「リスクマネジメント」のことである。危機管理とは，企業不祥事があった場合に企業が受ける損失を最小化し，早期に企業活動を再び正常化させることを目的としている。

自社で発生する可能性がある多様な「損失の危機」リスクについて，取締役会で決議した事項の概要を公表することが求められている。
・その発生を未然に防止するための手続き，体制
・発生した場合の対処方法等を定めた社内規程の整備など
2)「損失の危機」とは，防災などの危機管理だけではなく，全体的リスク・マネジメント（ERM）として，自社なりに定義することが望まれる。

　自社なりにリスクを定義し，事業継続計画（BCP）を策定し，事業継続管理（BCM）により BCP を運用，訓練，継続的改善に取り組むことになる。今後，新型コロナウイルスによる大規模感染症や気候変動・ESG（環境・社会・企業統治）リスクは取締役会のメインテーマになる。ESG の発想なくして本業のサステナビリティーは保証されないであろう。

　一方，上場企業の決算短信や有価証券報告書における公表は，企業が直面しているリスクを示す内容が拡大しつつある。

　なお，COSO による ERM の詳細は，第Ⅱ部第 4 章「COSO の考え方の変遷と内部統制システム」を参照されたい。
3) 全社的リスクマネジメント（ERM）のフォローアップのため，匿名方式の従業員意識調査（自由記入欄を設けると内部通報窓口の役割を果たす）又は，経営者・管理者を含む 360 度調査（例えば，官庁・東芝・電通・キリン等が採用）の重点的・定期的実施と異常値の真相究明を行い問題点の洗い出しを行うこと。

◆意識調査活動の悪い事例
三菱自動車の場合，2005 年（平成 17 年）2 月 18 日に開催された新人提言書発表会において，走行抵抗測定方法の問題が取り上げられ，国内向け自動車の型式指定審査の際に使用する走行抵抗は，惰行法によって測定するというのが法規の定めであり，法規に従って惰行法を用いるべきである旨の提言が，当時の新人社員からなされた。しかし，この認証試験グループの新人提言として出された「どうもテスト方式が，法規が定めている方式と異なる」との意見に対し，アンケート調査したコンプライアンス部長がこの意見を現場に戻し，現場の部長が「新入社員なのでまだよく分かってない」との返事に調査した部長が妙に納得してしまい，生かされなかったとマスコミは伝える。

⑥海外を含む企業集団に対する監査体制の確立

　監査・監督機関は，海外子会社を含む，企業集団全体に対する監査徹底及経営陣に対する監査強化のため，不祥事発生につながる要因がないかを能動的・積極的に調査し，コンプライアンス違反の兆候があれば，使命感を持って対処する。特に，内部統制部門・監査役等・監査法人による三様監査の連携が重要である。内部統制部門等からの報告は，トリプル・レポーティングライン（社長，監査役，取締役会メンバーに報告することは，経営トップ不祥事に有効である）を確保すること及び三様監査メンバーに加え，独立社外取締役を含む4者会[1]の実施を検討すること。但し，指揮命令権，人事権，予算決定権を明確にすること。会社組織上，内部統制部門が監査役等に直属するものとすることは許容されるとの説がある（弁護士内田修平：「監査役等と内部監査部門の連携」商事法務 No. 2232, pp. 66–70）。

　また，外国人の海外子会社社長の目標や買収会社社長契約・代理店契約等に成長性・収益性目標だけでなく，コンプライアンス条項を入れること（例：富士ゼロックス NZ 社長不適切会計事件）。

・日本監査役協会による三様監査について

日本監査役協会は平成28年11月24日「会計不正防止における監査役等監査の提言（三様監査における連携の在り方を中心に）」を公表している。

　この中で，「親会社への影響度が大きい主要子会社に加え，本業とは異なる事業を行う子会社及び M&A で取得した子会社などリスクの実態把握が難しい子会社については，親会社管理部門との連携に加え，各子会社のガバナンス及び監査体制の整備状況の把握，定期的な子会社監査役等との面談や報告受領，子会社における三様監査の連携状況の把握などに特に留意する必要がある（中略）。また，自ら往査を行い，子会社のガバナンス及び監査体制の連携状況を把握すること。」と述べている。

　監査役等はこれを拳拳服膺すべきである。また，

　2015年9月改定版監査役監査基準27条「企業不祥事発生時の対応及び第三者委員会」その3において，

　◆監査役・監査委員の位置づけとして，

　「監査役は，当該企業不祥事に対して明白な利害関係があると認められる者を

1　CG コード補充原則 3-2 ②(iii)　外部会計監査人と監査役（監査役会への出席を含む），内部監査部門や社外取締役との十分な連携の確保

除き，当該第三者委員会の委員に就任することが望ましく，【Lv. 4】第三者委員会の委員に就任しない場合にも，第三者委員会の設置の経緯及び対応の状況等について，早期の原因究明の要請や当局との関係等の観点から適切でないと認められる場合を除き，当該委員会から説明を受け，必要に応じて監査役会への出席を求める。【Lv. 3】監査役は，第三者委員会の委員に就任した場合，会社に対して負っている善管注意義務を前提に，他の弁護士等の委員と協働してその職務を適正に遂行する。」とある。

　しかしながら，監査役等が第三者委員会のメンバーに選ばれたり，活躍したとの例に未だ遭遇したことがない。当該会社の監査役・監査委員はもっと意見を発するべきである（筆者意見）。

⑦デフェンスラインとして第1線から第5線までの確立
　デフェンスラインとして，第1線は現場，第2線は品質保証部門・法務部門・財務部門がある。（但し，工場長，対経営トップからの独立性をチェックすること。独立性を確保している企業は16％しかない：経産省2018年調査）第3線は，内部統制部門があり，そして，第4線に監査役等があり，第5線に「不正を許さないコンプライアンス重視の企業文化（統制環境）」がある（2013年のCOSO改訂で5つの構成要素のトップに「CGとカルチャー」が入る）。

◆解説
1. **企業文化**とは，経営理念・倫理基準を含む行動規範・経営方針等（ミッション・ビジョン・コアバリュー）に主導されたベストプラクティスを長年積み重ねることにより培われた企業及び構成員の価値観・信念で従業員に判断の基準・コミュニケーションの基準・モチベーションの基準を与える。
2. **企業風土（社風）**とは，企業理念等の有無にかかわらず，組織構成員の間で共有認識として扱われている行動規律や価値観のことをいう（例：東芝の社風：軍隊組織，官庁：上意下達等）。
3. 英国改訂CGコードのガイダンスにある企業文化（Healthy culture）とは（林順一：2019「英国CGコード改訂に関する一考察」）
　1）健全な企業文化構成要素
　正直，寛容さ，尊敬，適用性，信頼性，認識・承認，挑戦許容性，説明責任，共通の目的意識，

2）企業文化に問題が生じる兆し
自部門利益中心，支配的なCEO，傲慢・尊大なリーダーシップ，過大な目標設定，情報へのアクセス手段の不足，経営者・管理者と従業員との対話不足，挑戦を許容しない，規制や倫理コードの無視，短期志向，インセンティブの不整合，
3）企業文化を洞察する情報源
転職率・欠勤率，社内教育での情報，採用・報酬・昇進への不満，非開示情報の活用，内部通報・内部告発，従業員サーベイ，経営陣と管理職・従業員との交流，健康・安全に関するデータ，供給業者への支払い条件，規制当局・内部監査からの情報，退職者面接

　CGコードの基本原則2の後段にある「取締役会・経営陣は，これらのステークホルダーの権利・立場や**健全な事業活動倫理を尊重する企業文化・風土の醸成に向けてリーダーシップを発揮すべきである。**」は重い意味を持つ。倒産したタカタを買収した中国企業の米国子会社（JSS）の傘下にあるジョイソン・セイフティ・システムズ・ジャパン（JSSJ）が数百万本に上るシートベルトの社内検査データを改ざんして供給していたことが判明し，大量リコールに発展する可能性がある[2]。企業文化が全く変わってないことを証明している。

⑧社内に聖域を設けてはならない
　1）カルロスゴーン・オフィス（CEO予備費等）のような何人といえども立ち入り禁止の領域を設けてはならない。—「日産」の外部有識者らによる特別委員会はCEO予備費を「不正行為を容易にする」として廃止した。
　2）研究開発部門・技術部門を聖域化してはならない。先に述べた如く，三菱自動車の倫理委員会は研究開発部門が超多忙であることを理由に指導・研修対象から外した。ここが，不祥事の温床であることを見抜けなかったといわれる。

⑨監査部門に多様性を持たせる
　製造業においては，監査役・内部統制部門・コンプライアンス委員会等の監査部門には品質・技術等多面的に監査のできる人必要。（例：スズキ自動車が品

質の分る方を監査役等に導入）以下のCGコード4-11の後段は，東芝の不正会計事件があったとはいえ，少々財務・会計が強調されすぎている感がある。企業によっては，もっと多様性があった方が良い。

【原則4-11. 取締役会・監査役会の実効性確保のための前提条件】
取締役会は，その役割・責務を実効的に果たすための知識・経験・能力を全体としてバランス良く備え，ジェンダーや国際性の面を含む多様性と適正規模を両立させる形で構成されるべきである。また，監査役には，適切な経験・能力及び必要な財務・会計・法務に関する知識を有する者が選任されるべきであり，特に，財務・会計に関する適切十分な知見を有している者が1名以上選任されるべきである。取締役会は，取締役会全体としての実効性に関する分析・評価を行うことなどにより，その機能の向上を図るべきである。（下線は筆者挿入）

---

⑩海外を含む企業集団の内部通報制度の確立

1）2015年6月，金融庁と「東証」は，CGコード原則2-5及び補充原則2-5において，経営陣から独立した内部通報制度（弁護士，監査役と社外取締役の合議体を窓口とする等）の体制整備と適切な運営を指示した。

2）2016年12月政府は，「民間事業者向けガイドライン」を作成・公表した。

3）内部通報制度の質を内外に証明するための唯一の公的手段といえる内部通報制度認証（自己適合宣言登録制度）があり，2020年12月末で伊藤忠等93社を認証している。

4）上記とは別に，内部通報の約60〜70％を占めるパワハラ・セクハラ等に各種安心相談窓口であるヘルプラインの設置が有効。

5）2019年5月，「女性活躍・ハラスメント規制法」が国会で承認された。パワハラ防止策は，大企業は2020年6月から適用。中小企業は2022年4月から適用される。セクハラと違い「業務上の合理的行為」との線引きが難しいため，2019年11月20日，企業に求める指針案が「厚労省」の諮問機関である「労政審」で了承された。それは図表Ⅱ-3-2の通り。

とはいえ，「必要な指導の範囲内」との境界線は不明である。例えば，上司・先輩や取引先から誘われた飲み会や懇親会は各種ハラスメントの温床になりやすい。2020年6月施行の「パワハラ防止法」（中小企業は2022年4月から）で

図表Ⅱ-3-2　厚労省が定めたパワハラの具体例

①身体的な攻撃	たたいたり，ものを投げたりする
②精神的な攻撃	人格を否定する言動や長時間の叱責
③人間関係からの切り離し	別室での隔離や，自宅研修を長時間強制する
④過大な要求	新人に達成できない業績目標を課し，できないと厳しく叱責する
⑤過少な要求	管理職を退職に追い込む目的で誰でもできる業務に従事させる
⑥個の侵害	職場外でも監視したり，私物を撮影したりする

は，事業者は，社内規定の整備と周知徹底・啓発・相談窓口の設置・相談者のプライバシー保護を義務付けたほか，被害の相談をした労働者に対する不利益の取り扱いを禁じた。悪質な場合，加害者や会社に損害賠償も請求できる。株式市場は企業がステークホルダー重視の経営をしているかを厳しく見始めており，企業価値向上のためにもパワハラの撲滅が求められる。

◆三菱電機の3人自殺したパワハラ事件
　20代の男性新入社員が自殺し，兵庫県警が自殺教唆容疑で上司を書類送検した事件で，遺族側の弁護士が2019年12月18日，東京都内で記者会見し，パワハラで精神的に追い込まれたとして今後，労災申請を行う考えを明らかにした。
　「三菱電機は息子の死ときちんと向き合ってほしい」とする遺族のコメントも公表。同社に対する損害賠償請求訴訟の準備も進めるという。かき置きには，教育主任から言われた暴言として，同19日に「おまえが飛び降りるのにちょうどいい窓あるで，死んどいた方がいいんちゃう」，21日には質問に答えられなかった新入社員に「自殺しろ」との内容も記されていた。
　三菱電機では2014〜17年，長時間労働などが原因で技術職や研究職の男性社員5人が精神障害を患うなどして相次ぎ労災認定され，うち2人が自殺している（共同）。更に，調査機関の米MSCIは2019年12月三菱電機のESGレーティングの格下をおこなった。
　三菱電機は2020年1月にパワハラ再発防止策を取りまとめた。社外の専門家に相談できる窓口を設け，研修も課長職以上から全従業員に拡大した。

6）多言語内部通報窓口の設置（未だ半分位の企業しか設置されてない）とその海外子会社等へのPRの徹底（例：富士ゼロックス不適切会計事件）。米国内部告発保護法では「先に会社の内部通報制度を利用し，それでも会社が是正措

置を講じない場合」に法執行当局に通報し，報奨金がもらえる制度がある。タカタの元社員の場合，約1億2千万円になった。

　日立製作所は世界で約800社ある子会社と内部通報窓口を一本化し，グループ共通の社員教育プログラムを導入する。

7) 改正公益通報者保護法（2020年6月8日通常国会で承認）への対応

Ⅰ）内部通報の体制整備：常用従業員301人以上の企業の内部通報窓口，調査，是正措置等の体制の整備を義務化（11条2），窓口担当者に罰則付き（刑事罰30万円以下の罰金）秘守義務を課す（12条），同義務違反に対する刑事罰を導入する（21条）。

Ⅱ）通報者の範囲拡大：従業員に加え，退職後1年以内の退職者と役員を追加。

Ⅲ）通報に伴う損害賠償：通報者は内部通報を理由とした刑事罰・行政罰に関する損害賠償を負わない。通報者の萎縮を避けた。

Ⅳ）2号通報である行政機関への通報：従来求めていた信じるに足る相当の理由（証拠や目撃など）がなくとも，通報者が氏名や違反内容を明らかにした場合は保護。これは日本版司法取引に道を開いた。日産のカルロス・ゴーンという絶対的権力者者の不正行為を暴くため外国人執行役員と日本人元秘書室長が完全な証拠がなくても司法取引に踏み切った。

Ⅴ）立証責任の緩和：事実上の推定を活用するなど通報者の負担を適切に緩和。

　但し，付帯決議として，① 企業による通報者に対する報復への制裁（行政罰・刑事罰）条項の導入（消費者庁の体制が整ってない等を理由に見送られた）。② 訴訟では報復できないことの立証責任を企業側に課すこと及び ③ 通報者による証拠資料の収集・持ちだしを許容する等が付され，3年後を目途に見直される。

⑪海外を含む企業集団における社内リーニエンシー（罰則減免する）制度の導入

　海外子会社を含む企業集団で，法令違反への関与を発覚前に自己申告した従業員に社内リーニエンシー（罰則減免する）制度の導入。特に，次の法律違反に備えるために必要。

・国内不正競争防止法・独禁法（談合・カルテルを自主申告した企業へ協力度

に応じ課徴金減免幅拡大する改正独禁法成立。2020 年末施行）

・海外独禁法

　1）米国アムネスティ・プラスを含む：本件以外の別件カルテルを申告すれば
　別件は全額免除，本件も減額される恩赦制度

　2）欧州委員会は 2019 年 3 月 20 日，グーグルに約 1,900 億円の制裁金。ネッ
　ト広告で EU 独占禁止法に違反したと判断した（3 回合計で約 1 兆円以上）。

・FCPA（米国腐敗行為防止法），英国 BA

・欧州 GDPR（General Data Protection Regulation：一般データ保護規則）

　2019 年 ① 利用者への説明不足と同意手続不備でグーグルに 62 億円の制裁金
　② 5 億人の顧客の個人情報流出でマリオットに約 135 億円の制裁金。

　日米における罰則の違いは大きい。SOX 法では民事と刑事で経営者に宣誓
を求めているほか，刑罰は最大 20 年の刑と 500 万ドルの罰金に対し，日本では
5 年以下の懲役か 500 万円以下の罰金である（図表Ⅱ－3－3 及び 3－4 参照）。

⑫社内消費者（取引先）センター等の活用による外部情報の取得

　社内消費者（取引先）センター・コールセンター等からの重大クレーム情報
等の掌握。

⑬ステークホルダー・ダイアログによる「外からの眼」の活用

　ステークホルダー・ダイアログとは有識者で構成される「対話の会」（ステー
クホルダー・ダイアログ）を作ること大事です。有識者やステークホルダーの
代表を集めて，その会社の CSR 活動の取り組みについて評価・意見をいただく
ことです。有識者の選定にはこの分野の学者（例えば，日本経営倫理学会の先
生方や，日本経営倫理実践研究センターの実務経験のある先生方等）や自社及
び業界に詳しい先生方及びステークホルダーの代表などを女性やグローバル企
業の場合には外国人も含めバランスよく選び，10 項目程度の当社を取り巻く社
内問題・環境問題等について提案していただく。一方，経営者の方は自社で対
応すべき課題をリスト化する。この際，優先順位付けとして，有識者やステー
クホルダーの代表等が重要と考えている項目と会社が重要と考えている項目と
いう両方から，考えていくことが重要である。最終判断は独立社外取締役を含

図表Ⅱ-3-3 世界でカルテル等による罰金等を科された主要企業

◆下記事件での収監者：米国で20人以上（禁錮10年以下）
◆下記は罰金・制裁金のみで，訴訟対策費用等入れると約1千億円/件となることがある（中西和幸弁護士，2019年6月4日第147回CGネットセミナー）

企業名	日本	米国	EU	その他	合計
矢崎工業（ワイヤーハーネス）	97	517	150		764
三菱電機（スターター等）	14	209			223
日立オートモティブ（同上）			234		234
日本精工・ジェイテクト（ベアリング）	56	146	82		284
古川電工（ワイヤーハーネス）		240	49		289
ミツバ（ワイパー等）	12	148			160
東芝（ブラウン管） 　　　（ガス絶縁体開閉装置）			334 163		334 163
ブリジストン（防振ゴム）4度目（少額含む）		468			468
パナソニック（三洋電機：スウッチ類） パナソニック米国子会社（FCPA）	235	148 310			383 310
東洋ゴム（防振ゴム）		135			135
オリンパス（内視鏡キックバック） （FCPA），（内視鏡許可なし改造）		736 96			736 96
タカタ		940			940
ホンダ・ヤマハ（インドネシア，行政罰だけで2億円）				罰金？	多額
ニッパツ（HDD部品）		31			31
トヨタ：2014年$12億，21年186億円の排ガス不適切報告		1,386			1,386
合計	340	5,801	860	?	7,003超

注：（合計にはその他を含む）期間：2011年～2021年，換算：1ドル＝110円，1ユーロ＝120円，単位＝億円
出典：2013.7.20と2014.3.4の「日経」新聞，及び2013.10.21日経ビジネス，監査役No.683，法と経済のジャーナル等を基に筆者作成

図表Ⅱ-3-4　7つの連邦量刑ガイドライン

1) 基準と手続きの確立（文書化）
犯罪を予防，または発見のための基準や手続きの規定。
2) 組織の明確化
(A)企業の取締役会などは，法令順守とコンプライアンス・プログラムの内容と運用を熟知し，プログラムの運用とその有効性について適切に確認すること。
(B)企業の上級幹部をプログラム全体の責任者として任命し，効果的なコンプライアンス・プログラムを保持させること。
(C)企業の特定の責任者に，コンプライアンス・プログラムの日々の運用に関する権限を委譲し，取締役会・執行役・事業部長などに対し，コンプライアンス・プログラムの有効性について定期的に報告させること。また，当該責任者に，適切な予算や権限等が付与されていること。
3) 権限委譲の明確化
企業は，犯罪，法令違反，コンプライアンス・プログラムに反する行動に関与した者を，重要な権限を有する職位に就かせないように合理的努力をすること。
4) 従業員の教育訓練と情報の伝達
企業は，コンプライアンス・プログラムについて，従業員に対し効果的な教育訓練を実施し，各役職員の役割・責任に対応した情報を伝達することによって，企業のすべての構成員に対してコンプライアンス・プログラムの基準や手続きなどを効果的な方法で定期的に周知徹底すること。
5) モニタリング・監査・報告システムの確立
次の事項について，企業は合理的な措置を講じること。
　・　モニタリングと監査によって，コンプライアンス・プログラムが確実に遵守されるようにする。
　・　コンプライアンス・プログラムの有効性を定期的に評価する。
　・　従業員やエージェントが，報復などを恐れることなく犯罪行為の事実またはその可能性を報告できる通報システムの確立。匿名または秘密保持のためのメカニズムも含めて導入する。
6) 適切なインセンティブ付与・懲戒の徹底
コンプライアンス・プログラムを機能させるインセンティブ付与や，犯罪行為への関与または犯罪行為の予防・発見のための適切な措置を講じなかったことに対する懲戒処分をとおして，コンプライアンス・プログラムが継続的に強制力を持たせること。
7) 犯罪行為への適切な対応・再発防止策及び継続的改善
企業は，犯罪が発見されたとき，犯罪行為に対して適切に処置し，同種の犯罪行為の再発防止するために適切な措置を講じること。
また，コンプライアンス・プログラムに必要な修正を継続的に実施すること。

む，取締役会で決定すべきである。なぜならば，

本コード【原則4-7. 独立社外取締役の役割・責務】において，
「上場会社は，独立社外取締役には，特に以下の役割・責務を果たすことが期待されることに留意しつつ，その有効な活用を図るべきである。
(i)経営の方針や経営改善について，自らの知見に基づき，会社の持続的な成長を促し中長期的な企業価値の向上を図る，との観点からの助言を行うこと

(ii)経営陣幹部の評価・選解任その他の取締役会の重要な意思決定を通じ，経営の監督を行うこと

(iii)会社と経営陣・支配株主等との間の利益相反を監督すること

(iv)経営陣・支配株主から独立した立場で，少数株主をはじめとする**ステークホルダーの意見を取締役会に適切に反映させること**

とあるからである。

　従って，株主を含むステークホルダー（SH）との対話（ステークホルダー・ダイアログ）による「外からの眼」の活用と ESG・SDGs の視点化から SH との win-win の関係構築。特に海外 SH（海外の消費者，工場周辺の環境団体，地域住民，知事，NPO 等）の代表からの意見を尊重することが大事である。

　（例：富士フイルム，KDDI，みずほ F，日本生命，富士通，住友電工等）

⑭内部統制の目的の達成を支援する（IT）技術に関する全般的統制活動を選択し整備する。また，AI 活用による，デジタル・オーディットの導入

1) 企業が活用している（IT）技術に関する全般的統制活動を選択し整備する。特にサイバーセキュリティについて最優先課題として取り組むこと。

2) 会社が密かに導入するのではなく，従業員への説明責任に留意すること。

・社内メールから不正を検知する言語・文脈チェックシステムの構築

図表Ⅱ-3-5　新コンプライアンス経営のための情報収集体系

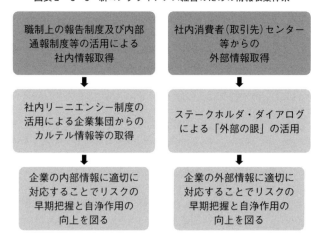

（例えば，国内外独禁法，FCPA 等対策として矢崎総業，東洋ゴム他 20 社が採用）

・監査法人・法律事務所等が準備している会計仕訳異常検知アルゴリズムや循環取引検知システム等デジタル監査の導入。

⑮国内外長期滞留人事のローテーション化。
　（例：富士ゼロックス不適切会計処理事件，東芝子会社 WH，神戸製鋼所等）

⑯目標管理制度の改善
1）過度のインセンティブ目標管理制度（利益・コスト・品質・納期等の過剰ノルマ）の改善。（東芝，富士ゼロックス，大和ハウス，TATERU，スルガ銀行，かんぽ生命等）
2）現場への経営資源（人，設備，技術等）の投入を伴った目標設定。

> ・トヨタとホンダは燃費・排ガスの検査装置の自動化投資により，人による操作・改竄を防止している。
> ・日産・スバル・スズキ・神戸製鋼所（約 100 億円）・三菱マテリアル（20 億円/年）は今後データ自動化等に相当の投資をする。
> （2018 年 3 月 13 日，9 月 27 日，2019 年 11 月 20 日「日経」新聞）

3）「歪められた目標管理制度」（一倉定：2020）。企業の内部事情で目標を出すな。東芝の「3 日で 120 億円出せ」とか，電通の「殺されても放すな」とか，スルガ銀行の「この窓から飛び降りろ」とかのマーケティング・マイオピアの見直し（ノルマの廃止）➡長期ビジョンに基づいた「正しいことを無理せず実行する方式」への移行が必要である。

⑰キャッシュフローに基づく経営目標制度の導入
（例：東芝，ソニー，川崎重工，富士フイルム HL）。
　事業別にキャッシュフローを把握している企業は 29％（2019 年経産省アンケート調査）とまだ少ないが重要である。キャッシュフローに基づく予算制度を導入しているならば，部品の押し込み販売や循環取引等の不正会計を防止で

きる。富士フイルム HL は，事業部ごとの管理指標に ROIC（投下資本利益率）とキャッシュ・コンバージョン・サイクル（CCC：現金循環化日数）を導入している。JAL 復活の主役を演じた稲盛改革（後述）の「会計 7 原則」のトップにキャッシュベース経営の原則がある。

　以上大項目 3 ＋施策 17 の）の 20 項目からなる「倫理コンプライアンス・プログラム」の制度とその運用につき，PDCA（Plan-Do-Check-Action）の管理サイクルを回しながら，再発防止に関するベスト・プラクティスを毎年積み上げていくと，不正を許さないコンプライアンス重視の企業文化が共感（価値共有・自由闊達型）を持って受け入れられるようになる。それはミッション・ビジョン・コアバリューにより主導された価値観や信念であり，組織が成功し続けることで共有されていくものである。とはいえ，不祥事は時と共に風化し 3年もすれば忘却の彼方へ消え去るものであることを忘れてはならない。PDCAの管理サイクルを弾み車のように回し続けなければならない。

　この制度化ができると，企業集団の内部統制・海外独禁法・FCPA 等に係る訴訟に対する耐性（レジリエンス）を強く持つようになる。これを称して，「企業倫理の制度化」（Institutionalization of Business Ethics）という。この有無は米国における量刑ガイドラインに従うと，量刑が最低と最高では 80 倍の差と著しく異なる。

　因みに，「経産省」の 2018 年 12 月東証 1・2 部会社調査によると「取締役会は，子会社も含め内部統制システムの構築・運用に十分なリソース（人材・資金・インフラ等）が確保されているか，検証・見直しをしている」に対する回答は僅か 32％であった。

　なお，参考までに「企業不祥事の防止と監査役等の取組」―最近の企業不祥事事案の分析とアンケート結果を踏まえて―（平成 30 年 12 月 3 日，公益社団法人日本監査役協会）による要旨（7 つのポイント 26～28 頁）を示す。

①経営トップがコンプライアンス重視の経営姿勢を取っているか，
②本質的に強い現場力が確保されているか，
③全社的に内部統制部門の機能が発揮されているか，

④内部監査部門による組織的かつ効率的な監査が実施されているか，
⑤バッドニュースファーストの文化，風通しのよい企業風土となっているか，
⑥企業不祥事の兆候に対して，徹底した事実調査と対策の要請がなされているか，
⑦企業不祥事の発生後，再発防止に本質的に取組む姿勢がとられているか。

第3節　コンプライアンスの実効性を上げるための経営者資質はどうあるべきか

1. 不祥事の原因の多くは経営陣（CEO等）の意思決定にある

① 赤字にできない。過大な増収増益のプレッシャー。
② コストカット（ラインコスト競争，社内教育費の合理化，自動化投資を渋る，人事ローテーションは資金がかかる等）のプレッシャー。
③ リコール隠し，不祥事公表は再発防止策が完成してから。
④ 俺は多忙（寝てない），事件を他人任せにする等。
⑤ 名誉を貴ぶ（経団連の会長になりたい，財界病）。
⑥ この位の事はモラル・ハザードに該当しない。罰則が軽い（JIS取り消しの罰則等）。
⑤ 内部統制部門等を機能させない。

2.「シームレスな人材マネジメント・システム」の仕組みが重要

　任意を含む指名（諮問）委員会（または「取締役会」）は，ミッション・ビジョン・コアバリューとその時の経営環境を踏まえた中長期経営戦略に基づいて，人事・研修部門等に，幅広い経営陣の次世代後継者の育成計画を作成させ承認する。即ち，その企業の経営環境にとって望ましい経営者者像を描く（伊丹敬之は企業のステージにより ① 事を興す人：構想力 ② 事を正す人：切断力―外科医のような ③ 事を進める人：包容力を挙げている）。
　一般的には，資質（後述する「経営者良心論」[3]に基づく，倫理観・責任感・

図表Ⅱ-3-6　シームレスな人材マネジメント・システム

ステップ	主内容
1	時代にあったミッション・ビジョン・コアバリューの設定
2	ステップ1に基づく，中長期経営戦略の策定
3	課長研修・部長研修・役員研修による倫理観・責任感・リーダーシップ・戦略構想力等の養成と倫理観のない人材の篩落とし及びキャリアパスによる難度の高い仕事の経験
4	ステップ1・2に基づく，経営トップ陣の後継者計画の全体像の策定
5	あるべき経営トップ陣の姿と評価基準の策定
6	候補者の選出と評価
7	指名委員会（任意を含む）に寄る候補者の絞込みと育成計画の策定とその実行・監督と選解任

克己心等)，能力（リーダーシップ力・戦略構想力・優れた決断力・多様性対応力等）の資質・能力を持った経営陣を，海外を含む戦略的キャリア・パス（難度の高い仕事）を通じた経験・スキルの習得，及びケース・スタディやケース・メソッドによる倫理研修（課長研修，部長研修・役員研修：合宿方式が良い）等を通じて，中長期に養成・**選抜**するための「シームレスな人材マネジメント・システム」の仕組みを文章化させ，評価・承認する。ここで重要なことは，どんなにリーダーシップ力があっても倫理観のない者を**篩にかける**ことである。しゃにむに法律すれすれのことをやっても猪突猛進する輩が出世しがちであるが，危機や窮地に陥ると本性が現れるから気を付けなくてはならない。その後，指名委員会は客観性・適時性・透明性に配慮して，経営陣の具体的後継候補者を2年位かけて育成・監督し，その中から絞り込み，面談・最終決定する。このような，平時の取組みはもちろんのこと，非常時には，経営陣の適格性を判断する適切な選任・解任プロセスも含まれる。

3　バーナード（Chester I Barnard）がその著書『経営者の役割』（1938）で用いた言葉に道徳的リーダーシップ（Moralistic Readership）がある。これは「決断力，不屈の精神，耐久力，勇気などにおいて，個人が優越している側面であり，「人の行動に信頼性と決断力を与え，目的に先見性と理想性を与える。バーナードの言う，道徳とは様々な諸要因が個人に働きかけることによって個人の内に形成される遵守力，私的行動準則である。また，それは何が正しいか，何が間違っているかについて自分に向けられる内面的諸力である。これを**良心**と呼ぶこともある。リーダーシップの本質は組織道徳の創造のことであり，こうした道徳性がリーダーシップの質を支えている。

　なお，ケース・スタディとは「あるケース」から学ぶべき事項を特定，それに関して理解を助けるための教材等予め準備し，学習者は主に講義や座学で学んでいく。一方，ケース・メソッドとは元々ハーバード・ビジネス・スクールで開発された手法で，意図的に構成された教材を用いる場合と用いない場合がある。学習者同士の討議を繰り返すことで，思考力・構想力・実践力・多様性対応力等を身に着ける方法を言う。詳細は7項で解説する。

　生まれながら倫理観を持っているか持ってないかにつては，哲学において，アリストテレスがいう「知覚によって対象から受け取った表象なしに人は思考することはできない」という立場の経験主義とデカルトのいう「精神を独立した実体と見て，精神自身の内に生得的な観念があり，理性の力によって精神自身を展開可能である」とした生得主義がある。簡単に言うと，生まれながら倫理観を持っている人（生得主義）と生まれながら倫理観を待ってないが研修・経験によって倫理観が備わるとの説（経験主義）がある。筆者は両方あるのであろうと思う。従って，生まれながら少々法令・社会通念に反することをやっても業績優先というやり手が会社の中でスピード出世することがよくある。かれらは倫理研修（課長研修，部長研修・役員研修）の過程で見分け篩にかけてCEOにしてはならない。また，赤字が何期も続くような極限状態になると善人といえども不正を働くという，ドナルドソン・R・クレッシー教授の「善人による不正のトライアングル」がある。即ち，プレッシャーと機会と正当化の3条件が揃うと善人といえども不正行為を働くという性弱説がある。3条件を分断することが内部統制の要である。

　ジョナサン・ハイト（米国バージニア大学心理学部教授，専門は道徳心理学）の道徳基盤理論（人工知能34巻2号146頁）によると，
①道徳には生得的な側面と社会的構成物である制度の側面がある。
②（筆者挿入：即ち，デカルトの生得主義）
　1）擁護（care）：人を傷つけてはならない。
　2）公正（fairness）：人は公平に扱われるべき。
　3）忠誠（ingroup）：自分の属する集団における義務。
　4）権威（authority）：社会的秩序のために上下関係遵守。
　5）純潔（purity）：純潔さを求める感覚。

③道徳基盤（センサー）の使い方は生後に獲得される。

　経験・教育・研修等による。（筆者挿入：即ち，アリストテレスの経験主義）

　やはり，「人間は生まれつき道徳基盤（センサー）をもつが，その使い方は生後に獲得される」のであるから，ケース・スタディやケース・メソッドによる倫理研修は必要である。

3.　経営者（CEO）の資質

　伊丹（2014）は経営者には3つの役割があるという。リーダー，代表者，設計者としての役割である。それらを要約すると，

①リーダーとは，その組織の求心力の中心になる人物のことである。「人を統率すること自体」あるいは「統率する力」のことをリーダーシップという。経営者は，こうした意味でのリーダーシップを発揮して，組織の求心力の中心にならなければならない。そして，そうした求心力の源泉を組織の人々に生み出すために，組織に魂を吹き込まなくてはならない。

リーダーの条件：人格的魅力とぶれない決断（人格的温かさ，信頼感）

②代表者とは，組織として，外部に何らかの働きかけを行う際に先頭に立つ役割と，外部からの波に対して組織の内を守る防波堤の役割の2つが含まれる。

代表者の条件：結果への責任感と社会への倫理観（三角形の頂点としての責任感，倫理観）

③設計者とは，企業のグランドデザインの提示者である。1つは戦略の設計図であり，「市場の中の組織の活動の基本設計図」のことである。第2のパートは「組織の中の人々の活動の役割と連携，その管理のための構造設計図である。

設計者の条件：戦略眼と組織観

　次に，経営者たる3つの普遍的資質として，エネルギー，決断力，情と理を挙げている。また，第4の資質として，経営者の置かれた状況から

①事を興す人（構想力）

②事を正す人（切断力—外科医のような）

③事を進める人（包容力）を挙げている。

そして，①の例として，松下幸之助，本田宗一郎，井深大

②の例として，中村邦夫，丹羽宇一郎
③の例として，奥田碩，御手洗富士夫を挙げている。

4. 経営者は先ず誠実性と倫理的価値観を持つべし

　先に述べた如く，1992年，COSO（The Committee of Sponsoring Organization of the Treadway Commission：米国トレッドウェイ委員会組織委員会）による「内部統制の有効性」とは（出典：鳥羽，八田，高田『内部統制の統合的枠組み，理論編』1996年）は，内部統制の有効性は，内部統制を設定し，管理し，監視する人々（筆者注：管理者を含む経営陣）の誠実性（Integrity）と倫理的価値観（Ethical Values）の水準を超えることはできないと述べた。

　ここでいうCOSOによる「誠実性」と「倫理的価値観」定義は次のごとし。

⑴誠実性とは，健全な道徳上の原則の本質またはそれが存在している状態。公正さ，実直及び正直さ。正しい行動をとり，一組の価値観と期待を公言し，それに応えたいとする願望。
⑵倫理的価値観とは，意思決定者に何が適切な行動様式であるかを決定することを可能とする道徳的な価値観。それは，何が「適法であるか」を超えて，何が「正しいか」を基礎においたものでなくてはならない。
筆者による注釈：
①倫理観とは，個人の倫理についての感度・考え方，感受性（sensitivity），倫理的直観のことであり，
②倫理的価値観とは，その考え方（徳目）の重要度，優位度のことである。例えば，日立のValuesは誠，和，開拓者精神であり，これらを重要視しなさいということである。

　なお，誠実性（Integrity）とは，ギリシャ語のInteger（健全，完全）からきている。倫理的価値観（徳目）には種々ある。倫理的価値観の優先度は経営環境等により異なるが，いかなる場合でも誠実性（Integrity）は外せない別格の基本的徳目であるという意味である。

5. 経営者良心論の源流

　経営者良心論の源流は，バーリの「経営者良心」論にある。これらの企業倫理問題は，1932 年のバーリ・ミーンズの著書『近代株式会社と私有財産』において取り上げられており，三戸宏，佐々木真光（2013，pp. 201-202）は，「私有財産を解体して巨大な経済力を集中させていく『近代株式会社』の台頭を問題とし伝統的な財産権に基づかない『近代株式会社』は，特定の集団（株主や経営者など）のために運営されるという根拠をなんら持たないため，
①社会全体の利益をはかるように発展すべきである。
②しかしながら，それには『近代株式会社』が私有財産にもとづいた制度でないことが社会一般に認知されること。
③支配者集団（経営者）が絶対な権力を持っていることの自覚と彼らの良心や誠実，それらを保証する社会的義務の制度が作られなければならない（下線：筆者挿入）」と述べたのであった。

　これはまさに，企業には社会的責任問題があり，経営者はそれにふさわしい倫理観を持て，ということであろう。ほとんどのコーポレートガバナンス論は株主（もしくはステークホルダー）のために，どのように『経営者のチェック＆コントロール』をすればよいか，という議論となっている。こうした『経営者のチェック＆コントロール』という議論は，法制度による外部的な『経営者のチェック＆コントロール』は可能であるという認識を基本的な前提としている。しかし，『誰のものでもない』制度である『近代株式会社』は，いったい，誰が，何にもとづき，いかなる基準によってチェック＆コントロールすればよいのであろうか。それは他でもない，バーリが『近代株式会社と私有財産』においてその必要性を示唆し，『二十世紀資本主義革命』ではっきりと理論化された『経営者良心』に求める以外にはないのではないか。
　経営者の資質として「経営者良心」は社会的責任論，ビジネス・エシックス論の中核をなす重要課題の一つである。法制度・規則による他律的なガバナンスだけでなく，自律的なガバナンス体制の確立として「経営者良心」に期待することは「コーポレートガバナンスの目的」に照らして，重要なことであると

筆者は思う。

6. 「経営倫理の 4 原理」は変質しつつある

　先に述べた如く，企業にとって，競争と効率による利益追求も重要であるが，企業活動が人間や社会をも重視するという 4 つの価値基準をバランスよく重視する企業経営が求められる（出典：水谷理論：2008）。この経営倫理の 4 原理（競争性，効率性，人間性，社会性）に近年，社会性から環境性が独立・注目されていることに気が付かない経営者がまだかなりいる。過去には，「とにかく便利に，やすく，多量に」を追求してきたことにより，右肩上がりの高度成長を支えてきた。

　いま，我が国の大学で環境に関する名前を冠している学部や教科を持っている大学が 140 を超えている。若いものほど環境に関心が高く，就職する会社の選定基準となっている。学生が「日経」新聞の「SDGs 経営調査」ランキングを見て会社を選ぶ時代である。また，ESG が 2020 年改訂の SS コードに入った。ESG 投資が世界の証券市場で 3 割を占めるようになった。「投資判断に ESG を組み込む投資家も高い投資収益を確保できる。我々の調査によると機関投資家は気候変動への取り組みを考慮して判断している。また投資先の CO_2 排出削減目標が合計で80%減なるような投資戦略を採用した場合には，投資リターンがベンチマーク指標と同等以上になることも判明した」（2019 年 12 月 16 日「日経」George Serafeim ハーバード大学教授）。不祥事を起こした神戸製鋼所や「日産」は ESG 投資対象銘柄から外された。

　2030 年の達成を目指した国連の SDGs は 17 の原則と 169 の具体的な目標を示した。その第 7 原則に「化石燃料を使用するな」，第 13 原則に「気候変動に具体的な対策を」が入った。金融機関が「脱石炭宣言」のもと，温暖化ガスの排出量の多い石炭火力事業に貸付けに関し中止宣言をした。商社等が石炭・石油・天然ガス（LNG）事業への新規投資を中止することを表明する企業が現れた。しかし，我が国は今稼働している石炭火力事業を止めるとは言わない点を世界から攻められており，不名誉な「化石賞」をいただいている。欧州連合（EU）の政策金融機関である欧州投資銀行（EIB）が，石炭・石油・天然ガス

（LNG）など化石燃料に関する事業への新規融資を 2021 年末で停止する。EU
は 2019 年 12 月 13 日，2050 年の域内で排出される温暖化ガスを実質ゼロにす
ることで合意した。我が国の菅義偉首相も遅ればせながら 2050 年カーボン・
ニュートラルを宣言した。英仏両国は 2040 年以降ガソリンエンジン車を販売
中止する。英国の「もの言う株主」ザ・チルドレン・インベストメントでさえ
CO2 を開示しない企業の経営陣に反対する議決権行使を行うという。地球環境
への配慮と経済活動のバランスを顧客も社会も求めている。但し，2020 年 5 月
18 日の日本 IR 協議会による上場会社へのアンケート調査によると SDGs で重
視する領域を特定し「成長や企業価値向上にどう結びつけるかを説明するのが
難かしい」という企業が 47％あったとのことである。CSV（経済的価値と社会
的価値を同時実現する共通価値の戦略）にすることが難しいということである。

　ともあれ，CEO たるものは，「報われるリスク」である競争性・効率性と「報
われないリスク」である環境性・人間性・社会性の 5 の価値基準に基きバラン
スよく意思決定しなくてはならない時代である。この 5 つの価値基準はミッ
ション・ビジョン・コアバリューに盛り込まなくてはならない。このミッショ
ン・ビジョン・コアバリューに基づき策定された中長期経営戦略を実現するこ
とができる資質・能力を持った経営陣を育成・評価・選択・監督しなくてはな
らない。

7.　60 歳以上の経営者世代は役員倫理（道徳）研修を受けてきたか

　大企業の社内取締役（平均年齢 60 歳以上）に対する研修実施率は 54％，3 時
間未満，項目も内部統制 42％，財務会計 21％，CG コード 13％等である（2016
年経営法友会調査）。これらは上から知識を教えている。問題は倫理・道徳研修
（ケース・スタディやケース・メソッド）を殆どやってないことである。

　ケース・スタディとは「あるケース」から学ぶべき事項を特定，それに関し
て理解を助けるための教材等予め準備し，学習者は受け身で，主に講義や座学
で学んでいく。例えば，「神戸製鋼所のデータ改竄事件」の事例を前日に読み，
問題点を整理し，仮にあなたが社長ならば，どう倫理的に考え，どう対処した
かを自ら考える。討議は専らしないケースが多い。

　一方，ケース・メソッドとは元々ハーバード・ビジネス・スクールで開発された手法で，意図的に構成された教材を用いる場合と用いない場合がある。能動的に学習者同士の討議を繰り返すことで，思考力・構想力・実践力・多様性対応力等を身に着ける。例えば，ハーバード大学教授のマイケル・サンデルによる白熱教室がNHKで放送されたことがある。「正義とは何か」これには正解がない。正義とは国・宗教・民族等により異なる。しかし，討議を通し，リーダーシップ力，戦略構想力，論理構成力，多様性対応力等を養うことができる。

8.　60歳以上の経営者世帯は幼少より道徳教育を受けてこなかった世帯である

　長期且つ広範囲に不祥事を何回も起こしている経営者世代（主として60歳以上）は，ミレニアル世代（現在23〜38歳：JTB総合研究所の定義による）やその後のZ世代（現在10〜24歳のデジタル・ネーティブ世代）及び技術者倫理教育世代（20〜40歳）と異なり本格的は道徳教育を受けてこなかった世代でもある。

①戦後，我が国の多様な規範意識（徳目）はリセットされた
　日本人の倫理思想を概観すると，我が国においては古代の民族思想，儒教，仏教，神道さらには武士道等々が存在し，素晴らしい徳目も多々存在した。しかしながら，「1945年の敗戦を契機に，私たちはあの悲惨な戦争の原因を日本の古い体質や伝統に求めようとした。民主主義を阻害している要因として，伝統的な人間関係を指摘し，家庭や地域に根づいていた人間形成の力を惜しみもなく解体していった」（沖田行司：2017，p. 8）。
　江戸期以来，道徳の基本として民衆の実生活に溶け込んでいた儒教についても，「それは封建的で，横暴な家父長制の理論で，女性蔑視で，忠君愛国の思想で，戦前の国体思想の元凶，戦後の民主主義・個人の権利・核家族の敵である」として忌避してきた（加地伸行：1990，p. 40）。

②道徳教育は，62 年前の 1958 年からスタート

　道徳教育は，62 年前の 1958 年からスタートしたが，当初「日教組」による拒否闘争が見られたが，学習指導要領も改訂に改訂を重ね，2006 年には教育基本法が改正され，第 2 条（教育の目的）の 2 に「個人の価値を尊重して，その能力を伸ばし，創造性を培い，自主及び自立の精神を養うと共に，職業及び生活との関連を重視し，勤労を重んずる態度を養うこと」が入った。ミレニアル世代は，環境問題や社会貢献などについて，単に教科書で教えられるだけでなく，自ら「考え，対話する」方式の道徳教育（新学習指導要綱）を受けつつある。「文科省」の広報リーフレット「道徳教育抜本的改善・充実（2015 年 3 月）は，「問題解決的な学習や体験的な学習などを取り入れ，指導方法を工夫」することだと述べ，「考え，議論する道徳教育」が導入されるべきだとしている（大森直樹：2018，p. 20）。大学センター試験にも公民（倫理）がある。SDGsについても若い人の方が良く知っている時代である。とはいえ，米国流の双方向型教育をもっと取り入れるべきである。

　ソニーが若い方々を対象とした「SDGs の講演会」を開く。就活でソニーを受ける学生さん達に好印象を持っていただくためである。就活の基準に売上高・利益とかではなく環境に優しい企業や新型コロナ対策で貢献した企業が求められる時代である。「ミレニアル世帯は高収入や出世が人生を豊かにするという従来の資本主義が振りかざしてきた価値観を信じてない。対極にある価値観に目を向けている。お金や物質的価値ではなく。心の満足や精神的価値を追求する傾向がある」（田坂広志：2020）。事業に共感できなければ優れた人材は集まらない時代である。

　今から 10 年後にミレニアル世帯が経済や社会の中心になる。その時に自分たちが選ばれる企業になっているか否か未来図を描いておかなくてはならない。

③技術者の倫理教育は 20 年前からスタート

　技術系大学では，20 年前の 1999 年から技術者の倫理教育（JABEE（日本技術者教育認定機構）➡技術士資格）を行っている（北原義典：2019『初めての技術者倫理』）。

　要するに，60歳以上の経営者世代や50歳台前後の管理職世代（仕事一筋の
モーレツ社員）は「専らリーダーシップ教育を受けてきたが，倫理教育・研修
を殆ど受けてこなかった世帯である」（2015年，野村マネジメントスクール調
査）。彼らへの倫理研修・教育は必須である。

9. 米国 SOX 法第 4 章 406 条とは

　2002年7月SOX法第4章406条にもとづき政府機関であるSECは2003年
1月，その施行規則を定め，株式発行者がCEO，CFO，CAO，コントローラー
等のための倫理規定（Code of Ethics）を制定しているか，また制定してなけ
ればその理由を，開示しなければならないと規定した。遵守事項として以下を
定めている。
・個人と職業との間における明白な利益相反を倫理的に処理することを含む，
誠実で倫理的な行動（カルロス・ゴーンは反面教師である：個人の金銭欲・名
誉欲をCEOとしての倫理観がコントロールする克己心を持ち合わせなくては
ならなかったはずである）。
・適用される法令・規則の遵守。倫理規定違反者を発見した場合の倫理規定に
定められた者等への迅速報告。倫理規則遵守に関する説明責任等を定めた。
　これを受けNYSE，NASDAQは上場企業に対し，全ての役職員・一般従業
員まで対象を拡大し，第4章406条規則のCode of Ethicsの遵守，Code of
Conductの採用と開示，違反に対する通報制度の確立などの制度化を求めた。

10. 経営者のモラル・ハザード（倫理の欠如）は何故起る

　株主は株価最大化，配当最大化，自社株買い等に関心があるが，経営者は，
会社は自分たちのものとの錯覚から，自己利益の追求，例えば，
①経営者としての名声・財界活動・政治活動に精力を使う，及び公私混交。
②業績にスライドしない固定報酬の多い役員報酬の取得
③業績不振でも長期間社長・会長職への固執・保身
④後継社長指名権への固執

⑤多額の現預金の保有にも拘わらず新規事業等への再投資をしぶる。

などである。伊丹（2013）は，問題ある経営者について，次のような警鐘を鳴らしている。

・「派手好みは，有名人好みだけでない。派手な本社ビル，マスコミ受けする言動。中身は余りないのに，美しい言葉だけが並ぶ経営改革案の華やかな発表。あるいは身の丈を超えた財界活動。こうした派手な行動を好むようになったら，それは経営者としての失敗の予兆である」。

・「経営者は分配者なのである。多くの人が自分もほしいと思う，カネと権力と情報と名誉を，経営者は人々に分配する役割を果たさざるを得ない。その分配の仕方を，部下はじっとみている」。

・「まだやれると思う人は，自分だけは年齢を超越できると思っている人，（中略）まだやらなければと思う人は，組織への過剰密着がそう思わせるのであろうし，又後継者への不安がある，まだ代わりがいない，だから自分がまだやらなければ，と思わせるのであろう」。

・「トップはついつい，自分の思うようなことをやってくれる，自分を大切にしてくれる，しかし自分を超えない人間を後継者に指名する」。

・「決断の実行をきちんと行うだけの，エネルギーに自信がないとき，人は先延ばしをするだろう。判断に自信がないのではなく，判断が正しいように思えるが，それを実行する手間ヒマや面倒を，きちんと果たせるかどうか，自分の体力や粘りに，自信がなくなっているのである」と述べている。CGコードの補充原則に，新たに以下が入った。

4-3②　取締役会は，CEOの選解任は，会社における最も重要な戦略的意思決定であることを踏まえ，客観性・適時性・透明性ある手続に従い，十分な時間と資源をかけて，資質を備えたCEOを選任すべきである。

4-3③　取締役会は，会社の業績等の適切な評価を踏まえ，CEOがその機能を十分発揮していないと認められる場合に，CEOを解任するための客観性・適時性・透明性ある手続を確立すべきである。

　老害に陥ったCEOは取締役会や株主総会で解任されなければならない。シュムペーターは「企業家の人間としての資質と道徳心が資本主義の質を定め

る」と述べていることを忘れてはいけない。

11. 役員報酬の返還（クローバック）制度

不祥事や巨額損失が出た場合に備え，定款変更による役員報酬の返還（クローバック）制度の導入が進みつつある。2019年11月21日「日経」新聞によると，同社の「社長100人アンケート」によると導入済みが14.5％今後も検討するを含めると合計3割が前向きの意向を示した（導入例：三井住友FG，みずほFG，野村HL，アサヒGHL，IHI，コニカ，横河電機，武田薬品等）。理由は投資家への説明責任並びに役員への牽制のためである。議決権助言会社のISSやグラスルイスが賛成している。米国では2017年で製造業の91％が導入済みである。

12. まとめ

近時の企業不祥事は同一企業で何回でも再発し，長期に亘り，且つ事業場が広範囲にわたる場合が多い。「**コンプライアンスの実効性を上げるためには，制度とその運用と経営者資質の三位一体の改革・改善が必須要件である**」との考え方を忘れてはならない。具体的には，「倫理コンプライアンス・プログラムの制度化とその運用」の20項目からなる体制作りと企業の末端までの共有化進め，順守することである。この制度化ができると，企業集団の内部統制・海外独禁法・FCPA等に係る訴訟に対する耐性（レジリエンス）を強く持つようになる。これを称して，「企業倫理の制度化」という。この有無は米国における量刑が著しく異なる（最低と最高では80倍の差）。

一方，経営者資質につては先述の如く，

米国の犯罪学者Dr. ドナルドソン・R・クレッシー教授は「善人による不正のトライアングル（The Fraud Triangle）」即ち，「不正行為」として，動機（Pressure），機会（Opportunity），正当化（Rationalization）の3要素が揃うと善人といえども背信行為を行うとの原則がある。

これは，米国監査基準SASの99号等に取り上げられている。

図表Ⅱ-3-7　不正のトライアングル

①動機（Pressure）：上からの強いプレッシャー等の動機が存在した。

②機会（Opportunity）：見つからずに問題を解決出来そうな機会が存在した。

③姿勢と正当化（Rationalization）：会社のため，家族のため機会を利用せざるを得ない状況が作り出されていた。

　悲しいかな人間とは弱いものである，善人でも不正の3条件が揃うと背信行為に走るとの性弱説の観点から監査に臨まなくてはならない。また，3条件が揃わないように情報収集と機会を与えない内部統制が重要である。

　経営者による最悪のプレッシャー用語は①数字が出ないのなら窓から飛び降りろ（スルガ銀行）②死ぬまでやれ（電通）③残り3日で120億円の利益だせ（東芝）等である。一橋大学元教授の伊丹敬之が性弱説を唱えた。曰く「人間生まれながら性善なれど，弱し」である。これらを踏まえたまとめは以下のごとし。

①内部統制の有効性は，内部統制を設定し，管理し，監視する人々＜管理者を含む経営陣＞の誠実性と倫理的価値観の水準を超えることはできない。

②CEO等は，競争性・効率性と環境性・人間性・社会性の5の価値基準に基づきバランスよく意思決定しなくてはならない。

③CEO等は，個人と職業との間における明白な利益相反を倫理的に処理する能力を持たねばならない（カルロス・ゴーンは反面教師で克己心がなかったのであろう）。

④我が国の60歳以上の経営者層はリーダーシップ研修よりも倫理研修（ケー

ス・スタディやケース・メソッド方式等）を受けるべし。ミレニアル世代と異なり道徳教育を受けてこなかった世代である。今から10年後にミレニアル世帯が経済や社会の中心になる。その時に自分たちが選ばれる企業になっているか否か未来図を描いておかなくてはならない。

⑤取締役会や指名（諮問）委員会等は，ミッション・ビジョン・コアバリューや中長期経営戦略に基づいて，人事・研修部門等に，幅広い経営陣の次世代後継者の育成計画を作成させる。即ち，あるべき経営者像として倫理観・戦略構想力・合理的判断力・多様性対応力等定め，それらを持った経営陣を，戦略的キャリア・パス，及びケース・スタディ等による倫理研修を通じて，中長期に養成・選抜するための**「シームレスな人材マネジメント・システム」**を作成（文書化）させ，評価・承認する。その後，客観性・適時性・透明性に配慮して，経営陣の具体的後継候補者を絞り込み，面談・決定しなくてはならない。

　本書第Ⅲ部第1章の日本航空（JAL）の事例は倫理教育の最適例である。参考にされたい。

第4章

COSO の考え方の変遷と内部統制システム

第1節　2004年版及び2013年版COSOのフレームワーク

1. 2004年版COSOのフレームワーク

　米国COSOは，事業上のリスク全てを掌握し対策を採る「全社的なリスクマネジメント（ERM＝Enterprise Risk Management）」の必要性が叫ばれたため，7年間検討を重ね，2001年に検討終了していた。その矢先にエンロン事件が起こり公表延期となり，2004年に「New COSO」として公表されるまで，実に10年を要した。2004年の改革では，従来の目的である「業務」，「報告」，「コンプライアンス」に加え「戦略」が加わり，また，構成要素に「目的の設定」，「事象の特定」，「リスクへの対応」の3つが加わり8つになった。この戦略とリスクへの対応が加わったということは「報われないリスク」に「報われるリスク」が加わったことを意味する。ここに「全社的なリスクマネジメント（ERM＝Enterprise Risk Management）」が一応完成したことになる。わが国では八田・鳥羽・高田等（1996）により「内部統制の統合的枠組み（理論編）」が著書として発行され，9年後の2005年12月に金融庁企業会計審議会内部統制部会より，所謂，基準案（日本版COSO）が行政から正式に示された。残念なことに，この空白の9年間に，1996年の住友商事銅簿外取引事件（損失額18億ドル），2003年の足利銀行破綻事件（233億円債務超過），2004年の西武鉄道事件（「有報」虚偽記載），2005年の鐘紡粉飾決算事件（2,150億円粉飾）等4大不祥事が起こる。

　一方，米国では先に述べた如く，2008年9月にリーマン・ショックが起きた。リーマン・ブラザーズ社の経営理念である「最先端の金融商品の開発・販

売」には大きなリスクが潜んでいた。リーマン・ブラザースに能力的にデリバティブを評価できる委員がいなかった。また，主として友人からなる社外取締役の独立性に問題があっただけでなく，ワンマンである CEO の Richard. S. Fuld に対して，10 人からなる社外取締役は，本来，物事を多様な視点から批判的に評価する能力を持たねばならないのに全く無能であった。

　これらを踏まえ，2013 年 5 月，米国 COSO より，1992 年発行の「内部統制の統合的枠組み」を全面的に見直した改訂版が公表された。この改訂は従来の内部統制の定義や評価・管理方法を変えるものではなく，内部統制の 5 つの構成要素を支える概念を 17 の原則として明示したこと及び従来の「財務報告」は「報告」となり非財務報告が取り入れられた。1992 年の初版以来 4 回の改訂を経ている。これらの改定で，2013 年版で特徴ある点を挙げると次のように列記される。

1）統制目的は，業務・報告・コンプライアンスの三つの範疇に分けられているが，報告については財務報告にとどまらず ESG 等非財務報告まで拡大されている。

2）内部統制の構成要素の定義に「原則主義」の定義を採用している。

3）内部統制の上位概念として ERM（全社的リスクマネジメント）を置き，更にそれらを包括する上位概念としてガバナンスを想定している。

4）独立的評価を担うモニタリング活動で，内部監査の重要性を強調している。

5）不正防止への対応を強化している。

6）グローバル化の進展への対応を拡充している。

　以下原則主義によるフレームワークの定義の内容を紹介する。

2．2013 年版 COSO のフレームワーク

（出典：大関誠（2014，2015）『日本経営倫理学会ガバナンス研究部会第 200 回記念誌（平成 26 年度）』pp. 59–62 及び『日本経営倫理学会ガバナンス研究部会年報（平成 27 年度）』pp. 143–149 を参考にして筆者作成）

図表Ⅱ-4-1　フレームワークと適用方法・適用事例の項目数

	原則	着眼点	適用方法	適用事例
統 制 環 境	5	20	25	36
リ ス ク評価	4	27	19	27
統 制 活 動	3	16	32	32
情報と伝達	3	14	19	26
モニタリング活動	2	10	11	20
合計	17	87	90	141

(1)　フレームワークの構成要素

　2013 年版 COSO でのフレームワークの構成要素については，旧 COSO を踏襲している。1）統制環境，2）リスク評価，3）統制活動，4）情報と伝達，5）モニタリング活動。

(2)　構成要素の定義

　フレームワークの定義に原則主義を採用していることが今回の COSO の特徴であるが，その定義として「原則」と「着眼点」を用いている。

　「原則」は上記の構成要素を 17 項目で定義し，基礎概念を提示している。

　「着眼点」は 17 項目の原則を 87 項目で定義し，原則の補完として提示されている。

(3)　フレームワークと適用方法，適用事例

　フレームワークの定義としては原則と着眼点までであるが，実用上の解説として［適用方法］と［適用事例］を提示している。

3. 2013 年版 COSO のフレームワークと着眼点・適用方法（但し，着眼点と適用方法が同一な項目は省略した。）及び筆者提言の「第Ⅱ部第3章第2節の倫理コンプライアンス・プログラム」との関連づけ紹介

(1) 統制環境

[原則1]　組織体は，誠実性と倫理的価値観に対するコミットメントを表明する。

　[着眼点]　　[適用方法]（**カッコ書き太文字**）

　・トップの気風を設定する（**誠実性と倫理価値観に関し模範を示す**）

　・行動基準を確立する

　・行動基準の遵守状況を評価する（**経営者その他の構成員，外部委託先，ビジネスパートナーを評価する**）

　・行動基準からの逸脱について適時対応する（**報告および即時対応のプロセスを整備する**）

◆詳細筆者提言　第Ⅱ部第3章第2節3.(2)参照。

[原則2]　取締役会は，経営者から独立していることを表明し，かつ，内部統制の整備及び運用状況について監視を行う。

　[着眼点]　　[適用方法]（**カッコ書き太文字**）

　・監督責任を確立する（**取締役会の役割，責任および権限移譲を確立する**）

　・関連する専門知識を活用する

　・独立性を保持する（**取締役会と経営者との会議に関する方針と実務を確立する**）

　・内部統制システムに対して監督する（**取締会の候補者を識別し，レビューする。経営者のアサーションと判断をレビューする。外部の見解を入手する。財務諸表の誤謬及び不正に関する内部通報者からの情報を検討する。**）

◆詳細筆者提言　第Ⅱ部第3章第2節3.(3)の③参照。

[原則3]　経営者は，取締役会の監督の下，内部統制の目的を達成するために組織構造，報告経路および適切な権限と責任を構築する

　　［着眼点］　　［適用方法］**（カッコ書き太文字）**

・事業体のすべての構造を検討する**（役割および報告経路を明確化し，それらの適合性を評価する）**

・報告経路を確立する

・権限と責任を明確化，付与および制限**（さまざまな経営階層における権限を明確化する。職務記述書および業務レベルの合意書を維持する。内部監査人の役割を明確化する）**

◆詳細筆者提言　第Ⅱ部第3章第2節3. (3)の③参照。

［原則4］　組織体は，内部統制の目的に合わせて，有能な個人を惹きつけ，育成し，かつ維持することに対するコミットメントを表明する。

　　［着眼点］　　［適用方法］**（カッコ書き太文字）**

・方針と実務を確立する

・能力の評価と能力不足へ対応する**（必要とされる知識，能力及び専門知識を確立する）**

・個人をひきつけ，育成し，維持する**（業務遂行能力の基準と採用，訓練，維持における確立された方針と実務とを結びつける。必要に応じて，財務報告に関する研修を識別し，実施する。適切な外部委託先を選択する。業務遂行能力及び職務態度を評価する。財務担当者の能力を評価する）**

・後継を計画し準備する**（財務報告に係る主要な役割を担う代替候補者を育成する）**

◆詳細筆者提言　第Ⅱ部第3章第2節3. (3)の①参照。

［原則5］　組織体は，内部統制の目的を達成するに当たり，内部統制に対する責任を個々人に持たせる。

　　［着眼点］　　［適用方法］**（カッコ書き太文字）**

・組織構造，権限および責任を通して承認する**（責任を明確化し，説明責任を履行する）**

・業績尺度，動機づけおよび報奨を制定する**（報酬およびその他の報奨を業績と関連づける）**

・適度なプレシャーを検討する

・業績評価および個人に対ずる賞罰を行う

◆詳細筆者提言　第Ⅱ部第3章第2節3.(3)の②参照

(2)　リスクの評価

［原則6］　組織体は，内部統制の目的に関連するリスクの識別と評価ができる
　　　　　ように，十分な明確さを備えた組織の目的を明示する。

　［着眼点］　　［適用方法］**(カッコ書き太文字)**

・外部財務報告を目的とする**(財務諸表の勘定科目，開示およびアサーショ
ンを識別する)**

・適用可能な会計基準に準拠する

・重要性を考慮する**(重要性を評価する。適用される基準の理解をレビュー
し，更新する)**

・事業体の活動を反映する**(事業体の活動の範囲を検討する)**

◆詳細筆者提言　第Ⅱ部第3章第2節3.(3)の⑤参照

［原則7］　組織体は，自らの目的の達成に関連する組織全体にわたるリスクを
　　　　　識別し，当該リスクの管理の仕方を決定するための基礎としてのリスク
　　　　　を分析する。

　［着眼点］　　［適用方法］**(カッコ書き太文字)**

・事業体，子会社，部門，業務単位，機能レベルを包含する

**(リスク識別プロセスを適用する。財務諸表の重要な勘定科目に対するリ
スクを評価する。事業体の構成員とミーティングを行う)**

・内部要因と外部要因を分析する

・適切な階層の経営者が関与する

・識別したリスクの重大性を見積もる**(識別したリスクの発生可能性と影響
度を評価する)**

・リスクへの対応方法を決定する**(リスク対応を評価する)**

◆主催筆者提言　第Ⅱ部第3章第2節3.(3)の⑤参照

［原則8］　組織体は，内部統制の目的の達成に関連するリスクの評価において，不正の可能性について検討する。

　［着眼点］　　［適用方法］**（カッコ書き太文字）**

・さまざまな不正行為を検討する。**（不正リスク評価を実施する。）**

・動機とプレッシャーを検討する。**（統制の回避と無効化の手段を検討する。報酬制度に関連した動機とプレッシャーをレビューする。）**

・不正を犯す機会を評価する。**（内部監査計画において不正リスクを検討する。）**

・姿勢と正当化を評価する。

◆詳細筆者提言　第Ⅱ部第3章第2節3.（3）の ⑤ 及び ⑯ 参照

［原則9］　組織体は，内部統制システムに重大な影響を与え得る変化を識別し評価する。

　［着眼点］　　［適用方法］**（カッコ書き太文字）**

・外部環境の変化に対して評価する。

・ビジネスモデルの変化に対して評価する。**（外部環境の変化を評価する。）**

・重要な変更に関連するリスク評価を実施する。

・リーダーシップの変化に対して評価する。

・職務継承による変化を検討する。**（CEO と上級責任者の交代を検討する。）**

◆詳細筆者提言　第Ⅱ部第3章第2節3.（1）参照

(3)　統制活動

［原則10］　組織体は，内部統制の目的に対するリスクを許容可能なレベルまで低減するのに役立つ統制活動を選択し整備する。

　［着眼点］　　［適用方法］**（カッコ書き太文字）**

・リスク評価を統合する。**（マトリクス，ワークショップまたは統制活動の一覧表を利用し，識別されたリスクを統制活動へマッピングする。）**

・事業体特有の要因を検討する。

・関連性があるビジネスプロセスを決定する。

・第三者へ業務を委託するに当たって，統制活動を適用または評価する。

・統制活動の種類の組み合わせを評価する。**（統制活動の種類を検討する。）**

・適用される活動レベルで検討する。**（職務の分掌に対する代替的な統制活動を検討する。）**

・両立しない機能を識別する。

◆詳細筆者提言　第Ⅱ部第3章第2部3. (3) の ⑤ 参照

[原則 11]　・組織体は，内部統制の目的の達成を支援する（IT）技術に関する全般的統制活動を選択し整備する。

　[着眼点]　　[適用方法]**（カッコ書き太文字）**

・ビジネスプロセスにおけるテクノロジーの利用とテクノロジー全般統制の間の依存関係を決定する。**（テクノロジーへの依存を文書化するためリスク・コントロール・マトリクス（RCM）を利用する。）**

・テクノロジー基盤に係る統制活動を確立する。**（エンドユーザー・コンピューティング（EUC）を評価する。）**

・セキュリティー管理プロセスに係る統制活動を確立する。

（IT 機能を第三者へ業務委託するに当たって統制活動を適用または評価する。）

・関連性のあるテクノロジーの取得，開発および保守プロセスに係る統制活動を確立する。**（アクセス制限と職務の分掌をサポートする IT 基盤を設定する。取引とデータに係る，網羅的で，正確かつ正当な処理をサポートする IT（システム）を設定する。セキュリティとアクセスを管理する。パッケージソフトウエアに関するシステム開発ライフサイクルを適用する。自社で開発したソフトウエアに関するシステム開発ライフサイクルを適用する。）**

◆詳細筆者提言　第Ⅱ部第3章第2部3. (3) の ⑭ 参照

[原則 12]　・組織体は，期待されていることが何であるかを明確にし方針とその方針を有効にさせる関連手続きに対する統制活動を展開する。

　[着眼点]　　[適用方法]**（カッコ書き太文字）**

・経営者の指示を展開することを支援する方針および手続きを明確にする。

**（方針および手続を整備し，文書化する。ビジネスユニットまたは機能の
リーダーを通じて，統制活動を展開する。）**

・方針および手続の実行に関する行為責任と説明責任を明確にする。

・適時に実行する。**（定期的および随時に統制活動の評価を実施する。）**

・是正措置を講じる。

・業務遂行能力を有した構成員が実行する。

・方針および手続きを再評価する。

◆詳細筆者提言　第Ⅱ部第3章第2節3.⑴及び⑶参照

⑷　情報と伝達

［原則13］　・組織体は，内部統制が機能することを支援する，関連性のある質
の高い情報を獲得・作成して利用する。

　［着眼点］　　［適用方法］**（カッコ書き太文字）**

・必要な情報を識別する。**（必要な情報の一覧を作成する。）**

・内部及び外部の情報源からのデータを捕捉する。**（外部の情報源から情報を
入手する。非財務部門の経営者から情報を入手する。）**

・関連するデータの情報を加工する。**（情報の保管場所を整備し，維持する。）**

・データ処理過程における品質を維持する。**（データを情報へ変換処理するた
めのアプリケーションを活用する。）**

・費用と便益を検討する。**（データ　ガバナンス　プログラムを通じて情報の
品質を高める。財務データと情報を識別し，保護および保持する。）**

◆詳細筆者提言　第Ⅱ部第3章第2節3.⑶の③参照。

［原則14］　組織体は，内部統制を機能させるために必要な内部統制の目的と内
部統制に対する責任を含む情報を組織内部に伝達する。

　［着眼点］　　［適用方法］**（カッコ書き太文字）**

・内部統制に関する情報を伝達する。**（外部財務報告目的と内部統制に関する
情報を伝達する。内部統制の責任に関する情報を伝達する。内部通報制度
について職員へ伝達する。）**

・取締役会に情報伝達する。**（取締役会への伝達指針を作成する。財務および**

内部統制情報を取締役とともにレビューする。)

・独立した伝達経路を整備する。(**代替的な報告経路を通じて伝達する。**)

・適合性のある伝達方法を選択する。(**機能横断的および多方向の内部統制伝達。プロセスおよびフォーラム（討論の場）を確立する。**)

◆筆者提言　第Ⅱ部第 3 章第 2 節 3.（3）の ⑩ 参照

[原則 15]　組織体は，内部統制の機能に影響を与える事項に関して，外部の関係者との間で情報伝達をおこなう。

　[着眼点]　　・適用方法（**カッコ書き太文字**）

・外部の関係者と情報伝達を行う。(**関連する外部関係者へ情報を伝達する。**)

・外部からの情報伝達を可能とする。(**外部の情報源から情報を入手する。外部関係者を調査する**)

・取締役会に情報伝達を行う。

・独立した伝達経路を整備する。(**通報制度について外部関係者へ伝達する。**)

・適合性のある伝達方法を選択する。(**外部監査人の報告をレビューする。**)

◆詳細筆者提言　第Ⅱ部第 3 章第 2 節 3.（3）の ⑫ 及び ⑬ を参照。

⑸　モニタリング活動

[原則 16]　組織体は，内部統制の構成要素が実在し機能していることを確かめるため，日常的評価および／または独立的評価を選択し，適用，実施する。

　[着眼点]　　[適用方法]（**カッコ書き太文字**）

・日常的および独立的評価の組合わせを検討する。(**モニタリング活動の組み合わせを定期的にレビューする。**)

・変化の速度を検討する。

・基準点を確立する。(**評価基準を識別し，活用する。**)

・知識豊富な構成員を活用する。(**ダッシュボードを整備し，適用する。**)

・ビジネスプロセスと統合する。(**モニタリング活動を支援するため，テクノロジーを活用する。**)

・範囲と頻度を調整する。

・客観的な評価を行う。**（独立的評価を実施する。独立的評価を実施するため，内部監査を活用する。外部委託先における統制を理解する。）**

◆詳細筆者提言　第Ⅱ部第3章第2節3.（3）の ⑭ 参照

［原則17］　組織体は，しかるべき立場にある上級経営者や取締役会を含む是正措置を講じる責任を負う者に対して，適時に内部統制の不備を評価し，伝達する。

　［着眼点］　　［適用方法］**（カッコ書き太文字）**

・結果を評価する。**（不備を評価し，報告する。）**

・不備を伝達する。**（不備の報告に関する指針を作成する。）**

・是正措置をモニタリングする。

◆詳細筆者提言　第Ⅱ部第3章第2節3.（3）の ③ 参照

第2節　2017年版新COSOについて

（八田進二，橋本尚，堀江正之，神林比洋雄：2018）より筆者要約

1.　ERMの定義

　2017年9月に改訂された，新COSOによるERM（**Enterprise Risk Management**：全社的リスクマネジメント）の定義は「ERMとは，組織体が，価値を創造し，維持し，実現する過程において，リスク管理のもとで策定された戦略の遂行と統合された，カルチャーと能力の実践である」（八田進二，橋本尚，堀江正之，神林比洋雄：2018）。戦略を遂行し，期待されるパフォーマンスを上げるには，戦略とリスクマネジメントを如何に統合・活用すべきかが強調されている。

　新COSOの5つの構成要素は，① カルチャーとガバナンス，② 戦略と目標設定，③ パフォーマンス，④ レビューと修正，⑤ 情報・伝達および報告となっている。特に，トップに ① カルチャーとガバナンスが入ったことが素晴

らしい。不祥事防止にカルチャー（企業文化）の果たす役割は実に大きいし，また，良きガバナンスなくして ERM も内部統制も全く機能しない。

　更に新 COSO の 20 の原則は具体的な進め方や事例を提示している。いわゆる全社的リスクマネジメントを導入している企業は，日本では未だ約 2 割と言われている。事業運営とはリスクをとることであり，そこから利益が生まれてくる。企業価値向上を図り，持続的成長を果たして行くには，リスクを幅広く捉え，「報われるリスク」と「報われないリスク」双方を意識した取り組みが経営者にとっては重要となる。従来からあった立体的なキューブはなくなった。

2. ミッション・ビジョン，コアバリューと，**戦略，リスク，パフォーマンスの関係**

　①戦略がミッション・ビジョン及びコアバリューに基づいているか ② 選択した戦略が示唆することは何か ③ 戦略の実行段階でのリスクをコントロールし期待されるパフォーマンスの向上が達成できると述べている。

3. **新 COSO の 5 つの構成要素と 20 原則の詳細**

(1) **ガバナンスとカルチャー**
①取締役会によるリスク監視を行う
②業務構造を確立する
③望ましいカルチャーを定義づける
④コアバリューに対するコミットメントを表明する
⑤有能な人材を惹きつけ，育成保持する

(2) **戦略と目標設定**
⑥事業環境を分析する
⑦リスク選考を定義する
⑧代替戦略を評価する
⑨事業目標を組み立てる

図表Ⅱ-4-2　ミッション・ビジョン・コアバリューと，戦略，リスク，パフォーマンスの関係

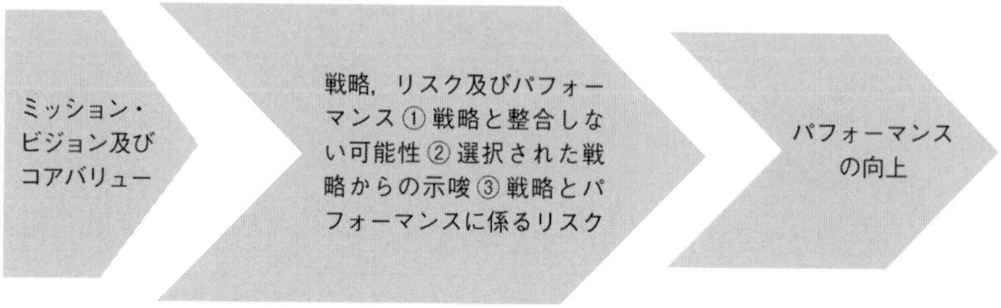

出典：「COSO・ERM2017」（一部変形）

⑶　パフォーマンス
⑩リスクを識別する

⑪リスクの重大度を評価する

⑫リスクの優先順位付けをする

⑬リスク対応する

⑭ポートフォリオの視点を策定する

⑷　レビューと修正
⑮重大な変化を評価する

⑯リスクとパフォーマンスを評価する

⑰全社的リスクマネジメントの改善を追求する

⑸　情報，伝達及び報告
⑱情報とテクノロジーを有効活用する

⑲リスク情報を伝達する

⑳リスク，カルチャー及びパフォーマンスについて報告する

4.　2017年版新COSOの特長

⑴　2013年版COSOでのフレームワークの構成要素
1）統制環境，2）リスク評価，3）統制活動，4）情報と伝達，5）モニタリン

グ活動及び17原則，87の着眼点，90の適用方法に比較すれば大幅に簡素化された。

(2)　ガバナンスとカルチャーがトップに来た

　ガバナンスを全社リスクマネジメント（ERM）の上位概念として持ってきたことは素晴らしい。取締役会がリスク監視を行うこと，そしてミッション・ビジョン・コアバリューに基づいて戦略と目標を設定することをあげている。「報われるリスク」を前面に出した。

　カルチャーについては，先に述べた如く，我々学者間では企業文化と企業風土（社風）とを以下の如く使い分けている。

　企業文化とは経営理念・倫理基準を含む行動規範・経営方針等（ミッション・ビジョン・コアバリュー）に主導されたベストプラクティスを長年積み重ねることにより培われた企業及び構成員の価値観・信念で従業員に判断の基準・コミュニケーションの基準・モチベーションの基準を与える。

　一方，企業風土（社風）は企業理念等の有無にかかわらず，組織構成員の間で共有認識として扱われている行動規律や価値観のことをいう（例：東芝の社風：軍隊組織，官庁：上意下達等）。このように企業文化と企業風土とは異なる。筆者はディフェンスラインの5番目に企業文化を持ってきている。第Ⅱ部第3章第2節3.(3)の⑦「ディフェンスラインとして第1線から5線までの確立」を参照されたい。

(3)　コアバリューについて
SMBCグループの理念体系
　出典：www.smfg.co.jp/company/principles.html

　SMBCグループでは，企業活動を行う上での拠りどころである経営理念に，当社がステークホルダーに対し果たすべき使命を掲げ，中長期的に目指す姿である「ビジョン」，すべての役職員が共有すべき価値観である「Five Values」と併せ，SMBCグループの理念体系として制定しています。

　三井住友フィナンシャルグループは，経営理念を2020年度からスタートする中期経営計画に合わせ「社会課題の解決を通じ，持続可能な社会の実現に貢

図表Ⅱ-4-3

経営理念
果たすべき使命

ビジョン
中長期的に目指す姿

Five Values
すべての役職員が共有すべき価値観

お客さまに，より一層価値あるサービスを提供し，お客さまと共に発展する
事業の発展を通じて，株主価値の永続的な増大を図る
勤勉で意欲的な社員が，思う存分その能力を発揮できる職場を作る
社会課題の解決を通じ，持続可能な社会の実現に貢献する

最高の信頼を通じて，お客さま・社会とともに発展する
グローバルソリューションプロバイダー

Integrity
　　プロフェッショナルとして高い倫理観を持ち誠実に行動する
Customer First
　　お客さま起点で考え，一人ひとりのニーズに合った価値を提供する
Proactive & Innovative
　　先進性と独創性を尊び，失敗を恐れず挑戦する
Speed & Quality
　　迅速かつ質の高い意思決定と業務遂行により，競合との差別化を図る
Team "SMBC Group"
　　多様性に富んだ組織の下で互いを尊重し，グループの知恵と能力を結集する

献する」を追加した。ビジョンは中長期的に目指す姿であり，Five Values は
全ての役職員が共有すべき基本的価値観を定めている。このトップに Integrity
（プロフェッショナルとして高い倫理観を持ち誠実に行動する）が来ているこ
とが素晴らしい。Values とは価値観の優先順位を示している。太田純社長は
「激変する社会の要請に応じえねば，存在価値はない。旧態依然のサービスを
提供しても誰も振り向かない。銀行は必要不可欠な存在か（日経ビジネス
2020.09.28）」と不退転の決意で述べている。

　さて，2017 年の新 COSO は，かなり「報われるリスク」である戦略性に重心
を置いている。現下の我が国の不祥事の連鎖を鑑みると，「経産省」が出され
た「グループ・ガバナンス・システムに関する実務指針」の**「4 内部統制シス
テムの在り方」**はこの新 COSO の考え方を大きく取り入れており，大変よくで
きているので参考ください（www.meti.go.jp/…/**2019**/…/**2019**0628003/**2019**06
2800…）。
　ここでの詳細なる紹介は省略。

第Ⅲ部

経営理念・倫理基準を含む行動準則・経営方針及び社会的責任とは何か

第1章

経営理念とは何か：JAL，トヨタを例として

第1節　経営理念の作り方

1. 経営理念は何故必要か

P. Drucker の教え子と自称する，Jim Collins（2010）の『Visionary Company③ 衰退の5段階』によると，協力者約50人により，1995年から2005年の10年間，衰退企業11社対比較対象成功企業10社（例えば，HP対IBM，メルク対J&J，モトローラ対TI等）の21社の分析から，「衰退の5段階」の法則と成功企業の基礎的要因として，「規律ある人材，規律ある考え，規律ある文化（価値観，責任の枠組みの中で自由に行動する文化），時代を超える基本的価値観と基本的存在理由の保持と，進歩を促す戦略・慣行」の4つを挙げている。これらを次のように解釈する。

①「時代を超える基本的価値観・存在理由」とは経営理念のこと。

②「規律ある人材，規律ある考え，規律ある行動」とは倫理基準を含む行動準則に基づいた考え・行動する人のこと。

③意思決定のフレームワークに規律を与えるのがコーポレートガバナンス・コードである。

④「進歩を促す戦略・慣行」とは経営方針・経営戦略のことである。

いずれも CG コードの中に出てくることである。

また，我が国では，伊丹（2013）が「経営者には，リーダー，代表者，設計者，という3つの役割の背後に，経営理念の策定者，経営理念の伝道者としての役割があるという。経営理念とは，組織の目的を理念として述べたものと，事業に関わる判断基準を述べたものの，二つの部分からなるだろう。経営理念

の重要性を強調して止まなかった松下幸之助さんの言葉を借りれば，経営理念とは，「"この会社は何のために存在しているのか，この経営をどういう目的でまたどのようなやり方で行っていくのか"，についての基本の考え方」（松下幸之助『実践経営哲学』p. 12）である。」と述べている。そして，経営理念を必要とする理由を三つあげている。

①組織で働く人々が理念的なインセンティブを欲するからである。人はパンのみにて生きるにあらず，である。正しいと思える理念をもって人々が働く時，人々のモチベーションは一段と高まる。

②理念は人々が行動をとり，判断するときの指針を与える。つまり判断基準としての理念を人々は欲するのである。

③理念はコミュニケーションのベースを提供する。同じ理念を共有している人々の間でコミュニケーションが起きるので，伝えられるメッセージのもつ意味が正確に伝わるのである。

　こうして，経営理念はモチベーションのベース，判断のベース，コミュニケーションのベースを提供するのである。だからこそ，そうした経営理念を経営者と働く人々は共有していれば，経営者の望む方向にいちいち細かな指示をださなくても働く人々が動いていくことになりやすい。それゆえに，「他人を通して事をなす」ために経営理念は非常に大切である（pp. 82-85）。と述べている。コロナ禍の今，会社の存在意義が問われている。2020 年 9 月 10 日「日経」新聞に寄ると，世界最大級のヘッジファンド，マングループなど 360 を超える機関投資家が署名。運用資産は約 1,010 兆円と世界全体の約 1 割に達する。「健康と安全を最優先せよ」と述べている。

2.　経営理念所有企業の業績との関係

　我が国における，1986 年〜2000 年までの 15 年間の 128 社（経営理念あり 64 社，なし 64 社）のパネルデータ（データの出所は「日経 NEEDS-Financial QUEST」による）（広田：2012，pp. 286-298 要旨）に基づくと，

①企業理念がある企業は，ない企業に比べて，利益率（特に ROA）が有意に高いことが明らかになった。また，企業理念がある企業は，

1）従業員の勤続年数が長い

2）経営陣に占める内部者の割合が高い

3）負債比率が低い，

傾向がある。

②一方，米・英では，経営理念がもたらす利益率への影響は必ずしも一貫しない。株主価値の最大化を善とする傾向が高いことが理由としてある。

　経営理念は，これまでマスメディア等では大きな注目を浴びてきたが，経済学における伝統的な企業モデル，すなわち株主第一主義（shareholder primacy）の見地からは重要なものとしてとらえられてこなかった。しかし，現代の先進国の企業の描写としてより適切と思われる企業モデル，すなわちステークホルダー型モデルの観点からは，企業経営における理念の重要性が明らかになる。経営理念があってこそ，企業が進むべき方向（どのステークホルダーにどのような価値を生み出すか）がメンバー間で共有され，またそれに向かって組織全体のモチベーションを高めることができる。かかる意味で，2019年 8 月 19 日，米経営団体，ビジネス・ラウンドテーブル（JP モルガン，アマゾン，GM 等の 181 人の CEO が参加）は 1997 年から明記してきた株主第一主義を見なおし，ステークホルダーの利益を尊重した事業運営に取り組むと宣言した。米国では所得格差の拡大で，富裕層増税や大企業解体等を唱える民主党左派[1] による大企業批判がミレニアル世代を中心に支持を得つつあり，これに対する危機感から，行動原則の修正を迫られたとみる。今後の動向に注視いたしたい。MIT 大学院講師の Robert C. Pozen は「一歩前進」と評価している（日経ビジネス No. 2009）。

　従って，今後は経営理念と業績との関係において，従来と異なった統計が出てくるかもものしれない。

　かかる観点からは，**CG コード【基本原則 2】**は重要である。

> 「上場会社は，会社の持続的な成長と中長期的な企業価値の創出は，従業員，顧客，取引先，債権者，地域社会をはじめとする様々なステークホルダーによるリ

1　ジョー・バイデン大統領候補は IT 企業や富裕層への課税強化で財源を確保し，大規模公共投資に舵を切る戦略公約を出した。

ソースの提供や貢献の結果であることを十分に認識し，これらのステークホルダーとの適切な協働に努めるべきである。**取締役会・経営陣は，これらのステークホルダーの権利・立場や健全な事業活動倫理を尊重する企業文化・風土の醸成に向けてリーダーシップを発揮すべきである**」。

との考え方は経営理念の意味づけの基礎を提供するものであるといえよう。

3. 経営理念の作り方

(1)　経営理念の作り方

　経営者は「会社は社会の公器である」との立場に立って，時代を超える基本的価値観・存在理由・目的意識などを言葉に纏めることは，さほど難しいことではない。通常は，以下の「経営理念作成フォーマット」に従って作成する。
　即ち，
①誰が（WHO）——経営者自身の思い・願望を，
②なぜ（WHY）——創業の精神（コアバリュー）はなにか。何故経営を進めるのか，
③何を（WHAT）——何を対象（目標・ミッション）にして経営を進めるのか，
④誰に（WHOM）——誰のために経営を進めるのか，
⑤どこを（WHERE）——事業ドメインをどこに据えるのか，
⑥どうする（HOW）——どのような未来像（ビジョン）で経営を進めるのか，
これ等の視点から，順序だてて作成していく。
　しかし，特に本書が対象にしている上場会社は，有価証券届出書を作成・提出して上場を許されている。その中には，「事業の状況」，「対処すべき課題」，「事業等のリスク」，「コーポレートガバナンス状況等」が含まれ，特に「コーポレートガバナンス状況等」の中に，「コーポレートガバナンスの基本方針」があり，この中で，経営理念や，内部統制の基本方針を記述している会社が殆どである。上場するに当たって，「経営者の思い・ミッション・事業ドメイン」などが全くない会社は上場できないと思う。従って，「経営理念作成フォーマット」のようなものに従って作成する必要はないと思うが，要は，経営理念は社

内の判断のベース，モチベーションのベース，コミュニケーションのベースを提供するのであることを忘れないでほしい。また，CG コードの【原則 2-1. 中長期的な企業価値向上の基礎となる経営理念の策定】において，

CG コードの【原則 2-1】

「上場会社は，自らが担う社会的な責任についての考え方を踏まえ，様々なステークホルダーへの価値創造に配慮した経営を行いつつ中長期的な企業価値向上を図るべきであり，こうした活動の基礎となる経営理念を策定すべきである」。

と述べている。従って，「何を」は「社会的責任」，「誰に」は「様々なステークホルダーへの価値創造」，の側面からアプローチすることを薦める。

　但し，経営理念に係る用語は多種多彩である。

①経営理念（あるべき基本の考え），

②社是（会社が是，即ち，正しいと思うこと），

③社訓（会社が遵守すべき教え），

④社憲（会社の憲法に相当する），

⑤綱領（物事の要点や指針をまとめたもの），

⑥信条（会社が信ずる道理），

⑦ミッション（会社は何のために，何をするのかの使命）

⑧ビジョン（会社の将来像・経営基本方針）

⑨コアバリュー（創業の精神，会社の判断の基準となる価値観）

などあるが，これ等はみな，広い意味ですべて経営理念である。これを具体的に掘り下げていったものが，倫理規範を含む行動準則なのである。従って，これらは一体のものであり，ばらばらに分離してはならない。

　日本経営倫理学会[2] は創立されてから 2023 年で 30 周年を迎えるが，その間，経営倫理に関する研究もかなり進んでいる。初代会長の水谷雅一（2008）（日本経営倫理学会編『経営倫理用語辞典』p. 55）は次のように規定している。即ち，

　「企業は他の組織体と違って，その目的を利益の極大化を志向するものとの考え方は，旧来からの工業化社会では当然だとして，そのためには飽くなき競争と効率の追求が求められると考えられてきた。しかし，ポストモダン社会の

今日では，企業も社会的存在として人間社会はもとより自然環境にいたる，あらゆるステークホルダーの各種ニーズを，企業が適切な対応を通じて充足させなければならない。今日CSRが叫ばれているが，そのような状況は，まさに企業の経営倫理の価値観そのものに通底している。「競争」と「効率」による利益も重要であるが，企業活動が「人間」や「社会」をも重視するという4つの価値基準をバランスよく重視する企業経営が求められる。実践的にはこの価値観を経営理念や行動指針として企業内外に周知徹底させることが求められている」と述べている

先に述べたように，この競争性，効率性，人間性，社会性の4条件の社会性から環境性が分離独立するほど重要視されるようになり5原理になったと筆者は思う。

他方，漠然と理念らしきものはあるが，明確ではないので，真にこれからその肉付けを考えていこうとする会社があれば，その社長の思いをトップのリーダークラスを巻き込んで半年ぐらいかけて，じっくりと作りこむ方が，参加意欲が湧くことと，その後の企業の末端までの浸透と全従業員のベクトルあわせのためには良い。専門のコンサルタント会社に支援してもらうこともあるかもしれないが，あくまでも支援であって主体ではない。また，経営環境の激変に伴い，創業者や前任者の作った経営理念を見直し，変更することも良い。実際に，経営トップの提言を踏まえ，52人のリーダーを中心にして纏め上げ，その後，再建を成し遂げた日本航空（JAL）のケースは参考になる。

2　日本経営倫理学会：創立1993年4月，東京に本部（電話：03-6441-0640）がある。学会の目的は，「本学会は，経営倫理問題に関する事項について，学術的かつ実際的な研究を行い，その研究成果の発表，診断指導技法の開発，国内及び諸外国における関連学会・研究団体との交流及び情報交換並びに連絡提携，関連資料等の刊行等の事業活動を通じて会員相互の協力と資質の向上を促進し，もってわが国における経営倫理問題の健全な発展に寄与することを目的とする。」である。2020年6月現在497名の学会員が参加している。
　テーマ別部会には「理念哲学研究部会」「**ガバナンス研究部会**」「企業行動研究部会」「CSR研究部会」「ESG・SDGs研究部会」「経営倫理教育研究部会」「関西地区研究部会」「中部地区研究部会」などがあり，活発な研究活動を行っている。国際的な経営倫理の学協会にも積極的に参加している。協力団体として「経営倫理実践研究センター（BERC）」及び「日本経営倫理士協会（ACBEE）」がある。現在（2020年），会長は潜道文子である。

第 2 節　経営理念を多くのリーダーを巻き込んで作り上げた日本航空（JAL）の事例研究

1. 道徳的リーダーシップとは

　稲盛和夫の経営哲学の中心にあるのは，道徳的リーダーシップであると思う。これはバーナード（Chester I. Barnard）がその著書『経営者の役割』（1938）で用いた言葉である。道徳的リーダーシップとは，「決断力，不屈の精神，耐久力，勇気などにおいて，個人が優越している側面であり，「人の行動に信頼性と決断力を与え，目的に先見性と理想性を与える[3]」ものである。

　バーナードの言う，道徳とは様々な諸要因が個人に働きかけることによって個人の内に形成される遵守力，私的行動準則である[4]。また，それは何が正しいか，何が間違っているかについて自分に向けられる内面的諸力である。これを**良心**と呼ぶこともある。リーダーシップの本質は組織道徳の創造のことであり，こうした道徳性がリーダーシップの質を支えている。これらを文字通り実践したのが経営者・稲盛和夫であると思う。この道徳的リーダーシップ研修こそが，所謂倫理研修であり，これは通常のリーダー研修とは異なる。リーダー研修は約 90％の企業が実施しているが，経営人材が育っているとの回答は31％にすぎない（2015 年 2 月，野村マネジメントスクールによる上場会社 120社調査）。その違いを以下で説明する。

2. JAL の経営破綻

(1)　組合対策の失敗

　1985 年 8 月 12 日，JAL は航空史上最悪の事故である御巣鷹山事件（死亡者520 人，負傷者 4 人）を起こしている。事態を重く見た当時の中曽根首相は，カネボウ会長の伊藤淳二を会長に送り込んだが，何を間違ったか管理職である

3　飯野春樹（1979）『バーナード経営者の役割』有斐閣新書，p. 151（バーナードの原文 p. 217）。
4　田中求之（2009）「チェスター・バーナード『経営者の役割』を読む」参照。

べき機長に組合権と団体交渉権を与えた。また，最大の会社側組合（1万人の JALFIO）を敵に回す。

⑵ 「政府・運輸族議員の関与」による財政基盤の脆弱化

　1970年，政府・運輸省は空港整備特別会計（空港特会）を作り，狭い国土に 98の空港を作る愚挙をとり続けた。この「空港特会」の年間5,000億円規模の 主たる財源は，2010年で航空燃料税，空港着陸料，航空援助施設利用料，合計 2,761億円，この内JALは毎年1,700億円負担していた。

　「空港特会」ができると，航空官僚の天下り団体が続々と誕生した。航空関 係の独立法人・特殊法人・公益法人・その他の団体を加えると，24団体630人 になる。

⑶　JALの機能分担型組織の問題点と経営執行サイドのリーダーシップ不在

　JALの組織は組合に呼応するかのように，運行，整備，客室，空港，営業， 企画の6部門から成り立っていたが，役割不可侵，あたかも別会社のようで あった。予算・目標は東芝やスルガ銀行と同じようにトップダウンで上から降 りてくるものであった。

⑷　「隠れ破綻」

① 2003年から2005年まで，航空機メーカーから航空機や部品を買ったときに 受け取るリベートを，航空機の値引きとして取得価格から減額せずに，営業外 収益（約400億円/年）とした。これがなければ5期連続赤字であったと推定さ れる。奇しくも東芝と同様に，新日本監査法人が担当していた。政策投資銀行 の指摘で，2005年以降これを止めさせた。

② 2006年3月期の退職給付関係の簿外債務が2,731億円存在し，且つ，所有権 移転外ノンリコースのファイナンス・リースの簿外債務が3,922億円存在した。 これを債務と認識すればこの時点で大幅債務超過となっていた。

(5)　**ナショナル・フラッグは潰れない・潰せないのうぬぼれ意識[5]**

(6)　**取締役会の機能不全**

　JAL の破綻原因を調べていた JAL 独立機関の「コンプライアンス調査委員会」は「重大事態に対する歴代経営者の不作為が原因で破綻した」との結論をだした。

3.　JAL の再建計画

　JAL は 2010 年 1 月 19 日会社更生法の適用を申請し，同年 11 月に，東京地裁は再建計画を承認した。その内容は
①燃費の悪い 4 機種の退役。
②国内 10，国際 39 の不採算路線からの撤退。
③ 48,714 人の人員を 3 年間で 16,117 人（33%）減らし 32,597 人にする。
④ホテル事業等の売却。
⑤既存株式の 100% 減資。
⑥金融機関が持つ債権の内 5,215 億円をカット（カット率 87.5%）。
⑦企業再生支援機構からの 3,500 億円の増資。
等であった。

4.　稲盛和夫 JAL 会長に就任，改革スタート

(1)　**道徳的リーダーシップ教育開始[6]**

　2010 年 2 月には稲盛和夫京セラ名誉会長が，JAL 会長に無報酬で就任した。最初に行ったのは，従来からあった外部研修屋に丸投げしていた「階層別のマネジメント研修」をやめさせ，「道徳的リーダーシップ研修」を始めた。京セラ

5　引頭麻実（2013）『JAL 再生』，p. 40。

6　稲盛和夫（2012）「再び成長路線へ」「日経」2012 年 10 月 31 日，「日経」2013 年 2 月 18 日〜21
　日「日航・稲盛和夫 1〜4」，PRESIDENT2013.3.18 号「稲盛和夫の叱り方」，pp. 23-33，及び引頭麻
　実（2013）『JAL 再生』，pp. 61-67 参照。

から３人の稲盛ブレーンを連れてきた（後述）。リーダーとは，自ら動いて周囲を巻き込み，結果として，中長期の企業価値を着実に高められる道徳観・倫理観を持った人材のことを言う。言い換えれば，JAL フィロソフィーと行動規範を，経営幹部から全社員・下請けに至るまで浸透・共有させ，業務における判断・行動が同じ倫理的価値観のもとで展開されることを意味する。これが道徳的リーダーシップ教育の目的であった。因みに，稲盛の経営哲学である「リーダーの役割 10 か条」とは，以下の通りである。

1. 事業の目的・意義を明確にし，部下に指し示すこと。
2. 具体的な目標を掲げ，部下を巻き込みながら計画を立てる。
3. 強烈な願望を心に抱き続ける。
4. 誰にも負けない努力をする。
5. 強い意思を持つ。
6. 立派な人格を持つ。
7. どんな困難に遭遇しても決して諦めない。
8. 部下に愛情を持って接する。
9. 部下をモチベートし続ける。
10. 常に創造的でなければならない。

　稲盛は経営改革の補佐役として，意識改革担当の大田嘉仁（リーダー研修担当専務執行役員に就任），アメーバ経営の専門家森田直行，経営管理のスペシャリスト米山誠の３人を京セラから連れてきた。彼らが倫理コードリーダーであり，相談指導員であった。2010 年 6 月，第 1 回道徳的リーダーシップ研修が経営幹部 52 名を対象として，平日 3 日間プラス土曜日の週 4 日で 17 回の集中カリキュラムが組まれた。

　この研修は稲盛氏の経営哲学である上記の「リーダーの役割 10 カ条」「経営

7　①経営 12 カ条：事業の目的，意義を明確にする，具体的な目標を立てる，強烈な願望を心に抱く，誰にも負けない努力をする，売上を最大限に伸ばし，経費を最小限に抑える，値決めは経営，経営は強い意思で決まる，燃える闘魂，勇気をもって事にあたる，常に創造的な仕事をする，思いやりの心で誠実に，常に明るく前向きに，夢と希望を抱いて素直な心で。
　②会計 7 原則：キャッシュベース経営の原則，一対一対応の原則，筋肉質経営の原則，完璧主義の原則，ダブルチェックの原則，採算向上の原則，ガラス張り経営の原則。
　③6 つの精進：誰にも負けない努力をする，謙虚にして驕らず，反省のある毎日を送る，生きていることに感謝する，善行，利他行を積む，感性的な悩みをしない。

12カ条」「会計7原則」及び,「6つの精進」[7]を中心とした倫理教育であったが,講義後は各グループに分かれての,缶ビール片手の車座討議と翌日までのレポート提出が義務づけられた。最初の頃は「製造業から来た老人の精神論に付き合う暇は無い」との懐疑的空気が流れていたが,徐々に「会長の話は目から鱗のような話が多くて,すごく腑に落ちた」との声が聞こえ始めた。研修の最後にある,缶ビール片手の車座コンパでの決意表明は1人3分であるが,延々と続き夜中の2時〜4時ごろまで掛かることがあった。意識改革は順調に滑り出し,8月には対象者も部長クラスへと裾野を拡大していった。

(2) JAL グループの新企業理念・フィロソフィー（企業行動規範）の作成・研修の開始[8]

　2010 年 7 月末,稲盛氏は記者会見で「JAL らしい企業理念,経営フィロソフィを本年内に作っていきたい」と述べた。8 月には「JAL フィロソフィ検討委員会」が道徳的リーダーシップ研修を終えた経営幹部中心に立ち上がった。メンバーには 517 頁の「京セラフィロソフィを語る」が事前に配布された。11 回の検討会を経て 4 ヵ月後に完成された。その後 130 名の社員の意見を草案に反映させ,2011 年 1 月,40 項目からなる「JAL フィロソフィ」が完成された。結果的に,約 90%京セラのものに近くなったが,JAL 独自の項目も入った。企業理念についても同時並行的に議論が進められ,同時に発表された。
① JAL グループの新企業理念
（以下,下線部は JAL オリジナルの項目,その他は京セラフィロソフィによる）[9]

> JAL グループは,全社員の物心両面の幸福を追求し,
> ・お客様に最高のサービスを提供します。
> ・企業価値を高め,社会の進歩発展に貢献します。

　「物心」の「物の幸福」とは賃金・賞与等であるが,「心の幸福」とは,全社

8　稲盛和夫（2012）「再び成長路線へ」「日経」2012 年 10 月 31 日,「日経」2013 年 2 月 22〜23 日「日航・稲盛和夫 5〜6」,PRESIDENT2013.3.18 号「稲盛和夫の叱り方」,pp. 23–33, 参照
9　引頭麻実（2013）『JAL 再生』,pp. 76–80 参照

員のモチベーション向上のため，心に火をつけることを考えた。因みに，破綻前の企業理念は「JAL グループは，総合力ある航空輸送グループとして，お客様，文化，そしてこころを結び，日本と世界の平和と繁栄に貢献いたします」とお客様志向は入っていたが，強固な戦闘的組合集団という岩盤によって浸透せず，所詮絵に描いた餅であった。

　企業理念において，お客様や社会貢献よりも，社員のことを最初に位置づけたことに対して，経営幹部から「社会貢献が一番ではないのか，何故一番に社員の幸福がくるのですか」との声が上がった。稲盛会長は「高慢な企業理念では社員にはわからんぞ。この会社で働き，幸せになりたいと思う社員がいて初めて，お客様へのサービスや企業価値，社会貢献が実現できる」と答えた。いかに JAL 従業員の心がすさんでいたか，会社への忠誠心が薄れていたかを稲盛会長は既に洞察していたのではないかと思う。これまでの JAL では想像も出来なかった企業理念が制定された。

② 40 項目の JAL フィロソフィ（企業理念を実現するための心構え）[10]

■第1部：すばらしい人生を送るために
第1章　成功方程式（人生・仕事の方程式）
人生・仕事の結果＝考え方×熱意×能力
第2章　正しい考え方をもつ
・人間として何が正しいかで判断する・常に謙虚に素直な心
・小善は大悪に似たり，大善は非情に似たり
・ものごとをシンプルにとらえる
・美しい心を持つ
・常に明るく前向きに
・土俵の真ん中で相撲をとる
・対極をあわせもつ
第3章　熱意を持って地味な努力を続ける
・真面目に一生懸命仕事に打ち込む
・有意注意で仕事にあたる
・パーフェクトを目指す
・地味な努力を積み重ねる
・自ら燃える

10　同上 pp. 80–94 参照

第4章　能力は必ず進歩する
第2部：すばらしいJALとなるために
第1章　一人ひとりがJAL
・一人ひとりがJAL
・率先垂範する
・尊い命をお預かりする仕事
・お客様視点を貫く
・本音でぶつかれ
・渦の中心になれ
・感謝の気持ちをもつ
第2章　採算意識を高める
・売上を最大に，経費を最小に
・公明正大に利益を追求する
・採算意識を高める
・正しい数字をもとに経営を行う
第3章　心をひとつにする
・最高のバトンタッチ
・現場主義に徹する
・ベクトルを合わせる
・実力主義に徹する
第4章　燃える集団になる
・強い持続した願望を持つ
・有言実行でことにあたる
・成功するまであきらめない
・真の勇気をもつ
第5章　常に創造する
・昨日よりは今日，今日よりは明日
・見えてくるまで考え抜く
・果敢に挑戦する
・楽観的に構想し，悲観的に計画し，楽観的に実行する
・スピード感をもって決断し行動する
・高い目標をもつ

　行動規範は，全社員の心をひとつにして，一体感を持ってお客様に最高の
サービスを提供することを，究極の目標とするとともに，職業人としていかに
生きるべきか，現場で判断に迷ったとき，どう対処するかを平易な言葉で綴っ

たものである。それはコミュニケーションとモチベーションの基盤を提供する。

　第1部では企業理念にある「全社員の物心両面の幸福を追求する」を実現するための，人としての心構えを示している。

　第1章では，稲盛会長の成功の方程式として有名な「人生・仕事の結果＝考え方×熱意×能力」が示されている。そして，第2章から第4章までには，この3要素である考え方，熱意，能力においてどのような心構えが必要かを示している。また，第2部では，企業理念にある「お客様に最高のサービスを提供する」「企業価値を高め，社会の進歩発展に貢献する」を実現するための，JALグループ社員としての心構えを示している。

　第2章から第5章までは，JALの企業価値を高めるための心構えを示している。これらの中で，最も重要なポイントは第2章にある「正しい考え方をもつ」である。「人間として何が正しいかで判断する」ことは，上記3要素の中で最重要事項であると述べている。これはCOSOの考えに符号する。

　JALフィロソフィ策定と同時に，社長を委員長とするJALフィロソフィ委員会が発足した。メンバーは各本部長を中心に構成され，年4回開催されている。委員会では，JALフィロソフィ浸透についての全社方針を策定するとともに，各現場の現状報告が毎年なされている。PDCAの管理サイクルを回して，ベスト・プラクティスを積み上げることが重要である。2011年2月には，JALフィロソフィ手帳が完成し，日本語版4万冊，英語版4,000冊，中国語版600冊，がJALグループ（パート・派遣を含む）及び業務委託先にも配布された。社員の受け止め方は「フィロソフィによって，戻るべき原点が出来たことは大きい」とか「すごく浸透してきているので，忘れてしまうことはないといった自信が，なぜかあります」と率直な感想を述べ，ベクトルが合い出した。

(3)　部門別採算制度（アメーバ経営）による意識改革[11]

　採算意識の欠如や，計画は企画部門からトップダウンで降ってくるものであったため，計画の共有意識がなかったことについては，前述の通りである。しかし，経営破たん後のJALは，経営幹部から現場まで，収益部門は勿論のこ

11　同上 pp. 99–105，pp. 113–118 参照

と，コストセンターでも，JAL フィロソフィに支えられた「部門別採算制度」が導入されたことによって採算意識が組織の隅々まで浸透した。

①組織改編と採算責任の明確化[12]

　2010 年 10 月まで経営企画本部に集中していた権限を大幅に削減し，機能別に分かれていた組織を改編した。

i　収益責任を負う事業部門として路線統括本部，旅客販売統括本部，貨物郵便本部を新設し，路線別収支の見える化を図った。

ii　航空運輸サービスを提供する事業支援本部として運航，整備，客室，空港の 4 本部とし，社内売上げ制度として収益目標（ i への付け替えコストに一定のマージンを載せる）を持ち，コストについての小集団活動が活発におこなわれるようになった。

iii　本社部門として，経営企画，経営管理，財務・経理，総務，人事の 5 本部に統合され，コストセンターとしての意識が高まった。

②業績報告会による職場での創意工夫[13]

　部門別採算制度導入に先立ち，業績報告会が始まった。1 回/月，2 日間開催され，役員全員・本部長・主要関連会社社長，支社長等 120 名が参加し，役員や本部長自らが，前月の収支とその理由及び当月の予定・次月の見込み，現在取り組み中の施策・課題を発表するということは，かつての JAL では考えられないことであり，劇的な変化であった。破綻前には月次実績は 3 カ月後であったが，1 カ月後に出すことに稲盛氏はこだわった。このころ現場では，不思議な現象がおきていた。目標数値を大幅に上回るコスト削減が，毎月実現されていった。JAL の財務部がいくら分析してもその要因が判らない数百億円の利益が積み上げり始めた。東芝のように「3 日で 120 億円出せ」というようなプレッシャーは全くなかった。一連の仕組みにより現場は，初めて経営に自主的に全員参加できる機会を与えられ，職場での創意工夫と目標達成に幸福感を感じ出した。確固たる経営哲学と精緻な部門別採算制度をベースとしたアメーバ経

12　同上 pp. 106-113 参照

13　同上 pp. 120-125 参照

14　アメーバ経営とは「組織を小集団に分け，市場に直結した独立採算制により運営し，経営者意識を持ったリーダーを育成し，全従業員が経営に参画する『全員参加経営』を実現する経営手法です」。

営[14] により全員のベクトルが合い出した。

(4)　機長組合・乗員組合等の変化[15]

　破綻前，JAL の労使関係は緊張していた。なかでも機長組合・乗員組合はその急先鋒であった。普通の会社では部長職にあたる機長は非組合員であるべきである。これはカネボウ会長の伊藤淳二が JAL 会長に就任した頃の失政である。しかし，破綻後，これらの組合は過去の姿から一変し，協力的になった。これまでなかった以下の ①〜④ を進んで行った。

①運航本部長によるパイロット等の運航乗務員に対しての，直接的説明機会の増加。

②「社員同士の信頼関係を取り戻そう」「プラスアルファのサービスを考えよう」「コスト意識を持とう」とのメッセージの度重なる発信。

③経営数値の開示と機長・運航乗務員間等での共有化。

④機長・運航乗務員だけでなく，異なる階層からなる JAL フィロソフィ教育とグループ討議による啓発。

　などにより，機長組合・乗員組合は「機長のタクシー通勤の取りやめ，給与などの待遇削減の受諾，会社側との話し合いを尊重する」などの声明を発表した。因みに，現社長の植木義晴は航空大学校卒，17 年間 DC-10 の機長であり，「情の植木」といわれ，敵を作らない親分肌の人柄である。東大卒しかなれなかった JAL 社長に彼を抜擢したこの人事は正に「稲盛マジック」である。

(5)　JAL のコーポレートガバナンスの新基本方針と体制

　JAL グループは，新企業理念のもと JAL フィロソフィを定め，適切な経営判断を迅速に行うと同時に，高い経営の透明性と強い経営監視機能を発揮するコーポレートガバナンス体制を確立し，企業価値の向上に努め，説明責任を果たすことを，コーポレートガバナンスの基本方針として，監査役設置会社であるが，任意の指名委員会（社長プラス「その他の取締役」で 5 名以内，「その他の取締役」の過半数は社外取締役）と任意の報酬委員会を持つ。2012 年 2 月時

15　引頭麻実（2013）『JAL 再生』，pp. 142-143 参照

点の取締役会は7名，うち独立社外取締役2名，監査役会は5名，内3名が独立社外監査役と40%以上が社外役員である。しかし，稲森和夫の強力な道徳的リーガーシップの下，社外役員の監督機能は霞んでしまい，力を発揮するのは稲盛氏が去った後になる。

(6)　稲盛経営哲学はいかにして培われたか

　稲盛氏は，物事を判断する際の最もベーシックな倫理的価値観とは「人間として何が正しいのか」「正義にもとることなかりしか」「動機善なりや，私心なかりしか」などであると述べている。こうした倫理観は常に自分自身の中で反省し，繰り返し反復しながら，何年も掛かけて次第に身に付くものであると述べている[16]。

①米国COSOの倫理的価値観と稲盛和夫の経営哲学

　先に述べた如く，1992年米国トレッドウェイ委員会組織委員会（COSO）は，「内部統制の統合的枠組み」を発表した。その中で，「倫理的価値観（Ethical Value）とは，『意思決定者をして，何が適切な行動様式であるかを決定させることを可能とする，道徳的な価値観のこと』であり，それは，何が適法であるかを超えて，**何が正しいかを基礎**においたものでなくてはならない」と述べている。

　JALの場合，「内部統制の基本システム」として，「JALフィロソフィ」をその基本におき，「人間として**何が正しいか**で判断する」等の40項目の精神を基軸において関連規程を定め，倫理監査を含めたPDCAの管理サイクルを毎年実施している。

　一方，東芝Group行動基準「13.　適正な会計」における基本方針として「会計に関する法令・基準を遵守し，一般に公正妥当と認められた会計原則に従って適正に会計処理と会計報告を行います。」と定めている。これを受けた東芝「役員・従業員の行動基準」として，

ｉ　会計情報を，一般に公正妥当と認められた会計原則に従って正確かつ適時に会計処理を行います。

16　同上 p. 148 参照

ⅱ　会計情報を，法令に則り正確にかつ迅速に開示します。

ⅲ　経理システムの維持・改善をし，財務報告に係わる内部統制の整備・運用に努めます。

と定めてあるが，全く遵守されなかったのは「内部統制の基本システム」としてのフィロソフィとその制度化が欠落していたためであろう。

「JAL フィロソフィ」の元になった，「京セラフィロソフィ」は 1992 年の COSO よりも，かなり早く **1961 年**に確立していた事実に驚かされる。既に，京セラは 1976 年に NYSE に上場していたので，**1992 年**に発表された COSO の倫理的価値観が奇しくも殆ど同じであることをこの時点で確認できたと思う。

②稲盛哲学の信念体系の誕生

ⅰ　1937 年頃，4〜5 歳の時に父に「隠れ念仏[17]」に連れていかれ「これから毎日，なんまん，なんまん，ありがとう」といって仏さんに感謝しなさい[18] といわれ，これが彼の感謝する心の原型になったと述べている。

ⅱ　1945 年，13 歳の時，肺浸潤を患った。そのときに「生長の家」の創始者谷口雅春の「生命の実相」の中にある「我々の心の内にそれを引き寄せる磁石があって，周囲から剣やピストルでも災難でも病気でも失業でも，引き寄せるのであります」[19] とのくだりに衝撃を受けている。稲盛氏は「心に描いたとおりに結果が現れる。従って，肺浸潤も心の反映である」との教えに「自分はやましいことを，思ったことがないのにと思いつつ，必死に善き想念を描こうと努力した」「善き想念とは，世のため人のために尽くすことである」との考えに到達した。これは谷口雅春さんの唱えた「感情・感覚・本能は外部に現れた現象世界であり，内部の純粋は心こそが実相である」との思想の影響を受けている。彼はここから仏教に関心を持ち始める。「生長の家」は松下幸之助にも影響を与えている[20]。

ⅲ　稲盛氏は育った薩摩の風土がその精神形成に影響を与えている。彼は京セ

17　隠れ念仏とは，江戸時代に薩摩藩で浄土真宗が弾圧されて以来，密かに活動を続けた念仏講の一つであると見られる。

18　稲盛和夫（2004）『生き方』，p. 141

19　稲盛和夫（2004）『稲盛和夫のガキの自叙伝』，p. 32

20　稲盛和夫（2001）『稲盛和夫の哲学』，p. 198，青木良和（2013）『変革のための 16 の経営哲学』，pp. 207–208 参照

ラの経営理念「全従業員の物心両面の幸福を追求すると同時に，人類，社会の進歩発展に貢献する」を創業 3 年目の 1961 年に，南州西郷隆盛が書「敬天愛人」（社是）を基に，将来の待遇保証を求めた 3 日 3 晩の労働争議の経験から作り上げている。「天を敬う」とは，自然の道理，人間としての正しい道，即ち，「人間として正しいことを貫く」ことであり，「人を愛する」とは人を思いやる「利他」の心をもって生きるべしという教えである。そのほか，「南洲翁遺訓（儒教）」より「動機善なりや，私心なかりしか」[21] をいただいている。

iv　稲盛氏は，善を実現するためには，実相にある不滅の魂を磨く必要があり，それこそが人生の目的であるとして，1980 年ごろから，禅の思想を学び，取り込んで行く。遂に，1997 年，臨済宗妙心寺派の円福寺で在家得度（僧名「大和」）し，托鉢を経験している。「日々反省をしながら善行を積もうと一生懸命努力していれば，その姿を見てお釈迦さまは慈悲の心で救ってくださる。この修行を通じて私はそう信じられるようになった」と述べている[22]。

また，上記 ii の「世のため人のために尽くすとの善の想念」と iii の「敬天愛人」とが「考え方」を指し iv の「一生懸命の努力が熱意を生む」ことから，京セラフィロソフィにある「人生の結果＝考え方×熱意×能力」が生まれていると考えられる。能力とは先天的な知力・体力等を指す。熱意と能力は 0〜100 までであるが，考え方は 100（正しい考え方）〜−100（悪い考え方）まで広がりがあり，最も重要な要素であると述べている[23]。我が国の企業文化には，石田梅岩の石門心学がある。心学とは「心」をもって人間の本質・真実とし，「道」を人のあるべき姿とし，調和を尊び，神道・儒教・仏教をも統合する，いわば日本人に内在する精神的なあるべき態度に立脚した企業文化である。稲盛氏の「心の経営システム」も「心」を大事にするところと，儒教・仏教（禅宗）から学んでいる点は近似している。

21　皆木和義（2008）『稲盛和夫の論語』，pp. 5-6，p. 24 参照

22　稲盛和夫（2001）『稲盛和夫の哲学』pp. 201-206 参照

23　稲盛和夫（2004）『生き方』，pp. 24-26，稲盛和夫（2012）『ゼロからの挑戦』，pp. 98-103 参照

5. 稲盛改革は不祥事を起こした一般企業にも適用可能な普遍性があるのかの検証

　以下に，稲盛経営哲学による経営改革は，東芝のような企業不祥事を起こした企業にも普遍的に適用可能なのか，単なる偶然なのかについて，学問的観点から，検証してみた。

(1)　高巌（2013）の稲盛改革の評価

　「それが究極的には『顧客を見る経営を蔑ろにしてきた』ことにあると考えている。それゆえ，JAL再生の道は，役社員の意識を『監督官庁・族議員を第一』から『生活者や顧客を第一に』へと転換させたことにあるといえよう。（中略）再建がうまくいった理由の一つに京セラで培われた『アメーバ経営』の導入があったとされる。これは，職場単位の収入と費用を把握させ，各職場の改善を促す経営手法であるが，これを持ち込んだことで，社員の意識は大きく変わった」（p. 539）と企業理念の一新とアメーバ経営による意識改革を評価している。しかし，稲盛氏の意向で政官界へのロビー活動を封印したが，今や，JALは羽田発着枠等でANAに大差を付けられた。完全民営化といえども，多くの許認可権を監督官庁が持ち，それに多くの地方空港から撤退したJALに対し自民族議員が不快感を持っており，また，2013年3月期末で1兆円弱の繰越欠損金を持ち当分税金を支払う必要がない点もANAと比較して優遇されているとみなされている。前途は楽観できないが，いつまでも族議員に固執するわけにはいかない。

(2)　水尾（2013）の「強い企業文化」論

　「企業文化には『強い企業文化』と『弱い企業文化』に区分することができる。さらに一元性と多元性の角度からも企業文化を分類することができる」「強い企業文化は内外の環境変化に対してタフな強さを有し，マネジメント・コントロールシステムの視点からは，組織のロイヤルティを強め，求心力の向上と一体感，組織の安定性とチームワークの協力体制の構築に結び付く。強い企業文化は革新力，即ち，新しい価値観を浸透・定着させるエネルギーを持ち，

企業文化の変革や組織改革に必要な与件となる。またこのことは経営資源の有効活用にもつながり，意思決定や行動に要する時間とコストと金銭的コスト，さらに労働コストの削減につながる」（p. 237）と述べている。即ち，不祥事を起こした企業には，新しいミッション・ビジョンや価値観を浸透・定着させるエネルギーを持ち，企業文化の変革や組織改革に必要な「強い企業文化」が必要であるといえよう。

　この「強い且つ JAL フィロソフィーなる一元的・強い企業文化導入」による経営改革の凄みは，「稲盛和夫の心の経営システム」において，如実に見ることができる。

(3)　稲盛和夫のリーダーシップ教育とバーナードの「道徳的リーダーシップ」との類似性

　青山（2011）は著書『京セラ稲盛和夫　心の経営システム』の中で，「リーダーの人格が企業に魂を入れる。心の経営がリーダーシップを必要とする 5 つの理由として，
①リーダーシップが経営理念を活かす。
②リーダーシップだけが人間の心を動かす。
③リーダーシップが挑戦と克服を可能にする。
④リーダーシップが組織に方向性を与える。
⑤リーダーシップが情報共有を可能にする」
と述べている（pp. 96-101）。

　これは，バーナード（Chester I Barnard）が言う道徳的リーダーシップ，即ち，「決断力，不屈の精神，耐久力，勇気などにおいて，個人が優越している側面であり，人の行動に信頼性と決断力を与え，目的に先見性と理想性を与える（前掲）」に通ずる概念である。稲盛和夫の「リーダーの役割 10 か条」をこれに当てはめると，決断力とは「強い意思を持つ」，不屈の精神とは「誰にも負けない努力をする」，耐久力・勇気とは「どんな困難に遭遇しても決して諦めない」，先見性とは「具体的な目標を掲げ，部下を巻き込みながら計画を立てる」，理想性とは「常に独創的でなければならない」ということになる。

　経営者，稲盛和夫はこの道徳的リーダーシップをもって JAL を再生したと

いっても過言ではない。不思議なことに 2010 年度の更正計画に基づく営業利益 641 億円に対して，実績は 1,884 億円であった。この改善額 1,243 億円の内 403 億円の増益要因は未だに要因不明である[24]。これは正に「人の行動に信頼性と決断力を与え，目的に先見性と理想性を与えた」結果，目に見えざる力が作用したのではないかと思う。ミッション・ビジョン・コアバリューの展開において道徳性が伴うと「強い企業文化」を支えることにつながることとなる。

(4)　稲盛フィロソフィの制度化と出見世の「倫理的行動の促進」

　「倫理的行動の促進（出見世：2012）―企業倫理の取り組みの相違」，によると，① コンプライアンス型 ② 職場環境主導型 ③ 価値共有型の 3 つを挙げている。

　稲盛和夫による「道徳的リーダーシップ教育」は L. S. Paine が主張した，個人の裁量拡大と責任ある行動の実現を目指した上記の ③ の価値共有型である。

　また，「JAL フィロソフィ研修」及び「部門別採算制度（アメーバ経営）」は職場研修及び小集団活動としての出見世理論の ② 職場環境主導型であり，風通しの良い職場と職場の裁量拡大をもたらした。ただし，アメーバ経営の主目的にアメーバリーダーの育成であるので，② と ③ が混在したシステムであるといえる。

　『アメーバ経営論』を著した三矢（2010）は京セラで「アメーバ経営」を学

図表Ⅲ-1-1　倫理的行動の促進（出見世：2012）

①コンプライアンス型	②職場環境主導型	③価値共有型
強制された基準に適用	職場に求められる基準に適用する	自ら選定した基準に適用する
違法行為の防止を目指す	「風通しのよい」職場を目指す	責任ある行動の実現を目指す
教育を行い，個人の自由裁量を縮小	教育を行い，職場の裁量範囲を拡大	教育を行い，個人の裁量範囲を拡大
個人は自己利益に導かれ自立的存在	個人は職場の人間環境により影響を受ける社会的存在	個人は自己利益，価値観に導かれる社会的存在

24　引頭麻実（2013）『JAL 再生』，pp. 16-39

び，その導入事例として，

①システック（PCメーカーの下請け企業で1995年までの7年間赤字であったが，導入後大変身を遂げた），

②ディスコ（半導体装置メーカーで黒字会社，フィロソフィーは導入せず，システムとして導入，無駄の排除等の効果あり），

③広島アルミニュウム（マツダ向け車アルミ部品メーカーで，90年代の円高不況で利益が低迷していたが，導入後「利益上の貢献」のスコアがはっきりと改善した）等の事例研究を行っている。

　その共通点は，単なる採算改善だけでなく，その背後にある企業文化・風土まで変化させ従業員の考え方を大きく変えてしまう点にある。かかる意味で，稲盛式「心の経営システム」は理論的にも理に適っている。特に，再生会社，長期の利益低迷会社，創業以来の極めて危機感の強い会社等に有効であるといえる。是非とも経営理念を全員参加で見直し，「何が正しいかで判断する」企業文化を企業の末端まで浸透させる価値共有化・制度化をシステマチックに図ることは大いに有益である。

　2013年12月現在，オーナー経営者を中心に約9,000名（内，中国の塾生1,400人を含む）が盛和塾[25]に所属し，国内外70拠点で稲盛氏から，人としての生き方（人生哲学），経営者としての考え方（経営哲学）を学んでいた。年に1回世界大会も開催されていた。所属企業の企業理念・経営フィロソフィ（企業行動規範）・アメーバ会計システムによる意識改革活動は，かなり京セラのそれらと近似しており，その心酔ぶりには驚かされる。恐らく日本最大の経営塾であったろう。JAL再生にあたり国内塾生が一人100人の仲間を集め「55万人JAL応援団」を結成し，JAL優先利用にとどまらず，グランドスタッフ等の多くのJAL社員に応援の言葉を添えたメッセージカードを渡し，破綻後のJAL社員の心の支えとなった。

　これらのことは，稲盛経営哲学が社会的受容（コンセンサス）を受け，経営陣（取締役会）を中心とした再建活動が，株主をはじめ，従業員，取引先，利

25　盛和塾は1983年に発足。京セラ，KDDI，ワタベウェッディング，ブックオフコーポレーション，バリュークリエイト等8,031人の主として中堅企業経営者・準経営者からなる日本最大の経営塾であったが，2019年末に解散。

用客等多くのステークホルダーに信認された結果であろうと思う。しかしながら，稲盛氏も 88 歳の高齢であり，2019 年末をもって，残念ながら，本部ならびに各地の盛和塾を解散し，その活動を終了することが決まった。

6．まとめ

①経営破綻する前の JAL は，素晴らしい企業理念，企業行動規範，再生中期プラン等を持っていたが，全く社員に周知徹底されなかったのは，取締役会及び経営陣が，日本で最強の「戦闘的組合集団」である機長組合等 8 組合を，とことん敵に回してまで，経営の根本的課題である，不採算路線の整理，高賃金・高年金の是正，隠れ債務の是正，意識改革運動等を，身命を賭してまでやらなかった不作為及び取締役自身の国土交通省や政治家志向からの脱却ができなかったこと，等による。

② JAL の再建は，JAL 会長に就任した稲盛和夫主導による，⑴ 道徳的リーダーシップ教育からスタートし，⑵ JAL グループ経営理念並びに JAL フィロソフィ（企業行動規範）の作成・研修及び⑶ JAL フィロソフィの浸透に支えられた「部門別採算制度」（アメーバ経営）の三位一体の「心の経営システム」としての活動によって，意識改革運動が企業の末端まで浸透すると共に，これに拍手喝采する社会的受容（コンセンサス）があった。それは C. I. バーナードの「権限受容説」につながる。その上に，不採算路線からの撤退，40％の人員削減，20％の人件費削減，最大 53％の企業年金削減等の再生戦略が社員や社会に共感を持って，受け入れられ 2 年 8 カ月で再建が成功したといえる。「稲盛氏の思想と実践は，個人の体験の域を超え，社会全体に大きな影響を及ぼす"社会哲学"になっている」（高巌：2015）といえる。理論的にも理に適っており普遍性がある。特に，再生会社，長期の利益低迷会社，創業以来の極めて危機感の強い会社等に有効であるといえる。是非とも経営理念を全員参加で見直し，「何が正しいかで判断する」企業文化を企業の末端まで浸透させる「ミッション・ビジョン・コアバリューの展開による価値観の共有化・制度化」をシステマチックに図っていただきたい。それは CG コードの 5 つの基本原則の有機的一体化である。単に CG コードを口頭試問を受けるがごとく，逐条 comply or explain を考えても持続的成長も中長期の企業価値の向上も果たせないであろう。

③再建時の救済措置返済

1) 既存株式の 100% 減資，

2) 金融機関が持つ債権の内 5,215 億円をカット（カット率 87.5%），

3) 企業再生支援機構からの 3,500 億円の増資，

等の支援を受けたが，3) は 2012 年 8 月 4,784 億円で売却でき政府は 1,284 億円の利益（約 30%）を出すことができた。1) と 2) は，歴代社外役員に，大株主や大口債権者である金融機関出身者等が名を連ねていたが，監督機能が有効に機能しなかった。JAL の破綻原因を調査していた独立機関の「コンプライアンス調査機関」は，「重大事態に対する，歴代経営陣の不作為により JAL は倒産した」と述べている。株式売買は自己責任とはいえ，一般株主は救われない。

　現在の JAL は CSR（ISO26000 採用，ESG，SDGs 等）に力を入れ，また，旅の計画から予約までをサポートする世界最大の旅行サイト「TripAdvisor®」は，トリップアドバイザー上で旅行者が高く評価したエアラインをランキング化した「トラベラーズチョイス™　世界の人気エアライン 2019」を発表し，日本のベストエアラインに JAL が 3 年連続選ばれている。

④ JAL 破たんから約 10 年「稲盛流」は風化したか

　稲盛氏が去り，約 10 年経つが，「かつての内向きで官僚的な社風が復活してきた」というのは元専務の太田嘉仁（元京セラ常務）である。植木会長による長期政権に警鐘を鳴らしている（2020 年 1 月 13 日「日経ビジネス」）。副操縦士によるロンドンでの飲酒問題で業務改善命令を受けた。新型コロナウイルス事件により，国際線は約 9 割の減便が 7 月以降も続くなど経営環境は厳しく，追加のコストカットに踏み切る。取締役と執行役員を対象とした役員報酬の自主返納を少なくとも 12 月末まで続けることを決めた（2020 年 6 月 27 日「日経」新聞）。

第3節 トヨタの企業理念の源流

1. トヨタの財政基盤と基本方針

　トヨタの 2019 年 3 月期の売上高は 30 兆 2,257 億円で，対前年 2.9％の増収，当期利益は 1 兆 8,829 億円であった。株主資本比率は 37.9％，ROE は 9.8％，有利子負債 19 兆 9,920 億円，現金同等物 3 兆 7,065 億円である。連結販売台数は 1,070 万台である。

　「これまでトヨタは，自動車産業という，確立されたビジネスモデルの中で成長を続けてきた。しかし今，「CASE[26]」と呼ばれる技術革新によって，クルマの概念そのものが変わろうとしています。そして，クルマの概念が変われば，私たちのビジネスモデルも変えていかなければなりません（出典：**global. toyota/**）−」と述べている。

2. トヨタの基本理念

（出典：global.toyota/）

> 1. 内外の法およびその精神を遵守し，オープンでフェアな企業活動を通じて，国際際社会から信頼される企業市民をめざす
> 2. 各国，各地域の文化，慣習を尊重し，地域に根ざした企業活動を通じて，経済・社会の発展に貢献する
> 3. クリーンで安全な商品の提供を使命とし，あらゆる企業活動を通じて，住みよい地球と豊かな社会づくりに取り組む
> 4. 様々な分野での最先端技術の研究と開発に努め，世界中のお客様のご要望にお応えする魅力あふれる商品・サービスを提供する
> 5. 労使相互信頼・責任を基本に，個人の創造力とチームワークの強みを最大限に高める企業風土をつくる

---

26 Connected（コネクティッド），Autonomous ／ Automated（自動化），Shared（シェアリング），Electric（電動化）の 4 つの頭文字をつなげた言葉で，この新しい領域での技術革新が，クルマ，ひいてはモビリティや社会のあり方を変えていくと想定されている。

6. グローバルで革新的な経営により，社会との調和ある成長をめざす
7. 開かれた取引関係を基本に，互いに研究と創造に努め，長期安定的な成長と
　 共存共栄を実現する

　トヨタは，'92年1月「企業を取り巻く環境が大きく変化している時こそ，確
固とした理念を持って進むべき道を見極めていくことが重要」との認識に立
ち，「トヨタ基本理念」を策定した（'97年4月改定）。

●創業以来受け継がれてきた「豊田綱領」の精神はトヨタ基本理念とトヨタグ
ローバルビジョンに生かされている。

　創業以来今日まで，トヨタの経営の「核」として貫かれてきたのが「豊田綱領」
です。トヨタグループの創始者，豊田佐吉の考え方をまとめたもので，「トヨタ
基本理念」の基礎となっています。当初は確固たる形があったわけではありませ
ん。しかし関係会社の規模が拡大するにつれ，従業員に周知徹底すべく明文化す
る必要性が出てきました。そこで草創期の豊田利三郎，豊田喜一郎らが佐吉の遺
訓としてまとめ，世に出たのが「豊田綱領」です。佐吉の6回忌に当たる1935年
10月30日のことでした。

豊田綱領
豊田佐吉翁の遺志を体し

一、上下一致、至誠業務に服し、産業報国の実を挙ぐべし。

一、研究と創造に心を致し、常に時流に先んずべし。

一、華美を戒め、質実剛健たるべし。

一、温情友愛の精神を発揮し、家庭的美風を作興すべし。

一、神仏を尊崇し、報恩感謝の生活を為すべし。

●ステークホルダーとの関係を念頭におき，「トヨタ基本理念」の解説として CSR 方針「社会・地球の持続可能な発展への貢献」を作成しました。

3. トヨタの「トヨタグローバルビジョン」

（出典：global.toyota/）

> **未来のモビリティ社会をリードする**
> トヨタは，絶えず新しい技術・手法を追求し，自らを革新し続けます。私たちはチャンスをつかみ，未来を切り拓いていきます。
> **「未来のモビリティ社会」**
> トヨタは，今までなかった交通手段や移動手段を開発し，よりよい生活のための新しいテクノロジーを追求します。
> **世界中の人々の暮らしを，社会を豊かにしていく**
> トヨタはモノづくりの精神を大切にしながら，雇用を生み出し，人を育て，社会に貢献していきます。
> **常に時代の一歩先のイノベーションを追い求める**
> 私たちの目指すゴールは，「もっといいクルマ」をお客様に提供することです。そこのためには，常に自らを革新し続け，新しい技術を生み出し，時代の先頭に立ち続けなくてはなりません。
> **地球環境に寄り添う意識を持ち続ける**
> 私たちは，トヨタが行う全ての活動について，地球環境への配慮を忘れません。そのために，私たちは環境に配慮したシステムやソリューションの研究・普及に努めます。
> **期待を常に超えていく**
> 私たちはお客様のニーズを先取りし，それを実現することで，お客様の期待を超えていきます。

　トヨタは 2011 年 3 月に経営環境の激変を想定し，「トヨタグローバルビジョン」を発表し，「ビジョン経営」のスタートを切った。それは，「トヨタ基本理念」や「豊田綱領」など創業以来の共通の価値観を踏まえて，お客様の期待を超える「もっといいクルマ」づくり，「いい町・いい社会」づくりに貢献することで，お客様・社会の笑顔をいただき，それを「安定した経営基盤」につなげていく，というものである。

この 2011 年 3 月作成の「トヨタグローバルビジョン」において，豊田社長は次のように述べている。

「最初の "Toyota will lead the way to the future of mobility" は，豊田綱領にある『研究と創造に心を致し，常に時流に先んずべし』という理念が端的に表現されています。次世代のモビリティ，たとえばパーソナルモビリティのような新しい移動手段や，クルマとスマートグリッドなどのような，エネルギーと情報技術との融合なども含めて，技術革新で産業をリードしてまいります」。

4.　2009〜2010 年に米国で燃え盛ったリコール問題

基本的に会社活動は，常日頃から社会からの信頼と共感を受けていることが重要であり，それなくして企業の長期的繁栄はない。それはレピュテーション・リスクの低減につながる。これなくしてコーポレートガバナンス・コードの目的の一つである「持続的成長」は不可能である。

基本理念の一番目に「内外の法およびその精神を遵守し，オープンでフェアな企業活動を通じて，国際社会から信頼される企業市民をめざす」と二番目に「各国，各地域の文化，慣習を尊重し，地域に根ざした企業活動を通じて，経済・社会の発展に貢献する」があり，これを基盤にして，「良き企業市民」を目指し，米国現地工場近郊に根を張っていた，あのトヨタでさえ，2009〜2010 年に米国で燃え盛ったリコール問題での苦い経験がある。

日本側は米政府の期待に沿ったテンポで対応できず，反トヨタの感情が拡大した。社長が米議会に呼び出された。最終的に米当局から「欠陥は見当たらない」との報告が出たが，失った信頼と和解による損失は甚大であった。

一方，GM は 2004〜2005 年に社内でリコールを問う指摘があったが，この頃から 3 連続赤字に突入していったため大量リコールをひたすら隠していた。その後，2009 年 6 月 1 日，GM は連邦倒産法第 11 章の適用を申請した。丁度この頃 2009 年〜2010 にかけて上記の「トヨタ・バッシング」なる 1,000 万台（自主改修 260 万台を含む）のトヨタ大量リコール事件が起きた。この時点までに約 2,300 億円以上の制裁金等を払わされている。この「トヨタ・バッシング」は経営再建中の GM への米政府・議会の側面援助だったとの噂がある。しか

し，トヨタは全社一致団結して，企業理念のもとこれを見事に凌いだ。

　「第 32 回日経企業イメージ調査」でトヨタは 19 年連続で 1 位となっている（2020 年 2 月 19 日「日経」新聞）。

第2章

倫理基準・行動準則と米国司法省の
コンプライアンスガイドライン

第1節　米国で育った倫理規範・行動準則とは何か

1. はじめに

　そもそも，倫理規範（Code of Ethics）と行動準則（Code of Conduct）の制定は米国で法律と上場規則で定められている。即ち，SOX法（Sarbanes-Oxley Act of 2002）の第4章406条に基づき，SEC（US Securities and Exchange Commission）は，その施行規則を公布している。この中で，倫理基準（Code of Ethics）を間接的に強制している。これを受けて，NYSE（New York Stock Exchange）と NASDAQ（National Association of Securities Dealers Automated Quotations）は上場規則において，行動準則（Code of Conduct）を定めることを求めている。ここまで来るには，長い歴史がある。
　一方，我が国には，CGコードの【原則2-2. 会社の行動準則の策定・実践】が入るまでは存在しなかった。

2. 米国量刑ガイドラインの制定の歴史

①初めて Ethics なる文言が米国の法文上現れたのは，1940年の連邦証券法の中の投資会社法である。文中に「SECが作成・適用する規則・規制には Code of Ethics の適用が含まれる」との一文がある。Business Ethics and Conduct として正式に表示されたのは1986年の「防衛産業イニシアチブ」即ち，防衛産業に関わる契約業者が守るべき企業倫理と行動に関する協定である。

②米国の倫理コードの導入とその実効性に大きく影響を与えたのは，1987年の「連邦量刑ガイドライン」である。1991年11月の改正において，企業等の違法行為に対する量刑指針が明示されただけでなく，企業が効果的なコンプライアンスや倫理プログラムを保有している場合，科された罰金が軽減される。

　2019年7月11公表された「実効性のあるコンプライアンス・プログラムについてのガイドライン」によると，コンプライアンス・プログラムを作っていたとき3ポイント軽減される（USSG§8C2.5(f)(1)）。但し，上級職員が違反行為に参加し，違反行為を見逃し，故意にこれを無視した場合は軽減されない（同(3)(A)）。違反行為に気づいた後に政府への報告を合理的理由なく遅らせた場合には軽減されない（同(2)）。これは企業が不正を行った場合に，社内的な倫理・コンプライアンスの制度を講じていたかどうかによって罰金レベルに差をつけようというものであり，企業内制度の拡充を推進しようとするプログラムである。何か不祥事が起った時には「これは企業ぐるみか，組織ぐるみか，個人が行ったものか」が問題となる。但し，『企業ぐるみでない』という弁明の真偽の検証は往々にして『やぶの中』と言うことが多い。連邦量刑ガイドラインでは常日頃から企業内コンプライアンス・プログラムを確立して，教育・研修など社内への徹底を図る地道な努力を続けている企業の場合には，仮に不正が起きたとしても「会社ぐるみでない」という弁明に客観的な証拠ありとみなして，罰金を軽減する措置が行われるようになった。不祥事に対する罰金額が最大で80倍も違ってくることから，全米の企業がコンプライアンス・プログラムの制度を整えるようになった。

③米国量刑ガイドラインは，1991年に制定後，2004年に詳細に改正がなされたが，さらに実効性を高めるための改正が2010年に行われた（2010年4月7日に量刑ガイドライン委員会により採択，2010年11月1日に施行）。

　「法律違反を予防し発見する効果的プログラム」とは，一般的に違法行為の予防及び発見に効果的なものとして，合理的に設計，実施されているプログラムを意味し，合理的というために，企業に7原則を規定している。

④連邦量刑ガイドラインが定めるコンプライアンス・プログラムの7つの基準とは，法令等遵守のための有効なコンプライアンス・プログラムの要件は，7つの基準を満たすプログラムを策定・実施することであるとされている。但

し，具体的にどのような施策を実施すればよいかについては，各企業の自主性に委ねられている。

　連邦量刑ガイドラインの7原則の詳細は第Ⅱ部の図表Ⅱ-3-4に掲げたので，参考にされたい。ここでは，米国司法省が不祥事後に各社のコンプライアンス・プログラムが有効に機能していたのかを評価・分析する判断項目を示したい。最新のものは2020年6月に出されている。「リスク評価の設計」では，リスク管理プロセスの在り方，リスク程度に応じたリソースの分配，「研修とコミュニケーション」ではリスク・ベースの研修等単なるペーパー・コンプライアンスの整備では意味がないことを改めて企業に迫っている[1]。

⑤講ずる企業倫理を機軸にマネジメントすることが結局は「倫理的振る舞いの

図表Ⅲ-2-1　米国司法省のコンプライアンスガイドラインにおける9の評価・分析項目一覧表

①プログラムの設計及び包括性（USSG§8B2.1 (a)）
コンプライアンス・プログラム（CP）の浸透度合い，従業員等によるプログラムの容易なる利用可能性，書面化されているか等の制度設計と全体としての包括性の面から分析する。即ち，机上の空論を嫌う。
②企業内のコンプライアンスの文化（USSG§8B2.1 (a), (b)(2)(A)）
トップによるマネジメント・レター（tone from the top）を重視する。経営陣によるコンプライアンス実現努力，上級職員によるコンプライアンス文化の育成努力の有無等の観点から分析する。
③反トラスト法コンプライアンスの責任者及び専従の人員がいるか（USSG§8B2.1 (b)(2)(C)），CPの運用責任者はトレーニング，監督，監査及びプログラムの定期的な評価のために十分な資源を確保しているか。組織内で十分な独立性，権限及び地位を保持しているか。即ち，専従者でなくてはならない。
④反トラスト法違反のリスク評価の技術を保有しているか（USSG§8B2.1 (a)）
⑤従業員へのコンプライアンストレーニング及びコミュニケーションは十分か（USSG§8B2.1 (b)(4)(A)）
⑥反トラスト法CPの継続的見直し，審査，及び改訂を含むモニタリング及び監査の技術を有しているか（USSG§8B2.1 (b)(5)(A)(B)）
⑦報告メカニズム（USSG§8B2.1 (b)(5)(C)）
内部通報システムの有効性からの分析を重視。
⑧コンプライアンスの奨励及び懲戒の実施状況を見る（USSG§8B2.1 (b)(6)）
⑨反トラスト法違反行為発見時における是正措置とCPの役割を重視（USSG§8B2.1 (b)(7)）
CPによって全ての反トラスト法違反行為を防ぐことができるわけではないが，是正措置やCPの修正で再発を防止することができる。早期発見や早期反トラスト局への報告はリニエンシー申請を可能とする。

1　監査役 No. 712 柿崎環（2020.8.28），pp. 36–37 参照

企業は継続・発展する」という新しいコンセプト（貫井：2002）に企業が気づく契機となった。その意味で「米国量刑ガイドライン」や「米国司法省のコンプライアンスガイドライン」の存在は企業倫理体制の普及促進に絶大な影響があったといえる。倫理に関する懲罰的な罰金制度のない日本との彼我の差は大きいといわざるを得ない。従って，わが国では，日本経営倫理学会（既に説明済み）や経営倫理実践研究センター[2]，日本経営倫理士協会[3] 等の諸団体による

---

2 **一般社団法人　経営倫理実践研究センター**（Business Ethics Research Center **(通称BERC)**）は企業の経営倫理を実践研究する我が国初の産学共同の専門機関として 1997 年に発足した。そして，日本経営倫理学会・日本経営倫理士協会との強い連携のもと，経営倫理・コンプライアンス（含むパワハラ・セクハラ）・リスクマネジメント・内部統制・CSR・CSV・コーポレートガバナンス・米国連邦腐敗防止法・国内外独禁法などについて，内外の最新情報の収集と研究，企業活動におけるコンサルティング，インストラクターの養成，広く企業人への啓発普及など，文字通り具体的な研究と実践に努めてきた。その結果，企業会員も一流企業中心に約 170 社。参加企業数において我が国最大の経営倫理実践研究センターとなることができた。『経営倫理』なる内容のある雑誌を刊行している。また，各種シンポジュウムや時局セミナーにおきまして，「経団連」様の後援をいただいている。

　　所在地：〒 107-0052　東京都港区赤坂 1-1-12 明産溜池ビル 8 階，
　　電話：03-6441-0640 中村　暢彦（事務局長）
　　URL：http://www.berc.gr.jp/

3 **特定非営利活動法人　日本経営倫理士協会**（Association of Certified Business Ethics Expert JAPAN，通称：**ACBEE JAPAN** は，倫理に係る重要課題に対応するスペシャリスト「**経営倫理士**」の育成および諸活動を支援することが目的です。連続する企業不祥事を引き金として，我が国企業の経営倫理を問う声が，内外で増大しています。これに対応して，多くの企業が，経営倫理や CSR に取り組む姿勢が，次第に強化されつつあるのが最近の大きな流れです。この対応強化の動きを，いっそう強めることが緊急課題です。しかし，いま企業が経営倫理の実現を具体的に進める上で，充分な知識やノウハウが確立されていないのが現状です。この重要テーマに役立つべく設けられたのが，NPO 法人日本経営倫理士協会です。

　　厳しい環境下のビジネス活動には，多くの危機管理テーマがあり，組織内に「**経営倫理士**」を配置しておくことこそ，いま，ビジネスインフラ形成上の絶対必要条件です。この「**経営倫理士**」資格取得のための講座運営が，本協会の役割です。企業不祥事対応をはじめ，本格的に経営倫理に取り組もうとする組織のための人材育成が目標です。発足して，この 18 年間に 535 名（200 を超える企業・団体）の「**経営倫理士**」を認定しています。現在，これらの「**経営倫理士**」は，それぞれ組織で経営倫理・CSR 等を担当し，スペシャリストとして活躍中です。

　　「**経営倫理士**」資格取得のための講座内容も，年々レベルアップしています。その時に経済情勢，社会的要請にもとづいた講師の選定，講座編成は高い評価を得ています。資格取得に際しての審査は公正・適切に行われ，「**経営倫理士**」のステータスを高めています。講座は，経営倫理実践研究センター（BERC）と日本経営倫理学会（JABES）の全面協力のもとに開講しています。現在，会長は潜道文子です。

　　所在地：〒 107-0052　東京都港区赤坂 1-1-12 明産溜池ビル 8 階，
　　電話：03-6441-0640

啓発・普及活動や企業自らの自主努力に基づく倫理的風土の普及促進に力を入れざるを得なかった。

　また，2015年の6月，**CG コードの【原則 2-2. 会社の行動準則の策定・実践】が入ったことは，事業倫理活動にとって正に画期的なことである。**

【原則 2-2. 会社の行動準則の策定・実践】
　上場会社は，ステークホルダーとの適切な協働やその利益の尊重，健全な**事業活動倫理**などについて，会社としての価値観を示しその構成員が従うべき行動準則を定め，実践すべきである。取締役会は，行動準則の策定・改訂の責務を担い，これが国内外の事業活動の第一線にまで広く浸透し，遵守されるようにすべきである。(注〔背景説明〕として，「上記の行動準則は，倫理基準，行動規範等と呼称されることもある。」)

---

3. COSO による「内部統制の統合的枠組み」の公表 (1992 年)

　先に述べた如く，トレッドウェイ委員会組織委員会（COSO＝The Committee of Sponsoring Organization of the Treadway Commission）は「共通の内部統制の統合的枠組み」を明らかにするため，1992 年に統制環境要因として誠実性（Integrity）と倫理的価値観（Ethical Value）を取上げた画期的内容を公表した。意思決定者は「何が適法か」超えて「何が正しいか」を決めなくてはならないと述べた。この考え方は，その後 L. S. Paine の Value Shift 論 (2004) や「2004 年版 OECD のコーポレートガバナンス原則」にある「高い倫理基準の適用」や「倫理的行動の枠組みは法令遵守を超える」に継承・深化される。即ち，「企業倫理の制度化」を法令遵守の上位概念として述べている。そして，「内部統制の有効性は，内部統制を設定し，管理し，監視する人々の誠実性と倫理的価値観の水準を超えることはできない。それらは統制環境の不可欠の要素であり，内部統制のそれ以外の構成要素（リスクの評価と対応，統制活動，情報と伝達，モニタリング，IT への対応）の設計，管理及び監視基準に影響する。全ての職位に亘って強固な倫理的環境を確立することは，企業の繁栄を図る上でも，従業員や社会の方々にとっても極めて重要であり，且つ，企業の方針や統制システムの有効性を大きく高める」と内部統制に関わる経営陣や

管理者の誠実性と倫理的価値観等のモラルの高さが内部統制の有効性を決める
と述べている。このことは，如何に経営陣や管理者の倫理教育が重要であるか
を述べている。

　一方，我が国において，効率性の観点から，いくら内部統制の「見える化」
を図るために，手続きや基準書を詳細に決めてもコストばかり掛かり実効性が
上がらないとの意見がある。内部統制システムという制度だけではなしに，そ
の運用と経営者・管理者の資質（倫理的価値観）を高め，相互信頼の企業文化
を育てることはさらに重要である。特に，グローバル企業にとっては，
①日本の企業文化を海外にまで持ち込み，現地を説得できるのか。
②最近の FCPA（米国腐敗行為防止法）や海外独占禁止法の強化の動きと日本
の企業文化の持ち込みとの融合について，現地法人は対処できるのであろうか。
③会社法では，企業集団の適正を確保するための体制（会 362 条 4 項 6 号）で
ある企業集団内部統制の考え方が明確に出され，適正な企業集団内部統制を構
築・運用しないと，親会社役員が善管注意義務違反に問われることもありうる。

　このような問題があり，日本の企業文化を海外に持ち込み，内部統制の手続
きの現地化を図ることはそう簡単ではない。日本の企業文化のうち，創業者の
思い・経営理念や国際的行動準則等を持ち込み，あとは現地のハードローやソ
フトロー（法律・規則・米国 COSO の考え方等）に従うべきであろう。

　次に，米国 COSO は，事業上のリスク全てを掌握し対策を取る「全社的なリ
スク・マネジメント（ERM＝Enterprise Risk Management）」の必要性が叫ば
れため，7 年間検討を重ね，2001 年に検討終了していた。その矢先にエンロン
事件が起こり公表延期となり，2004 年に「New COSO」として公表されるま
で，実に 10 年を要した。我が国では八田・鳥羽・高田等（1996）により「内部
統制の統合的枠組み（理論編）」が著書として発行され，9 年後の 2005 年 12 月
に金融庁企業会計審議会内部統制部会より，所謂，基準案（日本版 COSO）が
行政から正式に示された。残念なことに，この空白の 9 年間に，1996 年の住友
商事銅簿外取引事件（損失額 18 億ドル），2003 年の足利銀行破綻事件（233 億
円債務超過），2004 年の西武鉄道事件（「有報」偽偽記載），2005 年の鐘紡粉飾
決算事件（2,150 億円粉飾）の 4 大不祥事等が起った。

　2013 年 5 月，米国 COSO より，1992 年発行の「内部統制の統合的枠組み」

を全面的に見直した改訂版が公表された。この改訂は従来の内部統制の定義や評価・管理方法を変えるものではなく，内部統制の5つの構成要素を支える概念を17の原則として明示したこと及び非財務報告も対象に含めた。特に，後者は現在の株式時価総額の約80％が非財務情報，即ち，環境価値・社会価値・顧客満足度・主要リスク評価・従業員価値等から構成されているといわれる。因みに，米コンサルタント業のオーシャン・トモ社が，米 S&P500 株指数の構成企業の株価を要因分析した結果，1975 年は約8割を財務情報で説明できたが，2009 年は約2割しか説明できず，非財務情報が企業価値を判断する軸になっている（藤井：2014）ことを考えると当然であろう。なお，2013 年版及び 2017年版 COSO の詳細は第Ⅱ部第4章「COSO の考え方の変遷と内部統制システム」参照。

4.　SOX 法第 4 章第 406 条及びその施行規則による倫理規範・行動準則

（『2017 SEC Handbook』，p. 369（Reg.229.406），Related Law & Regulation（SEC406.15USC72641），筆者抄訳）

(1)　はじめに

　2002 年 7 月成立した SOX 法（Sarbanes-Oxley Act of 2002）は，我が国の金融商品取引法（通称 J-SOX 法）にも多大な影響を与えた連邦法（証券法制）として有名であるが，第4章第406条及びその施行規則にある倫理規範・行動準則はスキップされ我が国の金融商品取引法（通称 J-SOX 法）の本文には導入されなかった。SOX 法が制定された背景には 2001 年 12 月のエンロン社や 2002年 7 月のワールドコム社の事件があった。

(2)　SOX 法第 4 章第 406 条及びその施行規則とは

　財務情報のディスクロージャーの強化の一環として，2002 年 7 月 SOX 法第4 章 406 条に基づき政府機関である SEC は 2003 年 1 月，その施行規則を定め，株式発行者が CEO，CFO，CAO，コントローラー等のための倫理規範（**Code of Ethics**）を制定しているか，また制定してなければその理由を，開示しなけ

ればならないと規定した。また，倫理規範の定義を**「犯罪を防止し，次に掲げる行為の促進を図るため合理的に必要とされる基準」**と述べ遵守事項として以下を定めている。

①個人と職業との間における明白な利益相反を倫理的に処理することを含む，誠実で倫理的な行動

②発行者が提出すべき定期報告書を完全（full），公平（fair），正確（accurate），タイムリー（timely,），分り易い（understandable）な形で開示すること

③適用される法令・規則の遵守

④倫理規定違反者を発見した場合の倫理規定に定められた者等への迅速報告

⑤倫理規則遵守に関する説明責任

などの行為を倫理規定基準と定義し，更に推奨事項として，内部報告システムや罰則を定めることなど「企業倫理の制度化」を求めた。

　これを受け NYSE，NASDAQ は上場企業に対し，全ての役職員・一般従業員まで対象を拡大し，第4章406条規則の倫理規範（Code of Ethics）の遵守，行動準則（Code of Conduct）の採用と開示，違反に対する通報制度の確立などの制度化を求めた。

5．米国ゼロックス社（Xerox Corporation）の取締役に対する倫理行動規範の事例

（2007年改訂版が現在も有効）—　筆者抄訳

　ゼロックス社の取締役に対する倫理行動規範は以下の如し。また，これに準じて執行役員と従業員向けの倫理行動規範が作成され，説明・研修・通報制度等の制度化ができている。

①利益相反

　取締役個人及びその近親者の便益と会社の利害との不一致をもたらす行動の禁止及び，もし起こった場合には議長等への速やかな開示義務。例えば，1）第三者との取引（会社方針に反する場合や会社の取引先との個人的契約等）禁止，**2）会社以外からの報酬・ギフトの受領の禁止（筆者注：関西電力にはこ**

の条項がなかった）。

②会社の資産・情報や取締役の地位等から発生する諸機会を個人的に利用することの禁止。

③機密保持

④会社資産の毀損・窃盗等からの防衛と効率使用の義務化。取締役は会社の時間・従業員・資産等を個人的に利用してはならない。その場合には議長等からの事前承認を受けること。

⑤執行役員や従業員の平等（fair）な取り扱い。えこ贔屓・偏見等の排除。

⑥法令・規則の順守

⑦当該倫理行動違反にたいする免責条項はない。免責が必要な場合には直ちに取締役会の全員の同意と株主への情報開示が必要。

⑧管理職を含む従業員による法令違反や反倫理的行動の報告制度の奨励と報告者への報復の禁止。

⑨当該倫理行動規範に違反した場合，監査委員会委員長に報告され，調査委員会が取締役会の中にできる。

第 2 節　我が国における倫理規範・行動準則とは何か

1. はじめに

　初めて Ethics なる文言が米国の法文上現れたのは，1940 年の連邦証券法の中の投資会社法である。文中に「SEC が作成・適用する規則・規制には Code of Ethics の適用が含まれる」との一文があることは，既に述べた。これが「企業倫理規則」の始まりである。我が国の場合，経営理念・倫理規範・行動準則が概ね一体なるものとして論じられてきた。

　経営倫理用語辞典（日本経営倫理学会編：2008）をベースにして，本著者が以下にその要約・解説をする。

(1) 倫理（Ethics）

人間社会における人と人の関係を良くするために定める規範，原理，規則の総体。ヨーロッパ文化圏では，道徳（moral）とほぼ同じ意味。法律が国家による強制力（他律的規範）を有するのに対して，これは，人間の良心や社会の習慣，世間の動向など，非強制力（自律的規範）を基礎にして働くもの。漢語では倫理とは仲間の間で守られるべき道であり実践道徳のよりどころとなる原理である。

(2) 倫理規範（Code of Ethics）

企業にとって競争と効率による企業価値の向上も重要であるが，企業活動が環境や人間や社会をも重視するという5つの価値基準をバランスよく重視する企業経営が求められる。実践的にはこの価値観を経営理念・倫理規範・行動準則として企業内外に周知徹底させることである。

(3) 行動準則（Code of Conduct）

行動準則は，企業行動規範，企業行動憲章，行動指針（綱領），「――WAY」などの名称で呼ばれている。場合によっては，②の倫理規範と一体化されることもある。これは，創業者の思いや経営理念・社是・社訓などによって明示された倫理的価値や判断原則と繋がり，深化され，具体化されたものである。法令・規則・社会規範等の遵守を含む概念である。前章で述べた如く，米国トレッドウェイ委員会組織委員会（COSO）は1992年，統制環境要因として誠実性と倫理的価値観を取り上げ，「何が適法か」を超え，「何が正しいか」で判断しなくてならないと述べている。これは，L. S. Paine の Value Shift 論（2004）や2015年版 OECD のコーポレートガバナンス原則にある「高い倫理基準の適用」や「倫理的行動の枠組みは法令遵守を超える」に継承・深化されている。これ等を，会社の役員・社員・派遣社員・子会社・場合によっては取引先まで含め，遵守すべき考え方及び行動を規律・規則などに纏めた行動準則文書として纏める。また，株主，従業員，顧客・取引先，債権者，地域社会などのステークホルダーと協働する際に，会社の一員として従うべき考え方・行動の仕方が定められている。会社の価値観の共有化を重視した価値共有型，法令・規則・

社会規範などの遵守を重視したコンプライアンス型，などがあるが，価値共有型で全社ベースの制定委員会で作成する方を推奨する。かかる意味において，2018年版 **CGコード**の【**原則2-2.　会社の行動準則の策定・実践**】にある，「上場会社は，ステークホルダーとの適切な協働やその利益の尊重，健全な**事業活動倫理**などについて，会社としての価値観を示しその構成員が従うべき行動準則を定め，実践すべきである。取締役会は，行動準則の策定・改訂の責務を担い，これが国内外の事業活動の第一線にまで広く浸透し，遵守されるようにすべきである。」は重要であり，「米国司法省のコンプライアンスガイドラインにおける9の評価・分析項目」でも最重要項目の1つとして述べられている（図表Ⅲ-2-1参照）。

2.　──ウエイとは何か

　ウエイとは「ある企業文化内で共有されている価値観をベースとした行動指針のこと，即ち，倫理規範＋行動準則のこと」である。広義には経営理念を含むこともある。一時，資生堂や富士フイルムHLで使用されたが，その後下火になっている。

3.　上場会社の倫理規範・行動準則の作り方

(1)　はじめに

　経営理念の項目でも述べたが，本書が対象にしている上場会社は，有価証券届出書を作成・提出している。その中には，「事業の状況」，「対処すべき課題」，「事業等のリスク」，「コーポレートガバナンス状況等」が含まれ，特に「コーポレートガバナンス状況等」の中に，「コーポレートガバナンスの基本方針」があり，この中で，経営理念や，内部統制の基本方針を記述している会社が殆どである。仮に記述がなくても，「業務の適正を確保するために必要な体制整備の決定義務」を負っている。即ち，内部統制に係る取締役会決議や組織等の体制整備が出来てなかったら上場できてなかったことになる。即ち，内部統制機能が備わっており，コンプライアンスに対する一応の組織体制ができ上がって

いるはずである。従って，一から「倫理規範・行動準則作成フォーマット」のようなものを辿って作成する必要はないと思うが，策定に当たっては，「経営理念の掘り下げ具体化」と「ステークホルダーとの適切な協働」の２面からアプローチすることを進めます。

(2) 企業の一般的企業倫理基準・行動規範の雛形（筆者作成）

1．企業倫理基準
(1)経営理念を当社・子会社・関連会社の末端まで徹底し，その精神のもと，企業倫理・行動規範を作成・遵守すること。
(2)法令・規則・定款・社会的規範・社会の共通善・社会常識等を遵守し，公正・公平で健全な企業活動を子会社・関連会社を含む企業結合基準で行う。
(3)顧客，取引先，株主，債権者，従業員，地域社会等を含む幅広いステークホルダーとの健全で良好な関係の維持・向上・協働に努める。
(4)年齢・性別・国籍・人種・宗教・LGBT などに基づく差別を行わない。
(5)地域社会に貢献する良き「企業市民」たることを，子会社・関連会社を含む企業結合基準で行うことを目指す。
(6)企業や市民社会の秩序に脅威を与える反社会的勢力や団体とは絶対に関わらないことを子会社・関連会社を含む企業結合基準で行う。

2．主要行動規範
(1)定款・関係法令・社内規程・社会的規範・社会の共通善を遵守する。
(2)すべての企業活動の側面において，誠実に公正に公平に行動する。
(3)常に透明性の高い行動に心掛け，コミュニケーションを図る。

3．企業行動準則細目
(1)（お客様の安全）
　製品，サービス，施設，情報など，国内外の企業活動全般に関わるすべてにおいて，お客様の安全を最優先する。安全面での疑問が生じた場合，事の大小に拘らず正確な事実の把握に努め，迅速な対応をするべく「安全委員会（仮称)」や倫理コンプライアンス委員会（以下仮称）に迅速に報告・対処する。
(2)（お客様の信頼）
　お客様の信頼を損なわないために，営業やサービスなど，お客様との約束についても責任を持って守る。事故や営業・サービス上の問題が生じたときは，事実をそのまま掌握し，偏見を持たず誠実に対応する。また，お客様からの意見，要

望，苦情等があった場合は，事態を正確に把握し，速やかに「お客様センター（仮称）」や「倫理コンプライアンス委員会（仮称）」に迅速に報告し，対応する。

(3)（取引先との適正取引・選定）

　取引先とは，相互の地位，権利，利益を尊重し，法令に則り，公平・公正な契約を結んだ上で取引を行う。また，取引先との間での接待や贈答品の授受は厳に禁止する。問題が生じた場合には，速やかに倫理コンプライアンス委員会（仮称）・監査役・法務部等に報告し，対応する。

(4)（適正な会計・財務処理と情報の開示）

　会計・財務処理，税務申告等は，適正に行わなければならない。また，株主，投資家，債権者，お客様，従業員等のステークホルダー全般に対し，会社の経営状況並びに企業活動全般（含む CSR・CSV・SDGs・ESG など）について，適時・適切に情報開示する。問題が発生した場合には，速やかに倫理コンプライアンス委員会（仮称）・監査役・監査法人・内部統制部門・経理部・法務部等に迅速に報告・対処する。

(5)（会社法・金融商品取引法及び海外の諸法令等の遵守）

　会社法・金融商品取引法・海外独占禁止法・海外腐敗行為防止法等の企業経営に関する法令を遵守し，健全な事業活動を行う。問題が発生した場合には，4 現主義（現地・現場・現物・現実）に基づき迅速に，倫理コンプライアンス委員会（仮称）・監査役・監査法人・内部統制部門・法務部等に報告・対処する。

(6)（インサイダー取引の禁止）

　インサイダー取引規制の趣旨を理解し，重要情報の取扱いにあたっては，「規程集」内に定める「内部情報管理規程」を遵守する。問題が発生した場合には，速やかに倫理コンプライアンス委員会（仮称）・監査役・内部統制部門・法務部に報告・対処する。

(7)（株主情報の取扱い）

　株主情報は，株主の財産に関する重要な情報であり，漏洩などのないように細心の注意をもって厳正に管理する。問題が発生した場合には，速やかに倫理コンプライアンス委員会（仮称）・IR 部門・法務部門等に報告・対処する。

(8)（取締役の競業取引及び利益相反取引の制限）

　当社及び子会社の取締役は，会社法に定められた競業取引及び利益相反取引の制限に関する規程を遵守する。問題が発生した場合には，速やかに取締役会議長及び倫理コンプライアンス委員会（仮称）・監査役・内部統制部門・法務部に報告・対処する。

(9)（反社会性勢力への利益供与の禁止）

　反社会的な活動をする勢力・団体に対しては，毅然とした態度で臨み，絶対に関わらないように一切の関係を遮断する。疑わしき場合には，倫理コンプライアンス委員会（仮称）・法務部に相談・対処する。

⑽（知的財産権の尊重）

　製品企画や広告ツール，ホームページの作成にあっては，サービスマークや著作権をはじめとする他者の知的財産権を点検し，侵害防止に努める。問題が発生した場合には，速やかに倫理コンプライアンス委員会（仮称）・知的財産部に報告・対処する。

⑾（情報管理）

　当社の情報システムを私的に利用したり，不正・不法に使用したりしてはならない。外部にアウトソーシングしている場合いには，情報管理を徹底させること。業務で知り得た情報を外部に漏洩してならない。問題が発生した場合には，速やかに倫理コンプライアンス委員会（仮称）・IT 部門・法務部に報告・対処する。

⑿（正確な記録）

　業務に関するあらゆる情報は，正しく記録する。会計帳簿や伝票等の記載（IT 記録を含む）にあたっては，関係法令や社内規程に従って適正・適法に行い，定められた期間の保存を遵守する。問題が発生した場合には，速やかに倫理コンプライアンス委員会・監査役（仮称）・内部統制部門・経理部・法務部等に報告・対処する。

⒀（「労基法」遵守とあらゆる差別の禁止）

　雇用関係に関しては，労働基準法の精神に則り，基本的人権と労働条件の向上に配慮する。また，「出生，国籍，人種，民族，宗教，性別，年令，各種障害，LGBT 等の個人的な特性に基づいた差別」を行ってはならない。問題が発生した場合には，速やかに倫理コンプライアンス委員会（仮称）・監査役・内部統制部門・人事部・法務部等に報告・対処する。

⒁（セクハラ・パワハラ・モラハラ等の禁止）

　各種防止法を順守し，性的・暴力的嫌がらせや他人に性的・暴力的嫌がらせと誤解される恐れのある行為，または相手に不快感を与える言動や行為を行ってはならない。内部通報制度（改正公益通報者保護法の遵守：2020 年 6 月 8 日国会承認）を有効活用し，通報者・内容の秘密の遵守及び報復の禁止を徹底すること。通報者問題が発生した場合には，速やかに倫理コンプライアンス委員会（仮称）や関連部門等に報告・対処する。

⒂（プライバシーの保護）

　会社が有する当社及び子会社の役員及び従業員の個人情報は，これを厳正に管理し，本来の目的以外に使用しない。また，裁判所の命令など，正当な理由がない限り，本人の承諾なくこれを外部に開示することはしない。問題が発生した場合には，速やかに倫理コンプライアンス委員会（仮称）・人事部・法務部等に報告・対処する。

⒃（職場環境の改善と社会的責任としての SDGs・ESG の遂行）

国内外の従業員就業規則等をはじめとする安全衛生管理規則を徹底し，労働災害の防止と快適な職場環境の形成，当社及び子会社の役員及び従業員の健康維持を図る。子会社を含む当社役員及び従業員は，各自が職場の整理・整頓に努め，清潔さを保ち，健全な人間関係の形成を図り，快適な職場環境となるように努める。また，全ての国内外の事業活動に当たって，環境保全を重視すると共に，環境に関する法令および社内規程を遵守し，CO2やプラスチックごみ等の環境負荷の抑制に努め，特に，SDGs・ESG等の社会的責任を果す。問題が発生した場合には，速やかに倫理コンプライアンス委員会・(仮称)・環境管理部・人事部・法務部等に報告・対処する。

⒄ (利益相反行為の禁止)

自己の利益と会社や株主の利益とが相反することのないように行動し，会社の事前承認なしに会社の業務と直接的，または間接的に利害関係を有する業務・取引は子会社を含め行ってはならない。問題が発生した場合には，速やかに取締役会議長及び倫理コンプライアンス委員会 (仮称)・監査役・内部統制部門・経理部門・法務部に報告・対処する。

⒅ (良識・品格ある行動)

業務上または業務外を問わず，違法行為や反社会的行為に及んではならない。業務に関連した場所で政治活動や宗教活動を行ってはならない。常に子会社を含む当社役員及び従業員としての自覚を持ち，品格と良識をわきまえた倫理的行動をとる。

⒆ (改訂) 本企業行動準則細目は経営環境や社会通念の変化に伴い定期的に見直し，取締役会が決定する。

⑶　まとめ

以上のまとめとして，経営倫理とは「会社とは社会の公器であるの立場に立って，社会的存在としての会社が対内，対外的活動において守るべき道徳的規範であると同時に社会的責任」である。会社が企業価値の向上を図るためには，競争と効率による経済健全性が重要であるが，会社活動が倫理的健全性 (環境適合性，社会適合性) も同時追及することによって社会に貢献し，信認関係を強化し，持続的成長を図ることが企業経営に求められる。実践的には経営トップが基本的価値観や目的意識を経営理念・倫理規範・行動準則として制度化・組織化，研修，倫理監査し，Best Practice を毎年積み上げることが重要である。次に聞きなれない言葉であるが，「制度化の重要性」を説明する。

4．経営理念・倫理規範・行動準則の制度化とは何か

⑴　リーマン・ブラザース社の倫理規範は絵に描いた餅

　一般に経営理念・倫理規範・行動準則を作っても，額に入れて飾っておいたり，どこかにしまっておいたりしたのでは全く意味がない。例えば，リーマン・ショックを起こしたリーマン・ブラザース社の倫理規範（Code of Ethics）は図表Ⅲ－2－2のようなものであった。

　しかし，実態は下記のようであった。

①リーマンは保有する債券を投資家に貸す見返りに，現金を借り入れる「レポ105」という取引きを利用し，実際には，貸した債券は数日後には戻ってくるのに，売ったことにしてバランスシートからはずした。いわゆる「飛ばし」を行っていた。このように負債規模を実態より少なく見せる不正経理（500億ドル）を2001年から行っていた。監査法人アーストン　アンド　ヤング（E&Y）はこれを見落とした。この粉飾が公表されなかったため，政府，格付け機関，投資家をミスリードした。本件は上記のリーマンの倫理規範 ①④⑤⑦⑧ 違反である。

②CEOのリチャード・ファルドは経営破綻（Chapter11）申請直前に個人で所有するリーマン株を全て売却しており，倫理規範の ①③⑤⑦ に違反している。

　ゴリラの異名をもつCEOのリチャード・ファルドは好戦的企業文化を好み，「毎日が戦闘だ」「敵を殺せ」を連発し，SOX法第4章406条「CEO/CFO等に対する倫理コードの間接的強制」にも拘らず，経営倫理の制度化に，全く関心がなく，所詮，絵にかいたモチであった。

図表Ⅲ－2－2　リーマン・ブラザース社の倫理規範

①倫理規範の理解と説明責任
②通報制度における報復の禁止
③個人的利益相反の処理
④会社及び顧客の資産保護
⑤法令・規則の遵守
⑥雇用機会均等
⑦公正な取引
⑧完全，公平，正確，分り易い，適時情報開示
⑨適用除外，改定

　経営破たん後，リーマンの倫理規範はオークションにおいて，2.99ドルで売られたといわれている。

(2)　経営理念・倫理規範・行動準則の制度化

　上場会社における経営倫理の制度化論にはいくつかのステップがあるが，詳細は「第Ⅱ部第3章」を参照されたい。

①経営者の基本的価値観・目的意識・基本的方向性・事業ドメイン等を経営理念として纏め，取締役会に諮り決定する。但し，JALのようにトップリーダー数十人を巻き込んで練り上げる場合もある。

②マネジメントのための経営倫理担当役員及び数名の責任者（コードリーダー）等を任命する。

③経営倫理担当部署及び倫理・コンプライアンス委員会（外部有識者を含む場合もある）を設置する。次に，経営倫理担当役員及び責任者（コードリーダー）は担当部署の役割と権限を分担して以下を行うと同時に相談・指導の責任を負う。

④内部通報制度の整備と適切な運営。

　平成28年度の消費者庁の調査によると不正発見の端緒の第1位は内部通報で58.8％（複数回答）である。内部通報制度を導入した効果では，違法行為への抑止力として機能が49.4％，次に自浄作用による違法行為の是正機会の拡充が43.3％である。不祥事予防効果は着実に上昇している。

1）内部通報とは

　公益通報者保護法は2000年初期の数々の食品偽装事件やリコール隠し事件等を受けて，公益通報者の保護を図ると共に，国民の生命，身体，財産の保護に係る法令順守を図ることを目的にして，2004年6月公布，2006年4月に施行された。内部通報の保護要件は(ア)通報対象事実が生じ，または生ずる恐れがあると思料すること。行政機関への通報保護要件は(ア)に加えて，(イ)通報内容に真実性があることが加えられた。

2）内部告発とは

　その他外部（マスコミ，消費者団体等）への内部告発の場合には，(ア)(イ)に加え，(ウ)として，①内部通報では不利益な取扱いを受けると**信ずるに足る相当の**

理由がある場合 ② 内部通報では，証拠隠滅の恐れがある場合 ③ 労務的提供先から内部及び行政機関へ公益通報をしないことを正当な理由がなく要求された場合 ④ 書面により労務的提供先に公益通報した日から二十日以上を経過しても，調査を行う旨の通知がない場合又は正当な理由がなく調査を行わない場合 ⑤ 生命・身体への危害が発生する場合であると 2006 年の段階ではしていた。

しかし，2020 年 6 月の改正で，2 号通報である行政機関への通報では，従来求めていた**信じるに足る相当の理由**（証拠や目撃など）**がなくとも，通報者が氏名や違反内容を明らかにした場合は保護する**ことに改正された。

3）CG コードでの扱い

【原則 2-5. 内部通報】

　上場会社は，その従業員等が，不利益を被る危険を懸念することなく，違法または不適切な行為・情報開示に関する情報や真摯な疑念を伝えることができるよう，また，伝えられた情報や疑念が客観的に検証され適切に活用されるよう，内部通報に係る適切な体制整備を行うべきである。取締役会は，こうした体制整備を実現する責務を負うとともに，その運用状況を監督すべきである。

補充原則 2-5 ①

　上場会社は，内部通報に係る体制整備の一環として，経営陣から独立した窓口の設置（例えば，社外取締役と監査役による合議体を窓口とする等）を行うべきであり，また，情報提供者の秘匿と不利益取扱の禁止に関する規律を整備すべきである。

4）民間事業者向けガイドラインの改正（2016 年 12 月）

(i)ガイドラインとは，公益通報者保護法を踏まえ，事業者のコンプライアンス経営への取組みを強化するために従業員等からの法令違反等に関する通報を事業者内において適切に取り扱うための指針を示したものである。

(ii)ガイドラインの 4 つの視点

　①通報者に係る視点（安心して相談・通報ができる環境の整備促進）

　　ⅰ）通報に係る秘密保持の徹底

　　ⅱ）通報者に対する不利益取り扱いの禁止の徹底

　　ⅲ）通報者の評価等

　②経営者に係る視点（経営幹部主導による充実した内部通報制度の整備促進）

　　ⅰ）経営幹部が果たすべき役割の明確化

　　ⅱ）経営幹部からの独立性を有する通報ルートの整備

　　ⅲ）内部通報制度の継続的な評価・改善

　③中小事業者に係る視点（中小事業者の取り組みの促進：制度設置率：約
　　40％）

　　ⅰ）規模や業種等の実情に応じた適切な取組みの促進

　　ⅱ）関係事業者全体における実効性の向上

　④国民・消費者に係る視点（制度の適切な運用を通じた社会的責任の実践の
　　促進）

　　ⅰ）社内調査・是正措置の実効性向上

　　ⅱ）社内への制度趣旨等の周知徹底

　⑤自己適合宣言登録制度の概要

　ガイドラインに準拠した優れた内部通報制度を整備・運用する企業を高く評
価する認証制度で，公益社団法人商事法務研究会が窓口である。2019 年 2 月よ
り申請受付し，2020 年 12 月末で伊藤忠等 93 社を認証している。

5）改正公益通報者保護法（2020 年 6 月 8 日通常国会で承認）への対応

(ⅰ)内部通報の体制整備：常用従業員 301 人以上の企業の内部通報窓口，調査，
　　是正措置等の体制の整備を義務化（11 条 2），窓口担当者に罰則付き（刑事罰
　　30 万円以下の罰金）秘守義務を課す（12 条），同義務違反に対する刑事罰を
　　導入する（21 条）。

(ⅱ)通報者の範囲拡大：従業員に加え，退職後 1 年以内の退職者と役員を追加。

(ⅲ)通報に伴う損害賠償：通報者は内部通報を理由とした刑事罰・行政罰に関す
　　る損害賠償を負わない。通報者の萎縮を避けた。

(ⅳ)2 号通報である行政機関への通報：従来求めていた信じるに足る相当の理由
　　（証拠や目撃など）がなくとも，通報者が氏名や違反内容を明らかにした場
　　合は保護。

(ⅴ)立証責任の緩和：事実上の推定を活用するなど通報者の負担を適切に緩和。

　但し，付帯決議として，① 企業による通報者に対する報復への制裁（行政
罰・刑事罰）条項の導入（消費者庁の体制が整ってない等を理由に見送られ
た）。② 訴訟では報復できないことの立証責任を企業側に課すこと及び ③ 通

報者による証拠資料の収集・持ちだしを許容する等が付され，３年後を目途に見直される。

6）倫理監査の重要性—これには３段階ある。

（i）経営監査の一環として内部統制部門や監査役が，組織の倫理体制や倫理規定・行動規範が適切に整備・運用・研修され組織全体に浸透しているか，即ち，組織体としての制度化と倫理プロセスの有効性を検証・評価する。リスクマネジメントプロセス中心に COSO 内部統制全般（統制環境・リスク評価・統制活動・情報と伝達・監視活動）を監査し，次の経営改善に生かす P-D-C-A 管理サイクルの継続回転である。

（ii）企業価値観の検証と評価で，企業理念そのものがその時代に即しているか，企業の中長期計画・年度計画・事業計画に具体化されているか，倫理規定や行動規範等の経営システムの導入時に反映されているのかの評価・検証である。

（iii）ステークホルダー等による外からの監査・評価である。機関投資家からの評価，消費者からの評価，金融機関からの評価，地域社会からの評価，マスコミからの評価などは大切である。

　倫理規範・行動準則　の制度化を幾ら進めても最後のモニタリングの倫理監査が抜けていたのでは制度の改善・継続は困難である。これ等の経営倫理監査の実施，従業員意識調査，不祥事再発防止策の確立等 PDCA の管理サイクルを回すことにより，ベスト・プラクティスの年輪を重ねることが最重要である。

第 3 章

CSR と CSV

第 1 節　CSR（Corporate Social Responsibility）とは何か

1. 会社は「社会の公器である」

　会社は「社会の公器である」との立場に立って，世のため，人のために役立たなければならない。理由は以下の如し。
① 「会社は社会の中に既に存在する主体である」
② 「会社は法人格を持つ権利義務の主体である」
③ 「会社は人々の生活をよきものとするための手段でなくてはならない」
　以上は高巌（2013）による。筆者はこれに次の 2 つを追加する。
④ 「会社は社会的インフラ等を利用して収益を上げ，社会から多大な恩恵を受けている」。しかし，各国は税収だけでは社会的インフラ等を賄いきれず，多額の過剰債務を抱えている。即ち，企業等の負担が十分でない。
⑤ 会社は有限な資源（ローマクラブ）を利用して多大な環境損失を発生させている。即ち，「国連の責任投資原則（PRI）によると人類の経済活動による年間の環境損失は世界各国の GDP 合計の 11％で，世界企業の上位 3,000 社がその 1/3 に当たる 2 兆 1,500 億ドル分の外部費用（企業自身は負担しない費用）を発生させている。また，国際的環境評価 NPO である CDP の調査によると，気候変動に絡んで想定するコストは約 1 兆ドルに上る」（2020 年 1 月 7 日「日経」新聞）。企業が環境コストを全て支払うと利益の 41％を失うとの話もある（出典：Trucost KPMG/15 Feb 2012「Expect the Unexpected: sustainability megaforces」）。この 5 項目の理由により「会社は社会の公器であらねばならない」。

2. CSRとは

　一般的にCSRとは「企業が社会の一員として，社会の持続可能な発展に対して果すべき責任」を意味する。CSRは今や，世界的潮流になっているが，米国における1970年代のミルトン・フリードマンの株主主権論，即ち，「自由主義経済体制の下では，ビジネスの社会的責任はただ一つしかない。それは利潤を増大させることである。自らの資源を活用し利潤の増大を目指した様々な活動に没頭することである（*Capitalism and Freedom*，p. 133)」であった。これに対するステークホルダー論は1980年代にエドワード・フリーマン（Edward Freeman）によって展開されることになる（*Strategic Management: A stakeholder approach*)。彼が提唱した道義的責任の思想は「この国はあまりにも物質主義と自己中心主義に偏り過ぎた。企業には魂が必要だ」と述べた。これこそCSRの本質を突いていた。

　現在，企業の社会における役割は，経済的利益にとどまらず，社会的役割を果たすことが求められる。2002年の欧州委員会による『EUホワイトペーパー』（白書）におけるCSRの定義は「責任ある行動が持続可能な事業の成功につながるという認識を，企業が深め，社会・環境問題を自発的に，その事業活動及びステークホルダーとの相互関係に取り入れるための概念」である。

> 　CSRの対象分野や項目は，以下のように多岐に亘っている。
> ①企業倫理・コンプライアンスの実践
> ②経営の透明性の確保
> ③地球環境保全への配慮
> ④人権の尊重
> ⑤労働環境の整備
> ⑥情報開示と説明責任の遂行
> ⑦社会貢献活動
> ⑧良質な商品やサービスの提供

　それだけに，CSRは企業経営そのものであり，新たな価値創造や市場創造へと結びつけていくための本業に根ざした自主的な取り組みである。

3. ISO26000 とは

　ISO26000 とは，ISO（国際標準化機構：本部ジュネーブ）が 2010 年 11 月 1 日に発行した，組織の社会的責任に関する国際規格である。ISO26000 の開発にあたっては ISO 規格としては，はじめてマルチステークホルダープロセスがとられ，幅広いセクターの代表が議論に参加し，決定した。

　企業の社会的責任について，ISO26000 の定義によれば，企業は社会的責任（CSR・CSV）として，その決定・活動が社会及び環境に及ぼす影響に対して，次のような透明且つ倫理的な行動を通じて企業が行う責任を果たさなくてはならない。即ち，

---

①持続可能な発展に貢献する。
②ステークホルダー（SH）の期待に配慮する。
③法令順守と国際行動規範と整合を図る。
④企業の関係の中でこれらが実践されねばならない。

第 2 節　CSV（Creating Shared Value）とは何か

1. CSV とは

　CSV は，戦略論で著名なハーバード・ビジネス・スクールの米国のマイケル・ポーター（M. Porter）教授とマーク・クラマー（M. Kramer）研究員が，2011 年のハーバード・ビジネス・レビュー誌に掲載した論文で "Creating Shared Value"（邦訳「共有価値の創造」）で提起したことに始まる。「ポーターはスイスの食品世界最大手のネスレのボードメンバーの一人として社会的課題を解決することによって社会価値と経済価値の両方創造する次世代の経営モデルを提起した」（高橋浩夫：2019，p. 104）。

　ポーターとクラマーは，2002 年に競争優位の戦略的フィランソロフィーと（社会貢献活動）いう表現で，次のように指摘している。「社会的目標と経済的目標に同時に取り組み，ここに独自の資産や専門能力を提供することで，企業

と社会が相互に利するような戦略上のコンテクストに焦点を絞ることである」。ここでのフィランソロフィーは，社会貢献活動であることから，社会的課題と企業の本業との一体化を目指すことが競争優位の戦略的フィランソロフィーとして重要と指摘する。その後，2006 年に，ポーターとクラマーは事業活動と CSR を有機的に関連付け，「受動的 CSR」を超えて「戦略的 CSR」を展開する重要性を指摘している。更に「企業の戦略とは無関係な CSR や慈善活動が選ばれ，社会的に意義のある成果も得られず，長期的な企業競争力にも貢献しない」と従来の CSR に厳しい目を向けている（長谷川：2020）。

　今回の CSV は環境汚染や水質汚濁，交通渋滞などの外部不経済を内部化することで，社会のニーズに対応しながら社会的価値を高める。そのことを通じて企業は，本業を通じた CSR のビジネスとして売上・利益など経済的価値を高める意味から，両社の価値を共有価値として分かち合う概念として重視するものである。

　ポーターはこの競争優位の「戦略的 CSR」の観点から，現在の日本につて「欧米の工場は 10 年前に比べと全く違うものになった。全ての機械がネットに繋がる世界になり，生産性を高めるにデータを分析したり AI を使ったりしている。そうしたことが日本では，十分でないと私は考えている。日本ではこのところ，海外に留学する意欲のある人が減っていることも遅れを招いた理由の一つではないだろうか」（2020 年 1 月 6 日「日経ビジネス」）と戦略性のなさを嘆いている。重要なことは CSV が「よいことをするためのコンセプトではなく，あくまでも企業の戦略のためのコンセプトであると知ることだ」と付け加えている。一方，田中一弘（2020）は「企業は社会的価値の増加に貢献することによって，自らの経済的価値をも増やすことができる」「CSV の目的は私利獲得であり，公益追求はそのための手段と位置付けられている」と厳しく解説している。

2．ネスレの戦略

　CSV は総合食品企業であるグローバルなビジネスを進めるスイスの食品世界最大手のネスレが，2006 年から会長のピーター・ブラベックとマイケル・

ポーターが取り組んだことで有名である。そこには「まず法律を遵守し全ての活動において持続可能性を確保し，その上で社会に価値あるものを生み出していかなくてはならない」という同社の基本理念があり，その実現に向けて世界の人々の生活に貢献したいという思いがある。

　特に，「ネスレが社会の要請に応えて業績を長期にわたって継続していくためには，社会に価値あるものを生み出していかなければならない。これこそがCSV だとネスレは把えている。ネスレにとっての CSV は，栄養，水資源開発，農業，地域開発である。これを行うための『ネスレの経営に関する諸原則』を全社員が共有し，CSV に向けた事業に取り組むことを目指している」（高橋浩夫：2019，p. 103）。

　ネスレは，世界の貧困層である BOP 層への支援として，栄養強化した食材の提供や農業・地域開発，コーヒー豆産地，カカオ豆産地への支援，水資源供給，児童の栄養改善のヘルシーキッズプログラムなど，様々な活動で具体化している。更にネスレは 2020 年前半に，商品パッケージに栄養の度合いを 5 段階で示す「栄養スコア」を導入する。消費者の健康志向が一層広がるとみている。また，ネスレは 2020 年 1 月 16 日に，2025 年までに最大 20 億スイスフラン（約 2,000 億円）を投じ，自社製品の包装で再生プラスチックの利用を拡大するとともに，新しいプラスチックの利用を 3 分の 1 削減する計画を発表した。また，新型コロナ対策として，生産停止の影響がある従業員に最低 3 カ月の給与を支給するとしている[1]。さらに，同社は，中国天津の工場を拡張してアジアで初めての「植物由来の人工肉」の生産を開始する。中国は家畜伝染病（アフリカ豚熱）で豚肉生産量が減った上，新型コロナウイルスの影響で肉の輸入量が減る見通しである[2]。

3．BOP（Base of the Pyramid）とは

　世界の BOP（Base of the Pyramid：一人当たり年間所得が 2002 年購買力平価で 3,000 ドル以下の階層であり，全世界人口の約 7 割である約 40 億人が属す

1　2020 年 4 月 27 日「日経」新聞
2　2020 年 5 月 22 日「日経」新聞

るとされる）層に関わる貧困，食糧問題，感染症などは，児童労働など企業が関わった問題もあるが，直接に企業が原因となったものではない。しかし，それらは途上国の人権や環境，地域開発など MDGs（Millennium Development Goals：2000 年 9 月に，国連のアナン事務総長が提唱した，ミレニアム開発目標）で掲げたような社会的課題解決に向けた CSV ということが出来る。この動きは説明済みの SDGs（Sustainable Development Goals：持続可能な開発目標）へと繋がっていく。2020 年度のノーベル平和賞に世界食糧計画（WFP）が決まったことは素晴らしいことである。

第 3 節　CSR 活動とは何か

1.　ステークホルダーからの信頼と共感を得るための活動

　CSR 活動とは，国内外を問わず，子会社・関連会社等を含め，自社グループの事業ドメインやその周辺の事業領域における社会問題・環境問題等を網羅的・体系的に整理し，優先順位を付けながら抽出し，それらを事業活動の中に取り込んでいくための具体的な施策を検討し，実行していくプロセスである。このプロセスを文書化しておくこと。ここで忘れてはならないことは，「社会からの要請や期待は何か」を知ることである。

　従って，経営者は会社を取り巻く様々なステークホルダーから信頼と共感が得られるような要請や期待を知り，明確なる経営理念（時代を超えた基本的価値観・存立意義）や会社目的・基本方針を持つこと。即ち，それらは，社会の目的や社会的価値観（法令・規則，社会規範，社会の共通善等）に基づく社会的合意（public consensus）による信認（fiduciary，契約とはまったく異質のもので「信頼」「信用」のこと—高巌：2013，p. 481）を得ることである。経営者権限（正当性）は社会的受容（コミュニケーションによる受容，受容されて初めて権威は成り立つ）による授権である。経営者の権力保持の正当性は，基本的には上記のコミュニケーションによる社会的合意（public consensus）によって信認されるかどうかにかかっている。この社会的合意とは世論ではな

い，その会社に関心があるか実際関与している，現在の株主及び将来の投資家（将来の投資家は消費者でもあり，従業員でもあり，債権者でもあり，取引先でもあり，地域社会住民でもある）からの，会社によるコミュニケーションに基づくコンセンサスである。したがって，会社は機関投資家等の株主との「目的ある対話」だけでなく，消費者，取引先，環境団体，地域住民等との対話集会や工場見学等のコミュニケーション接点を頻繁に持つと同時に各種のCSR報告書等を通じて，極力「情報の非対称性」をなくす努力をしなくてはならない。基本的に会社活動は，常日頃から社会からの信頼と共感を受けていることが重要であり，それなくして会社の長期的繁栄はありえない。それはレピュテーション・リスクの低減につながる。

　例えば，「良き企業市民」を目指し，米国現地工場近郊に根を張っていた，あのトヨタでさえ，2009〜2010年に米国で燃え盛ったリコール問題での苦い経験がある。日本側は米政府の期待に沿ったテンポで対応できず，反トヨタの感情が拡大した。社長が米議会に呼び出された。最終的に米当局から「欠陥は見当たらない」との報告が出たが，失った信頼と和解による損失は甚大であった。

　また，ブラック企業（新興産業等において若者を大量に採用し，過重労働・違法労働により使いつぶし，次々と離職に追い込む企業）との噂が立っただけで，その会社には人が集まらず，何十店も閉店せざるを得なくなり，赤字決算が何期も続くことになる。したがって，会社存続の危機を招くことになる。

2．ステークホルダー・ダイアログ

　先に述べた如く，CSR活動計画をつくる前に，有識者で構成されるステークホルダー・ダイアログを作ることが大事である。有識者やステークホルダーの代表を集めて，その会社のCSR活動の取り組みについて評価・意見を聞く。有識者の選定にはこの分野の学者（例えば，日本経営倫理学会の先生方や，日本経営倫理実践研究センターの実務経験のある先生方等）や自社及び業界に詳しい先生方及びステークホルダーの代表などを女性やグローバル企業の場合には外国人も含めバランスよく選び，10項目程度の当社を取り巻く社内問題・環境問題等について提案してもらう。一方，経営者の方は自社で対応すべき課題を

リスト化する。この際，優先順位付けとして，有識者やステークホルダーの代表等が重要と考えている項目と会社が重要と考えている項目という両方から，考えていくことが重要である。最終判断は独立社外取締役を含む，取締役会で決定すべきである。

　なお，日本大百科全書によると，「企業社会監査」という概念があるが，これは企業が自らの社会的責任遂行状況を測定，情報化して社会に開示することにより，社会の評価ないしチェックを受けるようにすること。この構想は1950年代からあったが，公害問題を契機とする社会的責任の高まりに対応し，70年（昭和45）ごろから急速に具体化した。「企業社会監査」をめぐる問題点は三つある。その第一は社会的責任遂行状況（社会的業績という）をいかに測定するかであり，第二はその情報をいかに開示するか，第三は社会からのチェックをいかに企業行動に取り込むかである。そのうち，最大の難問は第一の測定法であり，企業社会会計，社会責任会計などの名称のもとに様々な試案が提起されているが，広く支持を得られるものはできていない。

　現在，世界にはCSRに関連する規格やガイドラインが，数百あるといわれている。これ等の規格を採用するに当たっては，各種認証規格やガイドラインに振り回されることがないように，慎重に選定すべきです。いずれの認証規格もPDCAの管理サイクルの実施を求めており，これを機会に，会社の管理の進め方を見直すのも良いであろう。

3. ステークホルダー論

(1) 会社は誰のものか（図表Ⅲ−3−1）参照

(2) 岩井論（2013）

　岩井克人は著書『会社はだれのものか』の中で，株主主権論かステークホルダー論に関して，次のように述べている。

　「会社のあり方には英米型の株主主権論的な仕組みと日本やドイツのように従業員などの組織を重視するタイプと2つある。前者は株主主権をほぼ100％

図表Ⅲ−3−1　会社は誰のものか

基本的な会社観		会社はだれのものか	会社の目的
会社用具観	一元的用具観 株主用具観	・株主のもの（法律学者，，経済学者に多い） ・（啓発的株主価値論） （注1）	利益の最大化：企業価値の最大化 （株主利益の最大化，利害関係者との関係性構築）
	一元的用具観 従業員用具観	従業員のもの（伊丹敬之の従業員主権論）	従業員所得の最大化
	一元的用具観 経営者用具観	経営者のもの（かなりの経営者がそう思っている節節がある：上村達男）	企業の成長：規模の最大化 自由裁量利益の最大化 経営者所得の最大化
	多元的用具観	労使共同のもの （ドイツ：Aufsichtrat）	共同利益の最大化： 付加価値の生産の分配
		（多元価値論）多様な利害関係者のもの （B Corporation） （Benefit Corporation） 　（① The Model） 　（② PBC）	（利害関係者の多様な価値の最大化） （注2） （注3）
会社制度観 （会社は誰の<u>ため</u>のものか）		会社は社会の公器（経営倫理学者，経営学者）に多い）	会社の長期的存続と成長

注1：啓発的株主価値（**Enlightened Shareholder Value, Inclusive Approach**）とは，取締役は株主利益を優先して行動すべきであるが，それに止まらず，株主価値を向上させるために，従業員の利益やその他ステークホルダーの広範な利益を考慮する義務があるという考え方である。
注2：B Corporation とは，世界71カ国で，非営利団体 B Lab により3,243社が認証されている。認証は厳しいがBlabからマーケッテング支援や資金調達可。設立後は上納金あり。定款文書に全ての SH を平等に扱うことを明記する。情報公開義務あり。日本には存在しない。
注3：Benefit Corporation とは，米国の一部の州でのみ認められている法人形態。
出典：加護野，砂川：2010，p. 18 をもとに筆者追加挿入（カッコ書き部分）。

追及するのに対して，後者はより組織の自立性を追及していく。両者は共存しているからこそ，会社という仕組みは成り立っている。私はこれを2階建て構造と呼んでいる。会社が，会社法という法律の下，知識や技術，能力といった人的資本を1階部分で蓄積しているとすれば，会社を株式という物質として所有する株主が2階になる。2階を強調すれば，英米型のような，株主利潤を最大化する規律が働く株主主権論的な会社になるし，1階を強調すればドイツや日本のような組織を重視する会社になる。この多様性こそが，会社のあり方の

本質だと私は考えている。会社には英米型もあれば，日本やドイツのような型もあってもいいのだ。この文脈に沿って言えば，欧米の好景気に沸いた2000年代は，2階部分の株主資本主義が非常に強い時代であったと言うことができる。その時代が1つの終焉を迎えたのが，2008年のリーマンショックだったのであろう。換言すれば，資本主義という枠組みは，この多様性の下，時代に応じて1階と2階を柔軟に変えながら生きながらえてきたと言える。ある意味で非常にしぶとい仕組みであり，これを超える会社のあり方が現在のところ存在してない」と述べている」[3]。

　これは従業員主権論でもないし，株主主権論でもない。狭義と広義を使い分けている出見世論に近いようにも見える。

(3)　伊丹論 (2000)

　伊丹敬之は，『経営の未来を見誤るな』の中の「従業員主権―企業は誰のもの」(pp. 73-74) という節で，以下のように述べている。

　「日本では，企業，とくに大企業に働く人々の潜在的な意識とも思える一般的観念は，『会社は働く人々のもの』というものである。『会社は一体だれのものか』，と問われた時，『株主のもの』と答える日本の企業人は少ない。やはり『自分達のもの』と大多数の人が思っている。大企業でその傾向が強いだろうが，中小企業にもかなり色濃く見られる。だから，『企業は人なり』と多くの経営者が，大小を問わず，考えている。ここでいう従業員とは，経営者と労働者の両方を合わせたものである。つまり，企業にコミットし，そこで働き，生活している人たちの全体である。（中略）働く人達に主権があるとは，あくまで実質的にメインの主権者，実質的所有者，というほどの意味である。もとより，法律上は日本の商法は株主を少なくとも債権者との比較の上では会社の主権者としている。しかも，株主の提供する資本がなければ，企業がそもそも成立しない。企業には，働く人も株主もともに大切なのである。しかし，どちら

3　岩井克人 (2005)『会社はだれのものか』, pp. 17-24, 岩井克人 (2013)「株主主権の独り勝ちは終わったか」日経ビジネス (2013.1.7, p. 35)

がサブでどちらがメインかと言えば，日本の多くの企業は従業員をメインの主
権者，株主をサブの主権者と考えてきた。株主への配当を削っても，従業員の
雇用の確保を優先する企業行動，外部からの乗っ取り的買収に対する労使共同
しての反対運動などはこの企業の概念の典型的な表れである。法律的に所有権
が争われているときには株主が主権者として登場するが，それ以外では企業に
長期にコミットしている働く人々に主権があるかのごとくに企業は運営されて
いる」。

　伊丹論は岩井論の一階部分，即ち，経営者と従業員に主権があるかのように
企業は運営されていることを強調している。

(4)　平田論

　2007 年 5 月 13 日の「日本経済新聞」で，論説委員長の平田育夫は，以下の
ように書いている。

　「会社法では会社は株主のものとも読める。だが「従業員や取引先の保護」
を買収拒否などの理由に挙げる経営者も多い。「なに自分のものと」腹のなか
で思う経営者もいるかもしれない。しかし，攻める側も守る側も忘れている事
がある。大きく見れば，「会社は社会のもの」だという点である。なぜならば，
会社は様々な面で個人より優遇されており，その会社の設立を法律で認めたの
は国民の選良だからである。株式会社が倒産しても，その株主は出資額以上の
責任，例えば借金返済の義務を負わない（有限責任）。（中略）かのアダム・ス
ミスさえ反対したという有限責任を一般的に認めたのは，株式会社ならリスク
の高い大規模な事業に挑みやすく，生産性向上にも役立って，人々に豊かさを
もたらすからだ。国民がそれを選んだのだ」。

(5)　高巌論（2013）

　『ビジネスエシックス［企業倫理］』（p. 121, pp. 133-134）
　「社会は企業に何を期待するか，企業は，多様なステークホルダーに囲まれ，
彼等とのやりとりを通して事業経営を行っている。このため，企業は，ステー

クホルダー一人ひとりから寄せられる要求に応えていく必要がある。彼らの要求こそ，「社会の期待」を構成するものだからである。しかし，ステークホルダーの日々変化する無数の細かな要求に応えること，また無限の広がりを持った各自の要求に応えことは，非現実的である。すべての要求を寸分の狂いもなく細かく把握することなど，不可能だからである。（中略）むしろ「本質的な社会の期待」に応えることでなければならない。では，「本質的な社会の期待」とは何か。筆者（高巖のこと：筆者挿入）は，それが数世紀を経ても，引き続き，現代社会に影響を及ぼしている「社会哲学」の「企業に対する要請」であると解している。前述の如く，彼（高巖のこと：筆者挿入）は３つの前提をおいている。

第1は「企業は社会の中に既に存在する主体とみなす」，

第2は「企業は法人格を持つ権利義務の主体」，

第3は「企業を人々の生活をよきものとするための手段として扱う」。（中略）アリストテレスの哲学を継承する彼ら（一群の倫理学者）は，人々を社会的存在として捉え，よき市民としての責任を果たすよう「徳」を養う必要を説く。経営の場面に照らしていえば，管理者たちが企業組織の職務を通して，社会における「特別な役割」（special role）を担うが故に，品格論者達は，より適切に社会の役割を担えるよう，組織が管理者の品格形成に貢献すべきであるといった主張まで展開するようになる。「美徳倫理」（virture ethics）と呼ばれるこの立場が，コミュニタリアニズムという社会哲学に対応することはいうまでもなかろう」と述べている。

　高巖のいうコミュニタリアンは，コミュニティにおいて，各自が担うべき役割や義務を強調する。各自が役割や義務をしっかり担っていけば，コミュニティの秩序は維持され生活も安定するが，コミュニタリアンは，他方で，その秩序が各自の「自律」（autonomy）を損ねるほど過度であってならないとする。これがコミュニタリアニズムの基本認識である。その企業哲学は，

①「人々が満足できる生活を送れるよう，事業活動を通じてコミュニティの状況を改善する」

②「法令の遵守のみならず，企業倫理を積極的に実践すること」

③「コミュニティに対する社会貢献活動などを推進する」である。

　高巖論は，「本質的な社会の期待」に企業は応えなくてはならない。それは，現代社会に影響を及ぼしている「社会哲学」の「企業に対する要請」である。その前提は「企業は社会の中に既に存在する主体とみなす」，「企業は法人格を持つ権利義務の主体」，「企業を人々の生活をよきものとするための手段として扱う」との所見は平田論（企業は社会のものである）を包摂し，首肯されうる面が多い。

⑹　水尾論（2013）

（『セルフ・ガバナンスの経営倫理』pp. 199-202）

　ステークホルダーは権利と責任を持つ必要があるものの，企業はしっかりステークホルダーの要求に応えていくことが，結果的に企業の長期的繁栄につながるとの水尾論を紹介いたしたい。

　ステークホルダー・マネジメントの7原則」が参考になる。

①関心認知とモニタリング

　マネジメント層は全てのステークホルダーの関心を認知し，企業経営の意思決定に反映させる。

②リスニングとコミュニケーションの原則

　マネジメント層は企業の関与者として負わなければならないリスクに対する意見やアイディアについて耳を傾け，企業情報の開示やコミュニケーションを図る。

③適切行動の原則

　マネジメント層はステークホルダーの関心事や制度や法律に敏感に対応すべく行動プロセスと行動様式をとらねばならない。

④適切な分配と負担の原則

　マネジメント層はステークホルダー間の努力と報酬の相互依存関係を認識し，企業行動がもたらす利益や負担の正当な分配を心掛けなければならない。

⑤協働の原則

　マネジメント層は他の組織体と協働し，企業行動がもたらすリスクや危害を最小限にとどめるとともに，不可避のものについては適切に保障しなくてはな

らない。

⑥リスク回避の原則

　マネジメント層は関連するステークホルダーに対して，基本的人権の侵害や明らかに受容することができないリスクの発生は回避しなくてはならない。

⑦潜在的葛藤認識の原則

　マネジメント層は，一方で自分自身が組織内の"従業員"と言う立場のステークホルダーとして役割を果たすべき認識と，他方で他のステークホルダーの利益に対する法的・道徳的責任を果たさなくてはならないという，マネジメントの立場であるという認識の狭間で潜在的葛藤は常に存在している。これらの葛藤にオープン・コミュニケーションと適切な報告，インセンティブ・システム，さらには必要に応じて利害関係を持たないサードパーティーからのレビューをうけることで敢然と立ち向かわなければならない。

　ステークホルダー・マネジメントは企業戦略上からも対象となるステークホルダーにより，また従業員との関係，企業組織など企業全体としての内部環境や，時代背景，法整備，競争企業の状況など，外部環境により変化させなければならない。また，ステークホルダー・マネジメント・システムとして，企業価値向上により，

　「企業とステークホルダーとの良好な関係性を構築することで，企業の持続的成長を促進し，発展させる」ことを目的として，PDCA の経営システムを策定し，実践することが重要である。しかもそのマネジメント・サイクルを継続的に改善しながら発展させることが企業戦略の視点からも求められる。即ち，その活動のベースには経営理念があり，その理念を実践する際の行動基準として経営倫理規定が礎石になるが，そこには不祥事を未然に防ぐ**「予防倫理」**と積極的に社会に貢献していく**「積極倫理」**の考えが根底にあることは論を待たない。記述のステークホルダー・マネジメントの 7 原則に基づき，その継続的なマネジメント・サイクルの実践が企業の持続的成長を促進し，発展させることになる。」と水尾（2013）は述べている。

　全てのステークホルダーの関心を認知し，企業経営の意思決定に反映させることができるか否かは判然としないが，企業は最大限の努力をしなくてはならない。それが結果として，企業の長期的繁栄をもたらすことは間違いないこと

である。

⑺　我が国の法曹関係における株主主権論は変わったか

　三戸浩（2011）は「法学関係では株主主権論がまったく当然中の当然として前提とされているようである」と述べているが，我が国の場合，2005年3月23日ニッポン放送の新株予約権発行差し止め仮処分申請に対する東京高裁決定で，次のようにのべている。

　同年2月23日，ニッポン放送は，ライブドアがニッポン放送株を37.85％取得したことに対抗して，ニッポン放送は，新株予約権発行を取締役会決議したが，ライブドアは差し止めを求めた。下記理由により3月11日，東京地裁は発行差し止め命令を出す。

　会社の経営支配権に現に争いが生じている場面において，株式の敵対的買収によって経営支配権を争う特定の株主（ライブドア）の持株比率を低下させ，現経営者（ニッポン放送）又は此れに指示し事実上の影響力を及ぼしている特定の株主（フジサンケイグループ）の経営支配権維持・確保する事を主要な目的として新株予約権の発行がなされた場合には「著しく不公平なる方法による新株予約権の発行に該当するものと解するのが相当である。」との決定がなされた。しかし，一方で東京高裁は，「経営支配権の維持・確保」を主要目的とする場合であっても「株主全体の利益の保護」という観点から新株予約権の発行を正当化する特段の事情がある場合には例外的に新株予約権の発行が不公正発行に当らない場合もあるとした。一方，東京地裁原決定においては，**「会社には，株主の他にも，従業員，取引先，顧客，地域社会などの利害関係者が存在し，これら利害関係者の利益を高めることは，長期的には株主全体の利益にも沿うという事ができるから，企業価値の検討に当っては，これら利害関係者の利益をも考慮する必要があると一応言う事ができる」**と明示的に述べていたが，東京高裁においては，**かかる記述はなく**，むしろ「買収者による支配権の獲得についての従業員の意向等の事情は，＊＊＊株式の取引等の次元で制約要因として法的に論ずるのが相当な事柄にならないというべきである」（松本：2005）。

　このように「東京地裁原決定」にあるステークホルダー論を残念ながら否定

している。

　また，2007 年 7 月 9 日ステイール・パートナー（SP）対ブルドックソース
（BS）事件にみる「新株予約権の割り当ては著しく不公正な方法か」に対する
東京高裁判断に次のようにある。即ち，

　「不当な SP の株式公開買い付けに対抗する手段として必要性，相当性が認め
られ限り止むを得ない手段である。そもそも現経営陣と買収者のいずれに経営
を委ねるべきかの判断については株式会社においては，**従業員，取引先など多
種多様は利害関係人との不可分な関係を視野に入れた上で企業価値を高めてい
くべきであるり，企業価値について，専ら株主利益のみを考慮するという考え
方には限界があり採用する事ができない**」と明示的に述べていたが，最高裁判
断では結論は東京高裁と変わりないが，**ステークホルダー論に係わる記述はな
くなっている**（松本：2005）。

　そのほかの例として，大阪地方裁判所，平成 16 年 7 月 28 日の幸福銀行事件
判決は，「経営判断の原則」について，「取締役は，営利を目的とする会社の経
営を委ねられた専門家として，長期的な視点に立って全株主にとって最も利益
となるように職務を遂行すべき善管注意義務及び忠実義務を負っている（商法
254 条 3 項，民法 644 条，商法 254 条ノ 3）。もっとも，営利の目的を実現する
ためには，**取引先，顧客，従業員，近隣の住民，地域社会等，会社をめぐる関
係者に対する配慮**を欠かすことができないから，取締役は，会社を経営するに
当たっては，上記関係者に対する適切な配慮を行いつつ，営利の目的を実現す
べきこととなる」と述べ，徐々にではあるが，法曹界関係の判断記述にステー
クホルダー論に係わる記述が現れたことは歓迎すべきことである。

4.　まとめ

　先に述べた如く，会社は誰のためものかと聞かれれば，「会社は誰のもので
もない，社会の公器である」と答えざるを得ない。高巌のいう「本質的な社会
の期待」に応えるには，第 1 は「企業は社会の中に既に存在する主体とみな
す」，第 2 は「企業は法人格を持つ権利義務の主体」，第 3 は「企業を人々の生
活をよきものとするための手段として扱う」等が前提となる。本筆者はこれに

更に 2 項目追加した。また,「会社は何をどのようにやるのか」については, ステークホルダーから信頼と共感を得た, 社会的に受容された経営理念・倫理基準を含む行動準則と経営方針（ミッション・ビジョン・コアバリュー）があり, それが会社の末端まで浸透され共有化されている状態になっていれば, コーポレートガバナンスのフレームワークも合法的・効率的・倫理的に機能しやすくなり, 取締役会の意思決定・戦略・慣行も機能的に効果を発揮しやすくなる。従業員の「ベクトルが合う」とか,「一致団結」が見られるようになる。

　2019 年 8 月 19 日, 米経営団体, ビジネス・ラウンドテーブル（JP モルガン, アマゾン, GM 等の 181 人の CEO が参加）は 1997 年から明記してきた株主第一主義（shareholder primacy）を見なおし, SH の利益を**尊重した**事業運営に取り組むと宣言した。それは,「長期的な株主価値を創出する」ためであり,「企業が長期的な株主価値を**犠牲**にして SH の利益を守る」とは言ってない（渡辺宏之：2020）。背景として, 米国では所得格差の拡大や環境破壊等により, 富裕層増税や大企業解体等を唱える民主党左派による大企業批判がミレニアル世帯（1980～2000 年前後生まれ）を中心に支持を得つつあり, これに対する危機感から, 行動原則の修正を迫られたとみる。今後の動向に注視いたしたい。MIT 大学院講師の Robert C Pozen は「一歩前進」と評価している（日経ビジネス No. 2019）。これらを啓発的株主価値論（**Enlightened Shareholder Value, Inclusive Approach**）と呼ぶ。これは, 取締役は株主利益を優先して行動すべきであるが, それに止まらず, 株主価値を向上させるために, 従業員の利益やその他ステークホルダーの広範な利益を考慮する義務があるという考え方である。ここで留意すべきは, 取締役の主たる目的は, あくまで株主利益のために会社を成功させることであり, 株主利益とその他のステークホルダーの利益が衝突した場合には, 株主利益を優先させるということである（林：2020）。

　2020 年 1 月のダボス会議では,「資本主義の再定義」がテーマとされた。これを「ステークホルダー資本主義」と呼ぶ学者もいる。CSR や CSV も, また, ESG も SDGs も啓発的株主価値論の範疇に入る。SDGs はゴールであり, ESG はそれを達成するためのプロセスである（村上・渡辺：2019）との見方をされる方も多い。公益追求を目的にして, 利害関係者の多様な価値の最大化を狙う多元価値論ではない。

第Ⅳ部

取締役会構成における多様性
（Diversity）による監督

第1章

女性の登用（Gender Diversity）について

はじめに

　従来から CG コードの原則 2-4 に「女性の活躍推進」があり，2018 年の改訂版 CG コード原則 4-11 に「ジェンダーや国際性の面を含む多様性」が入った。この目的は持続的成長であり，ダイバーシティはその手段である。

> 【原則 2-4．女性の活躍促進を含む社内の多様性の確保】
> 　上場会社は，社内に異なる経験・技能・属性を反映した多様な視点や価値観が存在することは，会社の持続的な成長を確保する上での強みとなり得る，との認識に立ち，社内における女性の活躍促進を含む多様性の確保を推進すべきである。
> 【原則 4-11．取締役会・監査役会の実効性確保のための前提条件】
> 　取締役会は，その役割・責務を実効的に果たすための知識・経験・能力を全体としてバランス良く備え，ジェンダーや国際性の面を含む多様性と適正規模を両立させる形で構成されるべきである。また，監査役には，適切な経験・能力及び必要な財務・会計・法務に関する知識を有する者が選任されるべきであり，特に，財務・会計に関する適切十分な知見を有している者が 1 名以上選任されるべきである。取締役会は，取締役会全体としての実効性に関する分析・評価を行うことなどにより，その機能の向上を図るべきである。

　今後の課題として，さらにコーポレートガバナンスの強化を図る観点から，独立性の高い社外取締役の複数選任，将来的に 3 分の 1 以上の独立社外取締役の選任，多様性，専門性のある取締役会構成（Board Diversity）等が求められる。一方，過去には，我が国の高度成長期の企業においては，単一性や均質性が求められ，これに我が国独特の年功序列や終身雇用制が取締役会にまで持ち込まれ社長をトップにしたヒエラルキーができ「集団愚考の罠」（group-think

の罠）にはまりやくすなっていた。

　しかし，今日のような複雑系の社会や環境変化が激しいグローバル時代のグローバル企業には，異質性・多様性・国際性なくして国際的企業と世界で競争できなくなってきた。取締役会における女性の登用，専門家の登用，国際派の登用は避けて通れない。独立性とは取締役の一要素であり，専門的資格，経験，倫理観等の人格・資質，及び多様性，異質性等の様々な要素の組み合わせが取締役会構成（Board Diversity）として必要になる。一方，非グローバル企業にとっては，それほどまでのダイバーシティは必要ないかもしれない。それぞれの企業個別のミッション・ビジョン・コアバリューに照らした，改革の内容や進め方と制度・慣行等を斟酌して決めるべきであろう。

　SDGs の 17 原則の 5 番目に「ジェンダー平等を実現しよう」が入った。女性登用に関して，「機会の平等」の話しは沢山あるが，「結果の平等」を求めたのは，ノルウエーが最初である。高齢化から労働力が不足し，移民政策の緩和をとるか女性の活用を図るかの選択を迫られ，最終的に後者にしたとの背景があるといわれている。

　ジェンダー・ダイバーシティの先行研究としては，以下のようなものがある。
① Carter，D'Souza，Smpson（2010）：Fotune500 社の 5 年間，役員会における女性・人種 Diversity は ROA 等に正の影響を及ぼす（小池：2015 以下 ②，③ も同）。
②欧州 Accenture（2011）：性別・国籍・年齢構成の Diversity は業績や株価に正の影響を及ぼす。
③オーストラリアの Chapple and Humphrey（2014）：女性役員の登用は消費財産業や素材産業で正の関係がみられる。

第 1 節　機会の平等

1. 何の為にジェンダー・ダイバーシティは必要なのか

　「政府がやれというからやるのだ」では「やらされ感」が強く，長く続かない。

(1)　グローバル時代の到来

今日のような複雑系の社会や環境変化が激しいグローバル時代には，異質性・多様性・国際性なくして国際的企業と世界で競争できなくなってきた。

(2)　女性取締役が多い企業ほど好業績・高株価

クレディ・スイス・リサーチインスティチュート「CSGender3000」によると，2019 年までの 10 年間で，女性取締役の数がゼロの企業よりも，10％以上女性取締役いる企業の方が株価が高い，15％以上いる企業はさらに高い。理由は企業が性別にとらわれず幅広い視野で優秀な人材を登用する企業文化がある。これらの企業は ESG[1] を重視する企業でもある[2]。

(3)　女性はリスクマネジメントが上手

英国 Leeds 大学の A. G. Wilson 教授の研究（17 千社対象）では，「少なくとも女性取締役が一人以上いる企業は経営破綻リスクを 20％減らせる，3 人に増えると更に減らせるとの分析がある」（The Sunday Times March 19, 2009）。やはり，女性には，いざと言う時に母性本能としての個体保存本能が働くのであろう。

(4)　女性リーダーのほうがコロナ対策に成功[3]

新型コロナウイルス危機への対応がずば抜けて素晴らしいとされるのは，台湾，ドイツ，ニュージーランドで，すべて女性リーダーに率いられている。その代表格が，元法学教授で，2016 年に初の女性総統となった台湾の蔡英文氏だ。新型コロナウイルスに対しては，震源地の中国本土に非常に近いにもかかわらず，迅速かつ効果的な防御策を指揮し，感染者を 400 人以下に抑えている。アメリカや欧州 11 ヶ国に 1,000 万枚のマスクを寄贈するなど余力も十分だ（ガーディアン紙）。

1　平成 30 年度　「ESG ファクターと企業価値等に関する研究」（九州大学）（S：雇用機会均等政策，人権政策等含む，G：女性取締役比率，独立取締役比率等含む）
2　2019 年 10 月 27 日日経ヴェリタス
3　NewSphere　2020 年 4 月 14 日

　ジャシンダ・アーダーン首相率いるニュージーランドも，感染者1,386人，死者も9人と低く抑え（2020年4月15日現在），著名な疫学者からも「マスタークラス」の政治的指導力と褒めたたえられている（英バイライン・タイムズ）。人口500万人以下の島国であることが幸いしたが，広く検査を実施し，首相が明確かつ思いやりある対応を取ったことが成功の理由だとガーディアン紙は指摘している。

　アンゲラ・メルケル首相率いるドイツは，早期に検査を拡大し，十分な集中治療室のベッド数を確保したことで，死亡率を1.6％と低く抑えている。同首相の対応は，脅威への「バズーカ砲」だとされ，称賛を受けている（バイライン・タイムズ）。コロナウイルス封じ込めに成果を出しつつあるデンマーク，フィンランドの首相も女性だ。

　共通している点は「命を守る」と切々として訴える母性本能が共感を読んでいるのであろう。

2. 平成30年度「なでしこ銘柄」「準なでしこ」にみる企業の取り組みの弱さ

～女性活躍推進に優れた上場企業64社（なでしこ42社，準なでしこ22）を選定（https://www.meti.go.jp/press/2018/03/20190322005/20190322005.html

(1) リーダー層における女性の登用は不十分

図表IV-1-1　2018年度女性活躍度調査（なでしこ銘柄）で聴取した各種実績

項目名	比率	項目名	比率
女性取締役比率	6.9％	女性正社員の離職率	32.7％
女性社内取締役比率	2.3％（1.8％）	女性採用比率（新卒）	37.1％
女性監査役比率	6.6％	女性採用比率（中途）	29.8％
女性執行役員比率	3.1％	女性管理職比率	8.0％
女性正社員雇用比率	26.3％	新規管理職に占める女性比率	13.6％

注：全回答企業（約522社）の平均値。()は東証一部

図表Ⅳ-1-2　政府の目標と実績（2018年なでしこ銘柄約522社の平均値）

役職名	2018年度企業平均実績	2020末政府目標
女性役員（カッコ内はは社内取締役）	6.8%（2.3%）	10%
女性部長相当職	4.0%	10%
女性課長相当職	9.5%	15%
女性係長相当職	19.2%	25%
女性役員・管理職	帝国データ（2020年7月調査：課長以上7.8%）	30%

(2)　政府の目標女性比率と「なでしこ銘柄」回答会社（約522社）実績との比較

・2010年12月に閣議決定された「第3次男女共同参画基本計画」により，政策・方針決定過程への女性の参画の拡大として，2020年までに政治家・公務員・管理職・役員・大学教授等指導的立場にある者の30%を女性にするという目標が掲げられた。

・2016年に女性活躍推進法が施行され，2019年で3年経過するが，「男女共同参画白書」によると，「管理的職業従事者に占める女性の割合（定義不祥）」は13.2%であり，労働政策研究・研修機構機調べでも15%弱あるが，米国43.4%や英国36.0%に大きく劣る。政府は，第5次男女共同参画基本計画（21〜25年度）を策定中。有識者による専門調査会は，2020年7月21日，20年代の可能な限り早期に30%を目指すという新たな目標を示した。

(3)　図表Ⅳ-1-1，2からわかることは，

①部長以上への昇格にはガラスの天井（glass ceiling）がある。

②女性社長は，イタリアやシンガポールが15%，タイが9%であるのに対して，我が国では，上場企業の39社と，全体の1%にとどまった（東京商工サービス2018年11月調べ）。事業分野では，小売業が最多の9社，情報・通信業8社，サービス業は6社等である。例えば，

・テンプホールディングスの篠原欣子（よしこ）取締役会長（創業者），サービス業

・㈱ディー・エヌ・エー代表取締役会長　南場智子（創業者），情報産業

・サンリオエンターテインメント社長小巻亜矢（再建屋と言われる）

サービス業

・PwC アドバイザリー代表執行役　吉田あかね（2010 年入社，女田中角栄，人間ブルドーザーとの同僚の声あり（『日経ビジネス 201911.04』84P），

サービス業

・ポーラの社長　及川美紀　化粧品業　商品企画に秀でている。

海外では，

・米国シスコシステムズのアジア太平洋事業の社長の鈴木みゆき，情報機器産業，等である。

　一般論ではあるが，女性はベンチャー企業の創業，特に商品開発等にたけている。「経産省」は 2016 年より「女性起業家等支援ネットワーク構築事業」を展開している。女性は女性・子供顧客のニーズに応じた商品開発，販売戦略にたけている。家計支出のうち，妻の意思決定割合は，我が国では約 74％。世界では約 64％といわれる。また，リスク管理能力や変化に対する適応能力（柔軟性）にたけている。Boston Consulting Group による 22 カ国 12,000 人を対象とした 2008 年の調査結果に基づくと，「女性役員が 1 人以上いる企業は，能力の範囲拡大やガバナンス強化等により破綻確率を 20％減らせる」。

⑷　「なでしこ銘柄」に見る，女性取締役を増やすための取組（n＝522）

①女性取締役を増やすための取組は弱い

　・昇進・登用にあたって，ライフイベント等により一時的に業務に制限がかかる社員についても，その要因で不利にならないように，能力に応じて適切に選抜している　　　　　　　　　　　　　　　　　　　　　　　　　　43％

　・取締役・監査役候補人材早い段階から社内で発掘し，登用を見据え，執行役員・管理職等の人材プールを戦略的に作っている　　　　　　　29％

　・企業の経営経験者や専門家（弁護士・会計士等）について，役割に応じた登用を実施している　　　　　　　　　　　　　　　　　　　　27％

　・他社（グループ企業含む）の女性取締役・監査役候補人材を，自社の社外取締役・社外監査役として受け入れている　　　　　　　　　　　22％

②具体的目標を作成し公表している企業の割合は少ない

ダイバーシティや女性活躍推進の方針や宣言等	72％
女性活躍推進のための体制構築（全般）	69％
女性活躍推進の取組に対する経営トップのコミットメント	58％
女性管理職比率の目標	53％
女性正社員の新卒採用比率の目標	32％
女性正社員比率の目標	10％
管理職の評価に，女性活躍推進の取組が反映される仕組み	8％
女性取締役数の目標	7％
役員の評価に，女性活躍推進の取組が反映される仕組み	6％

③以上のことからわかることは，「なでしこ銘柄」522 社は上場会社の中でもジェンダー・ダイバーシティにかなり積極的であるにもかかわらず，本心から腰を据えて女性取締役を増やそう，育てようとの気概が見て取れない。**Gender Bias（性差に基づく偏見や固定観念）の存在があるといわざるを得ない。**

(5)　まとめ

　アベノミクスによる女性の役員・管理職への登用な成功しているであろうか。政府は「日本再興戦略」において，女性の役員・管理職への登用「2020 年30％」の政府目標を掲げた。これに対して，帝国データバンクは全国の企業を対象とした「女性登用に対する企業の意識調査」を実施し，その結果を 2019 年7 月調査で，9,979 社から有効回答を得た。自社の課長相当職以上の管理職に占める女性の割合は僅か平均 7.2％であった。

　また，第 4 次男女共同参画基本計画（2015 年 12 月 25 日閣議決定）では，上場企業役員に占める女性の割合の目標値を「早期に 5％，2020 年までに 10％を目指す」と定めた。同目標の現状値は，日経 NEEDS の 2020 年 6 月末調査では上場企業で 6％である。

　「日経ウーマン」による 2020 年「女性が活躍する会社ベスト 100」は，日本IBM が 1 位になった。2019 年から**女性管理職育成のための年間プログラムを実施し**，参加者 54 名のうち 3 割が管理職に昇進。女性管理職比率が（19 年末時

点）17％に伸びるなど，活動が実を結んでいる。

3.「ガラスの天井」を男女で打ち破れ

　女性が取締役（board member）へ上る場合，障害となる「ガラスの天井（glass ceiling）」が存在する。本人の能力や業績とは関係ないところに天井がある。その天井が妨害して，昇進・昇格が出来ない状態が存在する。「結婚してないから」「子供がいないから」と私生活と引き換えに昇進昇格する「ないから管理職・役員」でよいのであろうか。「Gender Bias（性差に基づく偏見・固定観念）の存在に疑問を呈することも，声を上げることもしない。その結果，不公平なシステムがいつまでも続く（筆者注：例えば，日本の男女の賃金格差はOECD加盟国で3番目に大きい）。これは男女両方の責任である（Sheryl Sandberg：2013）」。男性支配というパラダイム（その時代の支配的な規範）の象徴的な例は，女性天皇を国民の76％が支持しているのに，政府や一部の議員が「万世一系」「男系男子による皇位継承」唱えている。このパラダイムからの脱却も必要であるが，女性も「一歩前にでる（Lean in）」昇進・昇格意欲を持たなければならない。管理職になることを断ったり，昇進試験を受けない女性が多いという声を聞く。

4.　政府は何もやってこなかったのか

　2020年で男女雇用機会均等法成立35年を迎えて
・1985年，**男女雇用機会均等法**
　雇用・募集・採用・配置・教育・**昇進**等の各ステージで女性が差別されないように
・1993年，**パートタイム労働法**，2014年改正，2018年改正（2020年4月1日施行）正規雇用労働者と非正規雇用労働者（2019年「労働力調査」によると非正規比率は女性で56％，非正規の内，約70％は女性）の間の不合理な待遇差が禁止されます。
　①雇用契約書の発行，

②昇給，賞与，退職金の有無

③給与・賞与等の待遇差禁止

④待遇の説明義務

⑤同一労働同一賃金の例示

　　特に，2020 年 4 月 1 日からパートタイム・有期雇用労働法と改正労働者派遣法の同一労働同一賃金関係 2 法は，企業などは正社員と非正規社員の不合理な待遇の格差を設けることを禁じる。業務内容や責任，配置変更の範囲などに差なければ，原則として賃金や手当，教育訓練などの待遇も同じ水準にすることが求められる。差がある場合は，従業員の求めに応じて理由を説明する義務も生じる。

　　非正規労働者の待遇格差をめぐる最高裁の判決が相次いだ。2021 年 10 月 15 日，日本郵便の契約社員が正社員との待遇格差の是正を求めた訴訟は，年末年始勤務手当や扶養手当などを支払わないのは不合理だと認めた一方，非正規労働者の退職金とボーナス（賞与）をめぐる同月 13 日の訴訟は，職務内容の差などを理由に不支給でも「不合理ではない」と判断した。多様な人材が集まり，いまや国内で 2 千万人を超える"非正規"という働き方に改めて注目が集まっている[4]。

・2001 年，**育児・介護休業法**

夫の育児休暇 5 日消化義務化，6 年半働けば最大 20 日分もらえる。2017 年に改正：子が保育所等に入れない場合，最長 2 歳まで育児休業再延長が可能。2021 年，男性国家公務員には 1 カ月以上の育休取得を要請。

・2013 年，**次世代育成支援対策推進法**

次代の社会を担う子どもが健やかに生まれ，かつ，育成される社会の形成に資することを目的とする少子化対策。市町村・都道府県・企業が対象，ワークライフ・バランスの確保。クルミン・マークの認定。

・2015 年，**女性活躍推進法**（常時雇用労働者が 301 名以上の企業に義務付けられた。

①「女性採用比率」「勤続年数男女差」「労働時間の状況」「女性管理職比率」

4　2021 年 10 月 16 日「日経」新聞

について状況を把握・課題分析をすること。

②「目標（定量的目標）」「取組内容」「実施時期」「計画期間」を即した行動計画を策定し，労働者に公表すること。

・2017 年に政府による **「子育て安心プラン」**

①待機児童解消（2017 年 9 月遅くとも令和 2 年度末までの 3 年間で全国の待機児童の解消を目指す）

②保育士増

③幼保無償化

が成立し，主に女性の就労環境を改善する法律が整備された。

・2019 年 5 月改正パワーハラスメント・セクシュアルハラスメント等防止法

5．主要政府施策の詳細

(1)　男女雇用機会均等法

　男女の性別による差別をなくす目的で，女性の能力の発揮できる雇用環境を整備しましょうと，即ち，雇用・募集・採用・配置・教育・昇進等の各ステージで女性が不利益な取り扱いを受けなくするために制定された。しかし，この内の昇進が問題である。そこにガラスの天井がある。

　ワークライフ・バランス（仕事と家庭の調和）施策では，1985 年の男女雇用機会均等法を施行して以降，上記のように，育児休業法，次世代育成支援対策推進法，女性活躍推進法と様々な施策を講じてきたため，30 歳前後から 45 歳前後の女性が結婚，出産，育児により離職してしまう M 字カーブ（年齢別労働人口比率）は長い年月をかけて，30 歳台を中心とする「底」の傾斜が徐々に穏やかになってきた。この M 字カーブを更に是正するためにワークライフ・バランス施策は非常に大事である。一方，**M 字カーブの問題点は，再就職するの大半は非正規社員であり，正規女性社員の雇用率は 20 代後半をピークに下がり続ける。グラフにすると「ヘ」の字型となる。これでは管理職に占める女性の割合が増えない**（内閣府の有識者懇談会「選択する未来 2.0」による 2020 年 7 月 11 日中間報告）。

⑵ **1993 年，パートタイム・有期雇用労働法，2014 年改正，2018 年改正（2020 年 4 月 1 日施行）**

　正規雇用労働者と非正規雇用労働者（**内，70％が女性**）の間の不合理な待遇差が禁止される。① 雇用契約書の発行 ② 昇給，賞与，退職金の有無，③ 給与・賞与等の待遇差禁止，④ 待遇の説明義務，⑤ 同一労働同一賃金。

　この内の同一労働同一賃金は 2020 年 4 月 1 日（中小企業は 2021 年 4 月 1 日）から施行される。業務内容や責任，配置変更の範囲などに差がなければ，原則として賃金や手当，教育訓練などの待遇も同じ水準にすることが求められる。2020 年 4 月の施行前及び後に企業がとるべき対応策は 4 つある。① 正規・非正規の職務内容の確認，② 待遇差がある場合は説明できる理由を明確にする ③ 必要ならば賃金体系を見直す，④ 事業主は説明義務を負う。具体的には「厚労省」がガイドラインを示す。➡一生懸命働いても報われない不平等の排除，➡我が国から「非正規」なる言葉を一掃する（水町：2020）。

　具体的には，三井住友銀行と三菱 UFJ 銀行は 2020 年度から契約社員に賞与を支給する。みずほ銀行は従業員組合に加入できるように見直した。

　一方，2020 年 10 月 13 日，最高裁は「バイトに賞与，契約社員に退職金」に係る不支給は「不合理とは言えず」との判決を出した。非正規の原告と，正社員の職務の内容に相違があったことは否定できないとして，正社員には異動があることや担当範囲がより広いこと，トラブル処理など難しい業務も担っていたことを指摘した。両方のケースともにアルバイトや契約社員を正職員・正社員へ段階的に登用する制度を設けていたことも考慮したようだ。2021 年 10 月 15 日，日本郵便の契約社員が正社員との待遇格差の是正を求めた訴訟は，年末年始勤務手当や扶養手当などを支払わないのは不合理だと認めた。

　「経団連」が新卒一括採用や年功序列型賃金を見直し，ジョブ型賃金を見直そうとしている背景にはコロナ禍による働き方改革（デジタル化）の動きがある。

⑶ **2017 年 3 月の改正育児・介護休業法**

　2017 年 3 月に改正育児・介護休業法が公布された（2017 年 10 月 1 日施行）。この改正により，子が保育所等に入れない場合，最長 2 歳まで育児休業の再延

長が可能になり，また，子どもが生まれる予定の労働者に育児休業等の制度等を知らせることや未就学児を育てながら働く方が子育てしやすいよう，育児に関する目的で利用できる休暇制度を設けることが事業主の努力義務として創設されている。

　旧法の時代から，女性の離職期間中の，夫の育児・家事への参加による支援として，厚労省は企業に有給休暇の5日消化義務化がなされている。また，「有休」は6年半働けば最大20日分もらえるようになるが，取得率が50%弱にとどまる。「産休」の場合には，「子が1歳に達するまでの間（子が1歳を超えても休業が必要と認められる一定の場合には，子が最長2歳に達するまで），育児休業をすることができる」と定められている（育児・介護休業法）。

　特に，問題は男性の場合である。「育児・介護休暇制度」が企業に義務化されているが，男性の育児休暇取得率は，2019年，僅か7.5%である。政府は，これを2025年までに30%にすることを目標にしている。しかし，

　（ⅰ）「男が育休なんて」という固定観念の払しょく

　（ⅱ）育休をとるとキャリア形成の障害になるという思いの払しょく

　（ⅲ）人が抜けても職場が回る仕組み

を考えないと，達成は無理であろう。そこで，突破口として，国家公務員の男性職員に対し，原則として1カ月以上の育児休暇の取得を促す方針である。その民間への波及効果を狙っている。政府は男性育休において企業に推奨義務を課す法改正を検討する[5]。

　育児休業は最長2年まで取得できる。最初の半年は休業する前の賃金の67%分，その後は50%分を雇用保険から出す。給付額は5,000億円を超す。雇用保険を上げないと持たないの問題がある。

(4)　女性活躍推進法とその施行後3年の見直し

（www.mhlw.go.jp/stf/seisakunitsuite/.../0000091025.htm...）

①女性活躍推進法とは

2016年4月1日に全面施行された，常時雇用労働者が301名以上の企業に義務

5　「日経」新聞2020年10月2日

付けられた「女性の職業生活における活躍の推進に関する法律」である。常時
雇用する労働者300人以下の事業主は努力義務となっている。この法律では，
下記の3つが義務付けられている。

i　自社の女性の活躍に関する状況把握・課題分析

「女性採用比率」「勤続年数男女差」「労働時間の状況」「女性管理職比率」につ
いて状況を把握・課題分析をすること

ii　状況把握・課題分析を踏まえた行動計画の策定・届出・公表

「目標（定量的目標）」「取組内容」「実施時期」「計画期間」を即した行動計画を
策定し，労働者に公表すること

iii　女性の活躍に関する情報公表

②施行後3年の見直し

【総論】

○女性活躍推進法が施行されて以降，民間企業における同法に基づく女性活躍
の取組は着実に進展。行動計画の策定が義務付けられた常時雇用する労働者が
301人以上の企業については，2018年9月末時点で**99.1％が行動計画を届出**。
また，厚生労働省が運営する「女性の活躍推進企業データベース」では，約1
万2千社が行動計画を掲載し，約1万社が同法に基づく情報を公表。

○　今後，社会全体で女性活躍を一層推進するためには，計画的なPDCAサイ
クルを促す行動計画の策定や，求職者の職業選択に資する情報公表等に，より
多くの企業が取り組むことが必要。

現在，300人以下の企業については女性活躍推進法に基づく取組が努力義務と
されているが，既に多くの企業が何らかの取組を進めている一方，取組を進め
る企業においても課題を感じていることを踏まえれば，これらの企業において
も，負担軽減に配慮しつつ，確実な取組を求めることが必要。

○　行動計画策定や情報公表等の取組の内容については，女性活躍推進法の基
本原則を踏まえ，「職業生活に関する機会の提供」と「職業生活と家庭生活の
両立」に資するものとなるよう制度を見直すとともに，企業に対するインセン
ティブを充実させることが必要。

③女性の職業生活における活躍の推進に関する法律等の一部を改正する法律
（2019年5月29日成立）の概要

（出典：www.mhlw.go.jp/content/000486033.pdf）

　女性をはじめとする多様な労働者が活躍できる就業環境を整備するため，女性の職業生活における活躍の推進に関する一般事業主行動計画の策定義務の対象拡大，情報公表の強化，パワーハラスメント防止のための事業主の雇用管理上の措置義務等の新設，セクシュアルハラスメント等の防止対策の強化等の措置を講ずる。

◆改正の趣旨

1. 女性活躍の推進【女性活躍推進法】

(1)一般事業主行動計画の策定義務の対象拡大

　一般事業主行動計画の策定義務の対象を，常用労働者301人以上から101人以上の事業主に拡大する。

(2)女性の職業生活における活躍に関する情報公表の強化及びその履行確保

　情報公表義務の対象を101人以上の事業主に拡大する。また，301人以上の事業主については，現在1項目以上の公表を求めている情報公表項目を「① 職業生活に関する機会の提供に関する実績」，「② 職業生活と家庭生活との両立に資する雇用環境の整備に関する実績」に関する項目に区分し，各区分から1項目以上公表することとする。あわせて，情報公表に関する勧告に従わなかった場合に企業名公表ができることとする。

(3)女性活躍に関する取組が特に優良な事業主に対する特例認定制度（プラチナえるぼし（仮称））の創設

2. ハラスメント対策の強化

(1)国の施策に「職場における労働者の就業環境を害する言動に起因する問題の解決の促進」（ハラスメント対策）を明記【労働施策総合推進法】

(2)パワーハラスメント防止対策の法制化【労働施策総合推進法】

①事業主に対して，パワーハラスメント防止のための雇用管理上の措置義務（相談体制の整備等）を新設あわせて，措置の適切・有効な実施を図るための指針の根拠規定を整備

②パワーハラスメントに関する労使紛争について，都道府県労働局長による紛争解決援助，紛争調整委員会による調停の対象とするとともに，措置義務等について履行確保のための規定を整備

⑶セクシュアルハラスメント等の防止対策の強化【男女雇用機会均等法，育児・介護休業法，労働施策総合推進法】

①セクシュアルハラスメント等に起因する問題に関する国，事業主及び労働者の責務の明確化

②労働者が事業主にセクシュアルハラスメント等の相談をしたこと等を理由とする事業主による不利益取扱いを禁止

※　パワーハラスメント及びいわゆるマタニティハラスメントについても同様の規定を整備

・改正の施行期日

　公布日から起算して1年を超えない範囲内において政令で定める日（ただし，1⑴⑵の対象拡大は3年，2⑴は公布日（パワハラについては，大企業は2020年6月1日から）。また，2⑵①について，中小事業主は公布日から起算して3年を超えない範囲内において政令で定める日までは努力義務）が施行期日。

6.　まとめ

　育児休業中・復職後の能力アップに取り組む企業への助成制度の創設。育児休業中・復職後の女性の空白期間の取戻しや技能教育（女性の55％が非正規雇用）・管理者教育（特に，リーダーシップ教育）を企業が率先して行うこと（資生堂が始めている），それを政府が支援することが望まれる。また，前述の如く，男性の家事・育児等への参画促進（育メン），ワークライフ・バランスや労働生産性向上の観点からの労働時間法制の総合的議論，待機児童解消加速化プランの展開などを進め，女性の勉強・研修できる環境を整えることも大事である。

　新型コロナウイルス感染症の影響でWEB会議が広がり女性活躍の追い風になるのではないか。出勤しなくても家庭で仕事ができると多くの方々が実感している。今後はいつどこで働いていても，成果で社員を評価するカルチャーが醸成されるのではないか。しかし，政府が2020年末までに女性管理職比率30％の達成をあきらめたとの報道は残念である。しっかりした理由の分析が必

要である。現在，政府は第5次男女共同参画基本計画（21〜25年度）を策定中。有識者による専門調査会は，2020年7月21日，20年代の可能な限り早期に30％を目指すという新たな目標を示した。

　答えになってない。

第2節　結果の平等

1.　ノルウェー

　2003年の会社法により性別の平等性は企業へも拡大され，上場企業の取締役会における女性の割合を少なくとも40％以上（その後の改正で男女どちらかが40％を下回ってはならないとなった）することが義務づけられた（罰則あり）。この法改正はノルウェーで激しい議論を巻き起こしたが（それにより刺激された，その他欧州各国ではさらに大きな議論を呼んだ），性別クオータ（割り当て配分）制は一定の成功を収めたとみられている。だが，議論はこれで終わったわけではない。一つ顕著なのは，ノルウェーは経営権のある役職での女性登用がまだ低い点だ。上場企業の取締役会における経営権のない女性役員は既に40.7％を占めているが，経営に携わる女性執行役員は6.4％にすぎない。ノルウェーの大手上場企業に女性の社長はいない（2014年8月24日 Financial Times）。

　ノルウェーの性別クオータ制は，国営企業において2004年施行。民間上場会社は2008年までに達成しなければならないとしたが，規制回避のため上場廃止企業が増加（筆者注：約7割）し，企業価値の低迷が見られた（田中信弘：2014）。逃れた企業の女性役員比率は18％程度である。

2.　欧州議会

　2013年11月20日，欧州議会は欧州企業の役員会における男女比を改善するための欧州委員会法案（上場企業の非常勤役員に占める女性役員比率を2020

年までに 40％にすることを義務付けた）を可決した。因みに，2012 年 10 月の
EU 域内の女性取締役比率は 16.6％になっている。

　ロンドンリサーチセンター研究員沼知聡子＆シニアエコノミスト菅野泰夫
（2014）によると「欧州委員会での指令案策定時と同様に，その採択を巡る欧
州議会での議論でも，クオータ制や制裁措置の導入に対する反対意見が再び繰
り広げられた。私企業の決定に介入する法的根拠に疑問を呈したり，役員の選
出プロセスに性別が介在することを不当とする向きもあった。女性役員がその
資質や実績を疑問視される可能性が指摘されたほか，比較的早期に厳格な制裁
措置を伴うクオータ制を導入したノルウェーを失敗事例とし，指令案の実効性
を問う声も上がった。これは，ノルウェーでは数合わせが優先されてしまい，
男女平等の促進に必ずしもつながっていないとの見方があるためだ。同一女性
が数十社の非常勤役員のポジションを占める，いわゆる「黄金のスカート
（golden skirt）」をはいていると揶揄される状況や，女性 CEO の人数が EU 平
均よりも低い点が問題視された。これに対し，導入賛成派は EU における大学
卒業者の 6 割を女性が占めているにもかかわらず，依然として企業の取締役会
の 8 割が男性という事態は，男女平等という EU の基本理念に反するばかりか，
女性の能力の不活用，さらには大学教育に投じられた税金の浪費であり，早急
に是正すべきであると主張した。また，企業トップにおける女性の割合が高い
企業は，組織上でも財政上でも高い業績を示すとの様々な調査結果を基に，経
済的理由からもジェンダーバランスの改善は必至であると強調した。そのうえ
で自主規制による改善ペースが遅いことから，法規制の導入は必要悪として認
めざるを得ないとの意見が目立った。こうして，賛成 459 票，反対 148 票（棄
権 81 票）の大差で指令案は採択された」と述べている。

3．ドイツ，女性監査役 3 割 2016 年義務化

　ドイツ連邦議会は 2015 年 3 月 6 日，上場大企業 100 社に対して監査役会の
30％を女性にするように義務付ける法案（2016 年から適用）を可決した。メル
ケル政権は経済界の反対を押し切って女性比率の義務化に踏み切った（但し，
罰則無し）。2018 年からはこの比率を 50％にする。2019 年 35.6％である。ドイ

ツの監査役会は取締役の解任権をもつ。因みに，フランスはクオータ制（罰則無し）により，2019 年フランスの女性役員比率は 45.3％である。内閣は男女同数にしなりればならない。

4．我が国の男女の平等度

　2019 年 12 月 17 日の「日経」によると，「世界 153 カ国の男女平等度合いを示す，ジェンダーギャップ指数 2019 年版によると，アイスランド 1 位，ノルウェー 2 位，米国は 53 位と日本の 121 位を大きく引き離している。因みに中国 106 位，韓国 108 位である。指数はスイスに本拠を置くシンクタンクの世界経済フォーラムが女性の地位を経済，教育，健康の 4 分野で分析したものである。男女の格差を完全に解消するには約 100 年かかるという。

　いずれ我が国も，少子高齢化から，移民を選ぶか，クオータ制を選ぶかの選択を迫られる時代が来るかもしれない。なぜならば，我が国の労働人口は，1995 年でピークを打ち減少傾向にある。2013 年約 6,600 万人の労働人口は，内閣府の推計によると，2030 年には約 5,700 万人と 14％も落ち込むといわれている。大量移民は考えられず，真剣に女性や高齢者の活用を考えなくてはならなくなる。立命館アジア太平洋大学学長の出口治郎氏は世界 196 カ国中，118 カ国が導入しているクオータ制を我が国も導入すべきであると述べているが，果たして成功するであろうか。

5．クオータ制の問題点

（ja.wikipedia.org/wiki/）

　クオータ制に対しては，「平等原理の侵害」，「逆差別」と見なす意見や，女性やフェミニスト運動家からも逆差別としてとらえられることがあり，「女性枠を作るのなら，なぜ黒人枠やイスラム教徒枠，ほかのマイノリティー枠はないのか？」といった疑問も呈されている。

第3節　提言

　ガラスの天井を破るには，また，ジェンダー・バイアス（性差による差別）をなくすにはどうしたら良いかについては，機会の平等か結果の平等（クオータ制）かの2者択一ではなく。我が国の現状を踏まえて，仕組みや政策等の制度面（ハード）と個人の意識改革のソフトの面の2面より次の提言を行う。

1.　制度としての CG コードへの追加

> 　CG コード原則 2-4 に「女性の活躍推進」があり，2018 年改訂版 CG コード原則 4-11 に「ジェンダーや国際性の面を含む多様性」が入った。
> 　また，CG コード補充原則 4-1 ③ に「取締役会は，会社の目指すところ（経営理念等）や具体的な経営戦略を踏まえ，最高経営責任者（CEO）等の後継者計画（プランニング）の策定・運用に主体的に関与するとともに，後継者候補の育成が十分な時間と資源をかけて計画的に行われていくよう，適切に監督を行うべきである。」がある。

　これに，CG コード補充原則 4-1 ④ として「「女性役員候補の人材について，早い段階から社内で発掘し，登用を見据え，人材プールを戦略的に作るべきである」という「**女性リーダーを育成する企業文化づくり**」を入れるべきである。

2.　制度としての SS コードへの追加

　SS コードに「機関投資家は，企業との目的を持った対話に女性役員比率等の作成・公表を含める」。即ち，「投資家と企業の対話ガイドライン」の【コードの付属文書】にある以下の文言を➡原則への格上げを図る。
　「取締役会が，持続的な成長と中長期的な企業価値の向上に向けて，適切な知識・経験・能力を全体として備え，**ジェンダーや国際性の面を含む多様性**を十分に確保した形で構成されているか。その際，**取締役として女性が選任されているか**」。

3. 制度としてのスポーツ庁によるガバナンスコード

　令和元年8月，スポーツ庁のスポーツ団体（中央競技団体向け）ガバナンスコード原則2(1)①「外部理事の目標割合（25％以上）及び女性理事の目標割合（40％以上）を設定するとともに，その達成に向けた具体的な方策を講じること」が新設された。これを他の団体も参考にすべき（参考：ノルウェーのクオータ制（会社法：女性取締役40％義務化），米国CA州（2018年9月）女性取締役1人以上義務化，大企業2人以上求める）。

4. 制度としての「経産省」が進める「女性起業家等支援ネットワーク構築事業」を強力に展開（現在10カ所➡20カ所以上）。

5. 個人の意識改革を促すために，皇室典範特例法に女性天皇を明記

　女性天皇を国民の76％が支持しているのに，政府や一部の議員が「万世一系」「男系男子による皇位継承」唱えている。このパラダイムからの脱却と男尊女子からの意識改革が必要である。

　政府は安定的な皇位継承策を巡り，2019年秋に始めた非公式の識者ヒアリングを終えた。女性天皇（父方に天皇をもつ女性天皇）・女系天皇（母方だけに天皇の血筋引く女性天皇）と，男系維持に向けた旧宮家（旧皇族）の皇籍復帰の是非を軸に10人以上から聴取した。結婚後も女性皇族が皇室に残る「女性宮家」創設を含め，今後は論点整理に着手すること政府関係者が2020年5月9日，明らかにした。しかしながら，2020年8月15日，自民党は皇位継承を巡り女系天皇容認論に言及した河野太郎防衛大臣に対する異論が相次いだ。自民党の保守系議員でつくる「日本の尊厳と国益を護る会」と会談した菅義偉首相は「男系による継承が絶えることなく続いてきたことの重みを踏まえると申してきた。首相になった現在もいささかも変わってない」と述べた。これでは前途遼遠である。自民党元老や右派の意識改革が必要である。また，11月4日首相は「立皇嗣の礼」が終わり次第「女性天皇・女系天皇」の是非を明確にした

いと述べた。

6. 女性の管理職比率を上げるために，夫の家事の時間を増やせ[6]。

　前述の如く，男性の家事・育児等への参画促進（育メン），ワークライフ・バランスや労働生産性向上の観点からの労働時間法制の総合的議論，待機児童解消加速化プランの展開などを進め，女性の勉強・研修できる環境を整えることも大事である。また，育児休業中・復職後の能力アップに取り組む企業への助成制度の創設。育児休業中・復職後の女性の空白期間の取戻しや技能教育（女性の 55％が非正規雇用）・管理者教育（特に，リーダーシップ教育）を企業が率先しておこなうこと（資生堂が始めている），それを政府が支援することが望まれる。

7.「経団連」と「菅政権」への期待

①「経団連」は管理職の女性比率に関して，2030 年を目途に 40％超にすべきであるとの目標を立てた。同時に，出産や子育てがキャリアに影響しないように，終身雇用ではなく「人材の流動化」を求め，中途採用の比率を拡大して能力で評価する給与体系への移行を促す。若手の男性が育児参加を申告しづらい傾向があるため「職場の雰囲気を変える」ことも明記する[7]。
②菅義偉首相は，これに呼応するかの如く，企業統治指針（金融庁と「東証」は，CG コードの 2020 年度内に 21 年度の見直しに向け議論を始める）として管理職を念頭に「女性・外国人・中途採用者を含めた多様性の確保が望ましい」と述べた[8]。おりしも医療業界では武田薬品に続いて三菱ケミカル HL が外国人（ベルギー出身のジョンマーク・ギルソン氏米国籍）を 2021 年 4 月 1 日付けで社長に招聘するという[9]。社外取締役の橋本孝之氏が委員長を務める指名委員

6　2020 年 8 月 3 日「日経」新聞「遠い女性の管理職 30％実現への課題は」パク・スックチャ氏
7　2020 年 10 月 3 日「日経」新聞
8　2020 年 10 月 6 日「日経」新聞
9　2020 年 10 月 24 日「日経」新聞（医療素材を手掛ける仏ロケット社の CEO）

会が主導した。

③1979年に国連総会で採択され，現在189カ国が締結国になっている女性差別撤廃条約の選択議定書に批准することは重要である。この目的は，女性に対するあらゆる形態の差別を撤廃することである。

第 2 章

取締役会における独立社外取締役の数と質と多様性（Diversity）の意義

はじめに

　2020 年 10 月 20 日，金融庁と「東証」が共同事務局を務める「スチュワードシップ・コード及びコーポレートガバナンス・コードのフォローアップ会議（通称「フォローアップ会議」）」の第 20 回が再開され，「2021 年中に改訂を行う」とされた。座長が池尾和人教授から神田秀樹教授に変更となった。

　再開後の 1 回目は，「第 20 回フォローアップ会議でご議論いただきたい事項」として，次の 5 つの項目が挙げられた。

1. 資本コストを意識した経営（現預金保有，政策保有株式の在り方等）
2. **取締役会の機能発揮（社外取締役の質・量の向上，ダイバーシティ等）**
3. 中長期的な持続可能性（サステナビリティ，管理職等におけるダイバーシティ等）
4. 監査の信頼性の確保（内部監査部門から経営者及び取締役会等に直接報告を行う体制の構築等）
5. グループガバナンスのあり方（グループ全体としての経営の在り方，上場子会社の一般株主保護等）

　これらの論点につき検討の上 2021 年中に次の改訂を行うとしている。

第1節　独立社外取締役の必要性と数

【原則 4-9.　独立社外取締役の独立性判断基準及び資質】
　取締役会は，金融商品取引所が定める独立性基準[1]を踏まえ，独立社外取締役となる者の独立性をその実質面において担保することに主眼を置いた**独立性判断基準を策定・開示**すべきである。また，取締役会は，**取締役会における率直・活発で建設的な検討への貢献**が期待できる人物を独立社外取締役の候補者として選定するよう努めるべきである。

【原則 4-8.　独立社外取締役の有効な活用】下線部 2018 年改訂部分
　独立社外取締役は会社の持続的な成長と中長期的な企業価値の向上に寄与するように役割・責務を果たすべきであり，上場会社はそのような資質を十分に備えた独立社外取締役を**少なくとも 2 名以上選任**すべきである。
　また，業種・規模・事業特性・機関設計・会社をとりまく環境等を総合的に勘案して，**少なくとも 3 分の 1 以上**の独立社外取締役を選任することが必要と考える上場会社は，上記にかかわらず，**十分な人数の独立社外取締役を選任**すべきである。

　「東証」による 2020 年の直近のデータで一部上場企業の 95％が 2 人以上の独立社外取締役を選任した。「東証」は，2020 年 8 月 14 日まで「ガバナンス報告書」を提出した市場第一部の企業において，1/3 以上の独立社外取締役のいる企業比率は 58.7％であった。

　しかしながら，オリンパスの「隠れ債務事件」で 8 回取締役会を開いて，一人の方が質問しただけで，あとは誰ひとり質問がなかった。菊川剛社長の「よろしいですね」の一言で終わった。「何も言わない監査役を連れてこい」といったカルロス・ゴーン時代の日産も同様であろう。

　欧米のモニタリング・ボードと異なり，我が国のマネジメント・ボードおいて，代表取締役（社長）等の職務執行を監督しようとしても，2 人〜3 人の社外

1　東京証券取引所（以下「東証」という）では，一般株主保護の観点から，上場会社に対して，**独立役員（一般株主と利益相反が生じるおそれのない社外取締役又は社外監査役をいう）**を 1 名以上確保することを企業行動規範の「遵守すべき事項」として規定している。上場会社には，独立役員の確保に係る企業行動規範の遵守状況を確認するため，「独立役員届出書」の提出を求めている。

取締役を除くほぼ全取締役が，社長を頂点としたヒエラルキーの一員（監督と執行の不分離による）であるため，その頂点にいる社長を効果的に監督することは，事実上困難で，逆に社長から監督され指揮命令を受けており，社内出身の取締役の独立性に問題がある。その根本には，我が国特有の終身雇用制による，会社への忠誠心が経営トップへの忠誠心と混同されがちとなり，また共同体意識（ムラ社会意識）等が存在し，強い上下関係や否定しない文化につながっている。取締役会において，カリスマ経営者のもとで，一定時間内に合意に至ろうとするプレッシャーのために，物事を多様な視点から，批判的に評価する能力が欠ける「集団愚考（社会心理学 group-think）の罠」に陥りやすくなる。内なる論理，企業内常識の非常識，同質性等の打破が必要となる。，従って，過半数の**社内役員**で構成された時に，株主やその他のステークホルダーに対し，何らかの利益の不一致が，必然的に生じるリスクが大である。そこに取締役会の正当性は存在しえないのではないか（今井：2014『経営者支配とは何か』，p. 312）。例えば，業績不振でも止めないし（久保：2012 は「3 年連続赤字で経営者交代があったのは 7.6 ％」，p. 94），役員報酬も下げない。内部留保を溜め込むだけで新規事業に投資しない等である。即ち，「経営トップは神様ではない。自分で自分を監督できない」（石田：2013）。従って，「社外の眼」である多くの独立社外取締役に聞いてみることが重要である。願わくは限りなく過半数近くの占有率を目指すべきであろう。

　10 月 14 日，議決権行使助言会社の ISS（Institutional Shareholder Services）は議決権行使助言方針（ポリシー）の日本版改定案を公表した。これらは，いずれも 2022 年 2 月より適用予定となっている。

①監査役設置会社において取締役の 3 分の 1 以上を社外取締役とすることを求めること

②いわゆる政策保有株式を過度に保有する会社の経営トップに反対すること

　一方，米国では一般に 9 割近く社外取締役が占めている。NYSE の CG のガイドラインは過半数を占めることを決めている（§303A.01）が，実態はそれ以上存在する，その理由は，訴訟リスク等の軽減（下記 ① と ②）のためである。

　①株主代表訴訟において，取締役会が特別訴訟委員会（Special litigation

committee）を設け，且つ，独立性がある委員会が判断すれば　株主代表訴訟を却下できる（川口幸美：2004）。

　②敵対的買収において，社外且つ独立性のある取締役による承認がある防衛手段ならば，後日株主から訴えられても賠償責任を負わない（UNOCAL 判決）（川口幸美：2004）。

　③米国の実証研究で，「社外取締役が取締役会に占める割合と会社の業績との関係を測定したところ，社外取締役が過半数を占める会社のほうが，社内取締役が過半数を占める会社よりも業績が良いという関係は見られなかった」[2] （Bhagat & Black: 1999 *The Uncertain Relationship Between Board Composition and Firm Performance* 63, pp. 942-944）。

　④米国の実証研究で，会社の業績が悪化した場合に，CEOが更迭される可能性と社外取締役が過半数を占める取締役会は有意の関係が見られる（Michel S. Weibach: 1988 *Outside Directors and CEO turnover*）。

　訴訟社会の米国はこれらの特殊事情があるが，この論理を我が国に直接当てはめることは適切ではない。現在，我が国の独立社外取締役の数が不十分であるが，その独立社外取締役を有効活用しなくてはならない。日立製作所や武田薬品工業等主要13社を分析した江川雅子（2020）レポートによると，

　①「社外取締役に承認できないといわれ，投資家に対する責任を指摘されてハッとした」

　②「社内の縦割りが打破され，経営会議でも全社的な議論をするようになった」

　③「顧客本位の視点，透明性を強く言われて会社の姿勢が変わった」

　④「買収案件の意義，バリュー，リスクなどについて指摘を受けて修正した」

　⑤「不祥事について厳しい指摘を受けて対応を見直した」などの例がある。

2　なお，③に関連して，我が国では，斎藤卓爾（2020）によると「社外取締役が企業業績に与える影響」として，①外国人持ち株比率の低い企業と②創業家一族による持ち株保有比率が高いファミリー企業では，社外取締役の選任が，そうでない企業より業績が改善している」という実証研究を行っている。

そして，CGを向上させるのになにが重要かと問われると彼女はいつも「**トップの姿勢**」であると答えるとのことであった。**独立社外取締役を生かすも殺すもその企業のトップの姿勢であることを肝に銘じるべきである。**現在，我が国では監査役設置会社，監査等委員会設置会社，指名委員会等設置会社の3制度の中で制度間競争を行われているが，制度設計には限界があると断じている[3]。制度ではなくCEOの経営者資質・姿勢による。誠に至言である。

第2節　独立社外取締役の資質・能力

　取締役会の活性化のためには，独立社外取締役の数だけではなく，Professional Diversityも重要である。CGコード【原則4-7. 独立社外取締役の役割・責務】は次のように述べている。

　上場会社は，独立社外取締役には，特に以下の役割・責務を果たすことが期待されることに留意しつつ，その有効な活用を図るべきである。
(ⅰ)経営の方針や経営改善について，自らの知見に基づき，会社の持続的な成長を促し中長期的な企業価値の向上を図る，との観点からの**助言**を行うこと
(ⅱ)経営陣幹部の評価・選解任その他の取締役会の重要な意思決定を通じ，経営の**監督**を行うこと
(ⅲ)会社と経営陣・支配株主等との間の**利益相反を監督**すること
(ⅳ)経営陣・支配株主から独立した立場で，少数株主をはじめとする**ステークホルダーの意見を取締役会に適切に反映させること**

従って，
①独立社外取締役の助言機能を発揮するためには，知識・経験・能力と多様性が重要
　例えば，新規事業・既存事業の分かる方，海外経験のある方，法律やリスク・コンプライアンスの専門家，財務専門家（米国Financial Expert同等の），女性の感性等のバランスを取ること。

3　2020年7月24日日本経済新聞Analysis「社外取締役制度の課題」上

②独立社外取締役が，経営の監督機能を発揮するための経営者資質としては，気後れせずにものを言う勇気，正義感，公平感，誠実性（言行一致），Independent Judgment ができる Independent Mind（精神的独立性）が求められる。要は知見の披歴をしているだけではなく，意思決定に影響力を持たなくては意味がない。

③独立社外取締役が，利益相反の監督機能を発揮するための経営者資質としては，倫理観，正義感，公平感，誠実性などが求められる。

④独立社外取締役が，ステークホルダー（SH）の意見を取り入れるためには，株主のみならず，消費者，従業員，債権者，地域社会などとの接点を頻繁に持たなくてはならない。そのための時間と，エネルギーを惜しまない積極性のある方が選ばれなくてはならない。

　この ④ のためには，CG コードの補充原則 4-11 の ② は意味がある。

補充原則 4-11 の ②

　社外取締役・社外監査役をはじめ，取締役・監査役は，その役割・責務を適切に果たすために**必要となる時間・労力**を取締役・監査役の業務に振り向けるべきである。こうした観点から，例えば，取締役・監査役が他の上場会社の**役員を兼任**する場合には，その数は合理的な範囲にとどめるべきであり，上場会社は，その兼任状況を毎年開示すべきである。

---

⑤女性の登用（Gender Diversity）が声高に叫ばれているが，能力として経営に関する専門性（経営リタラシー）を兼ね備えることも重要である。

　独立社外取締役の資質・能力としては以上であるが，どのような面でそれらを発揮すべきかについては，喫緊の課題として，経産省の「社外取締役の在り方に関する実務指針」[4] がある。

①取締役会の中長期的な議題設定に関わり議論の実効性を向上。（助言機能）

②経営陣の指名や報酬の在り方の関わり経営の適切な動機付けに寄与。（監督機能）

③株主との対話を通じて得た視点を取締役会の議論に反映。(SH の意見反映，助言機能)

4　2020 年 9 月 28 日「日経」新聞

との社外取締役のベストプラクティス（有効性）を示したが，独立社外取締役のサポート体制も重要である【原則4-13．情報入手と支援体制】。

　一方，米国における実証研究として，取締役会の構成と規模は，CEOの交代，企業買収の交渉，ポイゾン・ピル（買収防衛策）の採用，役員報酬の決定といった**取締役会の判断の質に影響を与える**（Benjamin E Hermalin & Michel S. weibach: 2003 *Boards of Directors as an Endogenously Determined Institution: A Survey of the Economic Literature*）。

　しかしながら，上記に記した独立社外取締役の役割・責務を全うできる独立社外取締役の資質・能力はあまりにも多岐にわたり一人ではできない。そこに多様性（Diversity）と専門性（Profession）が求められる理由がある。

第3節　多様性，専門性ある良き Board Diversity とは

【原則4-11．取締役会・監査役会の実効性確保のための前提条件】
（下線部2018年改訂部分）
　取締役会は，その役割・責務を実効的に果たすための知識・経験・能力を全体としてバランス良く備え，**ジェンダーや国際性の面を含む**多様性と適正規模を両立させる形で構成されるべきである。また，監査役には，**適切な経験・能力及び必要な財務・会計・法務に関する知識を有する者が選任されるべきであり，特に，**財務・会計に関する適切十分な知見を有している者が1名以上選任されるべきである。取締役会は，取締役会全体としての実効性に関する分析・評価を行うことなどにより，その機能の向上を図るべきである。

　独立性は，重要な責務・背景の一つではあるものの，独立性があるだけでは足りず，それ以外の資質・背景の多様性も考慮する必要がある。取締役会を集合体としてとらえ，様々な人材を組み合わせて，経営理念・経営方針（中長期経営戦略を含む）・倫理基準を含む行動準則（ミッション・ビジョン・コアバリュ）を**実現するための陣容（スキル・マトリックス）**にしなくてはならない。PwC（2020）[5]による「Q28：指名委員会の監督機能を発揮させるための課題」にたいする回答で「経営幹部候補者の適格性評価のための情報が不足してい

る」と答えた社外取締役とトップであった。会社のミッション・ビジョン・コアバリュが明確ならば，それを実現できる候補者を社内外から探せばよいだけであるが，指名委員会が機能してない。後継者指名は現社長の頭の中にあり，手続書がないことが問題である。

1. 一般的な構成（現状理解）

図表Ⅳ-2-1 「期待される役割・機能を求められる資質・背景に応じて分けた社外取締役のタイプ」

類型	特徴	例と（％）
タイプA 経営経験型	経営経験者としての目線からの意見が期待されるタイプ。その会社の事業分野における経験がある場合と，ない場合がある。	現役の会社経営陣やその退任者等 （63.3％）
タイプB 専門知識型	専門的な知見に基づく意見が期待されるタイプ。その会社の事業分野に関する専門知識を有する場合と，会社経営一般の専門知識を有する場合がある。	法曹，会計士，学者，行政経験者等 （29.1％）
タイプC 属性着目型	経営戦略上，特定の属性に着目し，その観点からの意見が期待されるタイプ。上記A・Bの検討の際に，重畳類的に考慮することが一般的（A・Bのタイプにも該当することが大半）	性別（女性），国籍（外国人），その他（年齢，民族，信仰）等 （7.6％）

出典：CGSガイドライン68P：数字の根拠は2020年6月の定時株主総会を開催した日経500採用銘柄の384社調査による。

2. 構造改革期の日立のミッション・ビジョン・コアバリューと取締役会構成

(1) 日立グループのアイデンティティ（Social Innovation–It's our future）とは

(2) 会社のステージ：事を正す人（川村隆）
　　　　　　　　　事を進める人（中西宏明）➡（東原敏昭）

　ミッション・ビジョン・コアバリューに基づくサクセッションプランニングにおいて，その時の経営者の置かれた状況，率いる組織の状態，試みる経営の

図表Ⅳ-2-2　社会の変化と日立グループのアイデンティティ

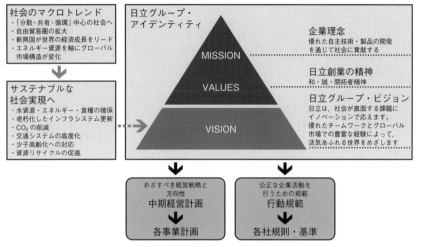

社会の変化と日立グループ・アイデンティティ

出典：日立 G サステナビリティレポート 2014 より引用

在り方により，「事を興す人」「事を正す人」「事を進める人」の三つの経営者タイプがあるという[6]。この順序を間違えると大変なことになるが，日立の場合は比較的スムースにこれが進んでいるといえる。

⑶　経営者メッセージ

　2015 年終了の中期経営計画で「イノベーション」「グローバル」「トランスフォーメーション」を掲げていたが，さらに「経営のグローバル化」を追加した。

⑷　取締役会構成（2015 年 6 月）―機関設計は指名委員会等設置会社

　①取締役会構成：社内 4 名，社外 8 名，合計 12 名

　②社内取締役構成 4 名（中西宏明 CEO，東原敏明 COO，三好崇司取締役監査委員長，持田農夫男取締役監査委員）

　③社外取締役構成は，ミッション（自主技術）・ビジョン（グローバリゼイ

6　伊丹敬之（2013）『良き経営絵者の姿』，p. 121 参照

図表Ⅳ-2-3 日立の8人の独立社外取締役会構成（スキル・マトリックス）

(内外国人4名，女性2名)

社外取締役構成	国際派	M&A	技術・研究	国際法務
・勝俣宣夫（丸紅相談役）指名委員長，監査・報酬委員	○	○		
・榊原定征（東レ会長，経団連会長）指名・報酬委員	○	△	○機能性材料	
・望月晴文（通産省元事務次官，資源・エネルギー庁長）	○	○	△	
・吉原寛章（KPMG インターナショナル副会長）	○	○		○
・シンシア・キャロル（アングロ・アメリカン元CEO）	○	○	○資源	
・ジョージ・バックリー（3M 元会長）	○	○	○機能性材料	
・フィリップ・ヨー（シンガポール通産省元科学技術庁長官）	○	△	○	
・ルイーズ・ペントランド（米国＆英国・弁護士，ノキア法務部長）	○	○		○

注：経歴に基づき筆者作成。○は能力卓越，△はその中程度を表す。

ション）・バリュ（開拓者精神）に従い，かつ外国人，女性等の多様性に富んでいる。

　なお，2015年11月27日付け「日経」新聞は，上場企業の総合ランキング「NICES」2015年度版の企業統治項目で日立をトップに位置付けた旨伝えている。

　現在，日立は東原敏明CEOの下で2009年来抱えてきた親子上場22社の整理統合・売却等の構造改革を精力的に進めている。また，「『利他』の考え方が，会社運営で評価される時代になってほしい」と発信している[7]。

第4節　まとめ

①我が国の独立社外取締役の構成比率（数）・質において，まだ不足である。社長（CEO）には自制心のある方もいる（田中一弘：経営者良心論）が，基本的

7　2020年11月2日「日経ビジネス」，p.54

に自分を自ら監督できない。社外の眼が必要である。

②米国における実証研究として，「社外取締役の数と業績には有意な関係はなかったが，取締役会の構成と規模は，CEO の交代，企業買収の交渉，ポイズン・ピル（買収防衛策）の採用，役員報酬の決定といった取締役会の判断の質に影響を与える」がある。

③我が国の独立社外取締役の構成比率として，限りなく過半数近くの占有率を目指すべきであろう。

④独立社外取締役を生かすも殺すもその企業の**トップの姿勢**であることを肝に銘じるべきである。

⑤独立社外取締役の助言機能を発揮するためには，知識・経験・能力と多様性が重要

　例えば，新規事業・既存事業の分かる方，海外経験のある方，法律やリスク・コンプライアンスの専門家，財務専門家（米国 Financial Expert 同等の），女性の感性等のバランス（スキル・マトリックスによる）を取ること。

⑥独立社外取締役が，経営の監督機能を発揮するための経営者資質としては，気後れせずにものを言う勇気，正義感，公平感，誠実性（言行一致），Independent Judgment ができる Independent Mind（精神的独立性）が求められる。

⑦独立性は，重要な責務・背景の一つではあるものの，独立性があるだけでは足りず，それ以外の資質・背景の多様性も考慮する必要がある。取締役会を集合体としてとらえ，様々な人材を組み合わせて，**経営理念・経営方針（中長期経営戦略を含む）・倫理基準を含む行動準則（ミッション・ビジョン・コアバリュ）を実現するための陣容にしなくてはならない。**

第5節　多様性，専門性ある良き Board Diversity の事例研究

　多様性，専門性のある取締役会構成（Board Diversity）の良き事例として，目的的構成により default の淵から甦った米国ゼロックス社（Xerox Corp.）の例を紹介したい。

⑴ 米国ゼロックス社の歴史と 2000 年代の 2 年連続赤字

　米国市場における攻撃の一番手のキヤノンは，1981 年に中速機を発売した。日本製品のデザインは多くの点で，シンプルで交換できる部品を使っていたのでサービスが簡単であった。この頃の米国ゼロックス社の受け入れ時の部品良品率は 95％であったが，日本企業では 99.5％と大きな開きがあった。そして，間接費は日本企業の 2 倍であった。1990 年 8 月，デイビット・カーンズは CEO の地位をランク・ゼロックス社のポール・アレアに譲っていた。ポール・アレアは 1995 年に「ザ・ドキュメント・カンパニー」と呼称されるように理念を変えた。

　2000〜2001 年にかけて，キヤノンやリコー等の高品質・低価格の複写機攻勢は激烈さを増していた。米国ゼロックス社は，効率化のために全支店にあった売掛金回収機能を本社に一元化したが，ソフトの混乱から正しい請求書が発行できなくなった。ユーザーは代金を支払わず，従って，正しい売上債権が計上できず，その上メキシコの子会社での不正会計問題が重なり，SEC から粉飾決算の嫌疑を掛けられ，何度も調査が行われ，株価は 92％下落，2 年連続赤字決算となった。借入金は 2001 年 167 億ドル（約 1.6 兆円）と総資産の 60％を超えた。一方，競合会社のコダックは日本勢の攻勢に複写機事業に見切りをつけ，ハイデルベルグ等に売却したが，米国ゼロックス社は倒産（default）の淵から甦ることとなる。

⑵ 女性 CEO アン・マルケーヒー（An. M. Mulcahy）による再生

　2001 年に CEO に就任した，アン・マルケーヒーは当時フォーチュン 500 社の中でも珍しい女性 CEO であった。彼女は，経営理念を従来の「ザ・ドキュメント・カンパニー」から「カスタマー指向と従業員中心主義」に据えた。彼女は経費節減や資金管理を強化するため，副社長（African-American 女性ウースラ・バーンズ Ursula Burns，EVP）と CFO と Treasurer 等に女性役員を配すると共に，カラー複写機の R&D とマーケティングに力をいれ，2005 年までの 5 年間で約 1 兆円の借入金を返済する。

図表Ⅳ-2-4　米国ゼロックス社（Xerox Corp.）の取締役会構成

（2005年の例）

> 1. CEO のアン・マルケーヒー（女性）以外全て社外取締役11名
>   （内女性2人，有色人種2人）
> 2. 社外取締役11名の専門分野（Professional Diversity）
>   (1)他社の現・元 CEO/CFO 等. ──────9名
>   ① Time Warner Cable ──────情報通信
>   ② The Tompson Corp. ──────情報通信
>   ③ Citizen Communications ──────情報通信（女性）
>   ④ Johnson & Johnson ──────顧客志向
>   ⑤ The Procter & Gamble Co. ──────顧客志向
>   ⑥ Deutsche Bank AG ──────金融
>   ⑦人権保護団体（女性）
>   ⑧弁護士
>   ⑨投資家
>   (2)大学教授 ──────2名
>   ①ブラウン大学 ──────海外政策
>   ②コネチカット大学 ──────金融論

⑶　米国ゼロックス社（Xerox Corp.）の取締役会構成（2005）

　2005年の取締役会構成は，実に目的的な Diversity が見てとれる。将来の米国ゼロックス社は箱物販売から情報サービスに力を入れなくてはならないとして，TV，インターネット，情報サービス，通信分野から CEO 等3人を社外取締役に入れ，大借金をしたため，金融に明るい方を2名，また，経営理念の1つをカスタマー・オリエンテッドに変更したため，この分野に詳しい J&J（Johnson & Johnson）と P&G（The Procter & Gamble Co.）から元会長等2名を入れている。下記に米国ゼロックス社（Xerox Corp.）の取締役会構成の簡易マトリックス図を示す（図表Ⅳ-2-4）。

　我が国でも最近，上場会社が取締役の専門性やスキル・経験を横軸に氏名を縦軸にしたマトリックス図で示す例が流行ってきている。資生堂，キリン HL，富士フイルム HL 等は2020年の株主総会招集通知で示している。

⑷　African-American 女性 CEO ウースラ・バーンズ（Ursula Burns）の快挙

　2009年に CEO に就任したウースラ・バーンズは　フォーチュン500社で最初の African-American 女性 CEO で，且つ，The Most Powerful Women の1

人に選ばれている。その理由は，アフィリエーテッド・コンピューター・サービシズ（ACS社：Business Process Outsourcing の会社）を64億ドル（当時の為替レートで約5千億円強）で買収（資金不足から約半分を株式交換とした）し，Business Process Outsourcing（オフィスの効率運営を支援する事務機管理受託やセキュリティを含む文書関連業を受託する事業）分野でキャノン，リコーよりもワールドワイドで一歩先行した。その結果，米国ゼロックス社を売上高2.3兆円，税引前利益1,500億円レベルを毎年のようにコンスタントに実現する会社に導いた。

　フォーチュン500社で女性トップは21人の4％しかいない（「日経」2013年5月11日「ガラスの天井を破る」）。何かを犠牲にしないと（例えば一生独身とか，子を産まないとか）トップなれない。「結婚してないから」「子供がいないから」と私生活と引き換えに昇進昇格する「ないからCEO」でよいのであろうか。そこには「ガラスの天井」があるといわれる。その中でAfrican-American女性がCEOになれるのは，ラクダが針の穴を通るよりも更に難しいといわれているが，彼女は夫もいるし2人の娘もいる。

　2012年，米国ゼロックス社の取締役会構成（Board Diversity）は10人中4人女性である。既に，米国にありながら，欧州委員会法案で示された目標の40％を達成している。執行役員31人中11人が女性（資金を扱う部門長は殆ど女性が占める─倒産の淵から甦る力となる）である。

(5)　女性の母性本能

　英国Leeds大学のA. G. Wilson教授の研究（17千社対象）では，「少なくとも女性取締役が一人以上いる企業は経営破綻リスクを20％減らせる，3人に増えると更に減らせるとの分析がある（The Sunday Times March 19, 2009)」。

　やはり，女性には，いざと言う時に母性本能としての個体保存本能が働くのであろう。これを文字通り実証したのが，米国ゼロックス社の女性CEOアン・マルケーヒー（An. M. Mulcahy）であり，African-American女性CEOウースラ・バーンズ（Ursula Burns）である。

参考資料―1

「上場会社における不祥事予防のプリンシプル」の策定について

（出典：www.jpx.co.jp/news/3030/20180330.html）
2018 年 3 月 30 日
日本取引所自主規制法人

Ⅰ．趣旨

　近年，上場会社における多くの不祥事が表面化し報道されています。業種を超え，規模の大小にかかわらず広がっている現状です。これらの中には，最近になって発生した事象もあれば，これまで潜在していたものが顕在化した事象も見られます。いずれにせよ，これら不祥事は，その社会的影響の広がりに加え，当該企業の社会的評価を下げ，業績に悪影響を及ぼし，株価の下落も相俟ってその企業価値を毀損します。さらに，上場会社の間で不祥事が頻発するような資本市場は，コーポレート・ガバナンスが機能していない市場とみなされ，その信頼性を失うこととなります。

　日本取引所自主規制法人は 2016 年 2 月に『不祥事対応のプリンシプル』を策定し，実際に不祥事に直面した上場会社の速やかな信頼回復と確かな企業価値の再生に向けた指針を示しました。しかし，不祥事がまれな事象でなくなった現状において，不祥事の発生そのものを予防する取組みが上場会社の間で実効性を持って進められる必要性が高まっています。そこで，不祥事発生後の事後対応に重点を置いた上記プリンシプルに加えて，事前対応としての不祥事予防の取組みに資するため，今般『不祥事予防のプリンシプル』を策定しました。上場会社においては，これらのプリンシプルを車の両輪として位置付け，実効性の高い取組みを推進していただくことを期待しています。

　本プリンシプルにおける各原則は，各上場会社において自社の実態に即して

創意工夫を凝らし，より効果的な取組みを進めていただくための，プリンシプル・ベースの指針です。また，仮に本プリンシプルの充足度が低い場合であっても，上場規則等の根拠なしに当法人が上場会社に対する不利益処分等を行うものではありません。むしろ，上場会社が自己規律を発揮していただく際の目安として活用されることを期待しています。また，上場会社に助言等を行う法律専門家や会計専門家，さらには広く株主・投資者の皆様にも共有され，企業外のステークホルダーからの規律付けが高まることも期待されます。

　日本取引所自主規制法人は，㈱日本取引所グループの一員として，東京証券取引所及び大阪取引所の上場審査，上場管理，売買審査，考査等の業務を一手に担っている，金融商品取引法に基づく自主規制機関です。上場会社に関しては，有価証券報告書虚偽記載や不適正開示，企業行動規範の違反など，資本市場の基本インフラを直接脅かす事案において，上場規則に基づき，問題を起こした上場会社への不利益処分を判断する権限を有しています。他方，企業がその業務遂行の過程で犯した不正や不適切行為そのもの（上述の上場規則違反に該当しないもの）に対しては，直接の権限を行使する立場にありません。しかし，我が国資本市場の信頼性向上のために，上場管理業務を行っていく中で蓄積した知見を，プリンシプルなどの形で広く共有することは，有益であると考えています。

II. 上場会社における不祥事予防のプリンシプル

上場会社における不祥事予防のプリンシプル
〜企業価値の毀損を防ぐために〜
上場会社は，不祥事（重大な不正・不適切な行為等）を予防する取組みに際し，その実効性を高めるため本プリンシプルを活用することが期待される。この取組みに当たっては，経営陣，とりわけ経営トップによるリーダーシップの発揮が重要である。
[原則1] 実を伴った実態把握
自社のコンプライアンスの状況を制度・実態の両面にわたり正確に把握する。明文の法令・ルールの遵守にとどまらず，取引先・顧客・従業員などステーク

ホルダーへの誠実な対応や，広く社会規範を踏まえた業務運営の在り方にも着眼する。その際，社内慣習や業界慣行を無反省に所与のものとせず，また規範に対する社会的意識の変化にも鋭敏な感覚を持つ。これらの実態把握の仕組みを持続的かつ自律的に機能させる。

[原則2]　使命感に裏付けられた職責の全う

経営陣は，コンプライアンスにコミットし，その旨を継続的に発信し，コンプライアンス違反を誘発させないよう事業実態に即した経営目標の設定や業務遂行を行う。監査機関及び監督機関は，自身が担う牽制機能の重要性を常に意識し，必要十分な情報収集と客観的な分析・評価に基づき，積極的に行動する。これらが着実に実現するよう，適切な組織設計とリソース配分に配意する。

[原則3]　双方向のコミュニケーション

現場と経営陣の間の双方向のコミュニケーションを充実させ，現場と経営陣がコンプライアンス意識を共有する。このためには，現場の声を束ねて経営陣に伝える等の役割を担う中間管理層の意識と行動が極めて重要である。
こうしたコミュニケーションの充実がコンプライアンス違反の早期発見に資する。

[原則4]　不正の芽の察知と機敏な対処

コンプライアンス違反を早期に把握し，迅速に対処することで，それが重大な不祥事に発展することを未然に防止する。早期発見と迅速な対処，それに続く業務改善まで，一連のサイクルを企業文化として定着させる。

[原則5]　グループ全体を貫く経営管理

グループ全体に行きわたる実効的な経営管理を行う。管理体制の構築に当たっては，自社グループの構造や特性に即して，各グループ会社の経営上の重要性や抱えるリスクの高低等を踏まえることが重要である。特に海外子会社や買収子会社にはその特性に応じた実効性ある経営管理が求められる。

[原則6]　サプライチェーンを展望した責任感

業務委託先や仕入先・販売先などで問題が発生した場合においても，サプライチェーンにおける当事者としての役割を意識し，それに見合った責務を果たすよう努める。

Ⅲ．各原則の解説

［原則1］　実を伴った実態把握
自社のコンプライアンスの状況を制度・実態の両面にわたり正確に把握する。明文の法令・ルールの遵守にとどまらず，取引先・顧客・従業員などステークホルダーへの誠実な対応や，広く社会規範を踏まえた業務運営の在り方にも着眼する。その際，社内慣習や業界慣行を無反省に所与のものとせず，また規範に対する社会的意識の変化にも鋭敏な感覚を持つ。これらの実態把握の仕組みを持続的かつ自律的に機能させる。

（解説）

1-1　自社のコンプライアンスの状況を正確に把握することが，不祥事予防の第一歩となる。コンプライアンスに係る制度やその運用状況はもとより，自社の企業風土や社内各層への意識の浸透度合い等を正確に把握することにより，自社の弱点や不祥事の兆候を認識する。その際，現状のコンプライアンス体制が問題なく運用されているとの思い込みを捨て，批判的に自己検証する。

1-2　コンプライアンスは，明文の法令・ルールの遵守だけに限定されるものではなく，取引先・顧客・従業員などステークホルダーへの誠実な対応を含むと理解すべきである。さらに，広く社会規範を意識し，健全な常識やビジネス倫理に照らして誠実に行動することまで広がりを持っているものである。
こうした規範に対する社会的受け止め方は時代の流れに伴い変化する部分がある。社内で定着している慣習や業界慣行が，実は旧弊やマンネリズムに陥っていたり，変化する社会的意識と乖離したりしている可能性も意識しつつ，社内・社外の声を鋭敏に受け止めて点検を行うことが必要となる。

1-3　本来は，通常の業務上のレポーティング・ラインを通じて，正確な情報が現場から経営陣に確実に連携されるメカニズムが重要である。一方，本来機能すべきレポーティング・ラインが目詰まりした場合にも備え，内部通報や外部からのクレーム，株主・投資者の声等を適切に分析・処理し，経営陣に正確な情報が届けられる仕組みが実効性を伴って機能することが重要である。
こうした実態把握の仕組みが，社内に定着し，持続的・自律的に機能していくことが重要である。

1-4　なお，自社の状況や取組みに関する情報を対外発信し，外部からの監視による規律付けを働かせることも効果的な取組みの一つとして考えられる。
（不祥事につながった問題事例）

・　検査工程や品質確認等の業務において，社内規則に反する旧来の慣行を漫然と継続し，違反行為を放置

・　労働基準を超えた長時間労働の常態化，社会規範を軽視したハラスメントの放置の結果，社会問題にまで波及

・　内部告発が隠蔽され，上位機関まで報告されないなど，内部通報制度の実効性が欠如

［原則2］　使命感に裏付けられた職責の全う

経営陣は，コンプライアンスにコミットし，その旨を継続的に発信し，コンプライアンス違反を誘発させないよう事業実態に即した経営目標の設定や業務遂行を行う。監査機関及び監督機関は，自身が担う牽制機能の重要性を常に意識し，必要十分な情報収集と客観的な分析・評価に基づき，積極的に行動する。これらが着実に実現するよう，適切な組織設計とリソース配分に配意する。
（解説）

2-1　コンプライアンスに対する経営陣のコミットメントを明確化し，それを継続的に社内に発信することなど様々な手段により全社に浸透させることが重要となる。コンプライアンスへのコミットメントの一環として経営陣は，社員によるコンプライアンスの実践を積極的に評価し，一方でコンプライアンス違反発覚時には，経営陣を含め責任の所在を明確化し的確に対処する。実力とかけ離れた利益目標の設定や現場の実態を無視した品質基準・納期等の設定は，コンプライアンス違反を誘発する。

2-2　監査機関である監査役・監査役会・監査委員会・監査等委員会と内部監査部門，及び監督機関である取締役会や指名委員会等が実効性を持ってその機能を発揮するためには，必要十分な情報収集と社会目線を踏まえた客観的な分析・評価が不可欠であり，その実務運用を支援する体制の構築にも配意が必要である。また，監査・監督する側とされる側との間の利益相反を的確にマネジメントし，例えば，実質的な「自己監査」となるような状況を招かないよう留

意する。監査・監督機関は，不祥事発生につながる要因がないかを能動的に調査し，コンプライアンス違反の予兆があれば，使命感を持って対処する。監査・監督機関の牽制機能には，平時の取組みはもちろんのこと，必要な場合に経営陣の適格性を判断する適切な選任・解任プロセスも含まれる。

（不祥事につながった経営陣に係る問題事例）

・　経営トップが事業の実力とかけ離れた短期的目線の利益目標を設定し，その達成を最優先課題としたことで，役職員に「コンプライアンス違反をしてでも目標達成をすべき」との意識が生まれ，粉飾決算を誘発

・　経営陣や現場マネジメントが製造現場の実態にそぐわない納期を一方的に設定した結果，現場がこれに縛られ，品質コンプライアンス違反を誘発

（不祥事につながった監査・監督機関に係る問題事例）

・　元財務責任者（CFO）が監査担当部門（監査委員）となり，自身が関与した会計期間を監査することで，実質的な「自己監査」を招き，監査の実効性を阻害

・　指名委員会等設置会社に移行するも，選解任プロセスにおいて経営トップの適格性を的確に評価・対処できないなど，取締役会，指名委員会，監査委員会等の牽制機能が形骸化

（不祥事につながった組織設計・リソース配分に係る問題事例）

・　製造部門と品質保証部門で同一の責任者を置いた結果，製造部門の業績評価が品質維持よりも重視され，品質保証機能の実効性を毀損

・　品質保証部門を実務上支援するために必要となるリソース（人員・システム）が不足

［原則3］　双方向のコミュニケーション

現場と経営陣の間の双方向のコミュニケーションを充実させ，現場と経営陣がコンプライアンス意識を共有する。このためには，現場の声を束ねて経営陣に伝える等の役割を担う中間管理層の意識と行動が極めて重要である。

こうしたコミュニケーションの充実がコンプライアンス違反の早期発見に資する。

（解説）

3-1　現場と経営陣の双方向のコミュニケーションを充実させることと，双方のコンプライアンス意識の共有を図ることは，一方が他方を支える関係にあり，両者が相俟って不祥事の予防につながる。

　双方向のコミュニケーションを充実させる際には，現場が忌憚なく意見を言えるよう，経営陣が現場の問題意識を積極的に汲み上げ，その声に適切に対処するという姿勢を明確に示すことが重要となる。

3-2　現場と経営陣をつなぐハブとなる中間管理層は，経営陣のメッセージを正確に理解・共有して現場に伝え根付かせるとともに，現場の声を束ねて経営陣に伝えるという極めて重要な役割を担っている。このハブ機能を十全に発揮させるためには，経営陣が，その役割を明確に示し，評価するとともに，中間管理層に浸透させるべきである。双方向のコミュニケーションが充実すれば，現場の実態を無視した経営目標の設定等を契機とした不祥事は発生しにくくなる。

3-3　これらが定着することで，現場のコンプライアンス意識が高まり，現場から経営陣への情報の流れが活性化して，問題の早期発見にも資する。

（不祥事につながった問題事例）

・　経営陣が各部門の実情や意見を踏まえず独断的に利益目標・業績改善目標を設定し，各部門に達成を繰り返し求めた結果，中間管理層や現場のコンプライアンス意識の低下を招き，全社的に職責・コンプライアンス意識の希薄化を招来

・　経営陣から実態を無視した生産目標や納期の必達を迫られても現場は声を上げられず，次第に声を上げても仕方がないという諦め（モラルの低下）が全社に蔓延

・　経営陣が「現場の自立性」を過度に尊重する古い伝統に依拠したことで，製造現場と経営陣の間にコミュニケーションの壁を生じさせ，問題意識や課題の共有が図れない企業風土を醸成。その結果，経営陣は製造現場におけるコンプライアンス違反を長年にわたり見過ごし，不祥事が深刻化

［原則4］　不正の芽の察知と機敏な対処

コンプライアンス違反を早期に把握し，迅速に対処することで，それが重大な不祥事に発展することを未然に防止する。早期発見と迅速な対処，それに続く業務改善まで，一連のサイクルを企業文化として定着させる。

（解説）

4-1　どのような会社であっても不正の芽は常に存在しているという前提に立つべきである。不祥事予防のために重要なのは，不正を芽のうちに摘み，迅速に対処することである。このために，原則1〜3の取組みを通じ，コンプライアンス違反を早期に把握し，迅速に対処する。また，同様の違反や類似の構図が他部署や他部門，他のグループ会社にも存在していないかの横展開を行い，共通の原因を解明し，それに即した業務改善を行う。こうした一連のサイクルが企業文化として自律的・継続的に機能することで，コンプライアンス違反が重大な不祥事に発展することを未然防止する。この取組みはコンプライアンス違反の発生自体を抑止する効果も持ち得る。

4-2　経営陣がこうした活動に取り組む姿勢や実績を継続的に示すことで，全社的にコンプライアンス意識を涵養できる。また，このような改善サイクルの実践が積極的に評価されるような仕組みを構築することも有益である。

4-3　なお，趣旨・目的を明確にしないコンプライアンス活動や形式のみに偏ったルールの押付けは，活動の形骸化や現場の「コンプラ疲れ」を招くおそれがある。事案の程度・内容に即してメリハリをつけ，要所を押さえた対応を継続して行うことが重要である。

（不祥事につながった問題事例）

・　社内の複数ルートからコンプライアンス違反に係る指摘がなされても，調査担当部署が表面的な聴き取り対応のみで「問題なし」と判断。違反行為の是正や社内展開等を行わなかった結果，外部からの指摘を受けて初めて不祥事が露見し，企業価値を大きく毀損

・　過去の不祥事を踏まえて再発防止策を講じたものの，的を射ない機械的な対応に終始したことで，現場において「押し付けられた無駄な作業」と受け止められる。当該作業が次第に形骸化し，各現場の自律的な取組みとして定着しなかった結果，同種不祥事の再発に至る

[原則 5]　グループ全体を貫く経営管理

グループ全体に行きわたる実効的な経営管理を行う。管理体制の構築に当たっては，自社グループの構造や特性に即して，各グループ会社の経営上の重要性や抱えるリスクの高低等を踏まえることが重要である。特に海外子会社や買収子会社にはその特性に応じた実効性ある経営管理が求められる。

（解説）

5-1　不祥事は，グループ会社で発生したものも含め，企業価値に甚大な影響を及ぼす。多数のグループ会社を擁して事業展開している上場会社においては，子会社・孫会社等をカバーするレポーティング・ライン（指揮命令系統を含む）が確実に機能し，監査機能が発揮される体制を，本プリンシプルを踏まえ適切に構築することが重要である。グループ会社に経営や業務運営における一定程度の独立性を許容する場合でも，コンプライアンスの方針についてはグループ全体で一貫させることが重要である。

5-2　特に海外子会社や買収子会社の経営管理に当たっては，例えば以下のような点に留意が必要である。

・　海外子会社・海外拠点に関し，地理的距離による監査頻度の低下，言語・文化・会計基準・法制度等の違いなどの要因による経営管理の希薄化など

・　M&A に当たっては，必要かつ十分な情報収集のうえ，事前に必要な管理体制を十分に検討しておくべきこと，買収後は有効な管理体制の速やかな構築と運用が重要であることなど

（不祥事につながった問題事例）

・　海外子会社との情報共有の基準・体制が不明確で，子会社において発生した問題が子会社内で内々に処理され，国内本社に報告されず。その結果，問題の把握・対処が遅れ，企業価値毀損の深刻化を招く

・　許容する独立性の程度に見合った管理体制を長期にわたり整備してこなかった結果，海外子会社のコントロール不全を招き，子会社経営陣の暴走・コンプライアンス違反を看過

・　買収先事業が抱えるコンプライアンス違反のリスクを事前に認識していたにもかかわらず，それに対処する管理体制を買収後に構築しなかった結果，リスク対応が後手に回り，買収元である上場会社に対する社会的批判を招く

［原則6］　サプライチェーンを展望した責任感

業務委託先や仕入先・販売先などで問題が発生した場合においても，サプライチェーンにおける当事者としての役割を意識し，それに見合った責務を果たすよう努める。

（解説）

6-1　今日の産業界では，製品・サービスの提供過程において，委託・受託，元請・下請，アウトソーシングなどが一般化している。このような現実を踏まえ，最終顧客までのサプライチェーン全体において自社が担っている役割を十分に認識しておくことは，極めて有意義である。自社の業務委託先等において問題が発生した場合，社会的信用の毀損や責任追及が自社にも及ぶ事例はしばしば起きている。サプライチェーンにおける当事者としての自社の役割を意識し，それに見合った責務を誠実に果たすことで，不祥事の深刻化や責任関係の錯綜による企業価値の毀損を軽減することが期待できる。

6-2　業務の委託者が受託者を監督する責任を負うことを認識し，必要に応じて，受託者の業務状況を適切にモニタリングすることは重要である。

　契約上の責任範囲のみにとらわれず，平時からサプライチェーンの全体像と自社の位置・役割を意識しておくことは，有事における顧客をはじめとするステークホルダーへの的確な説明責任を履行する際などに，迅速かつ適切な対応を可能とさせる。

（不祥事につながった問題事例）

・　外部委託先に付与したセキュリティ権限を適切に管理しなかった結果，委託先従業員による情報漏えいを招き，委託元企業の信頼性を毀損

・　製品事故における法的な責任に加え，サプライチェーンのマネジメントを怠り，徹底的な原因解明・対外説明を自ら果たさなかった結果，ステークホルダーの不信感を増大させ，企業の信頼性を毀損

・　建築施工における発注者，元請，下請，孫請という重層構造において，極めて重要な作業工程におけるデータの虚偽が発覚したにもかかわらず，各当事者間の業務実態を把握しようとする意識が不十分であった結果，有事における対外説明・原因究明等の対応に遅れをとり，最終顧客や株主等の不信感を増大

・　海外の製造委託先工場における過酷な労働環境について外部機関より指摘

を受けるまで意識が薄かった結果，製品の製造過程における社会的問題が，当
該企業のブランド価値を毀損

参考資料—2

「上場会社における不祥事対応のプリンシプル」の策定について

（出典：www.jpx.co.jp/regulation/.../1-01fusyojiprinciple.pdf）

2016 年 2 月 24 日

日本取引所自主規制法人

1. 趣旨

　上場会社には，株主をはじめ，顧客，取引先，従業員，地域社会など多様な
ステークホルダーが存在します。このため，上場会社の不祥事（重大な法令違
反その他の不正・不適切な行為等）は，その影響が多方面にわたり，当該上場
会社の企業価値の毀損はもちろんのこと，資本市場全体の信頼性にも影響を及
ぼしかねません。したがって，上場会社においては，パブリックカンパニーと
しての自覚を持ち，自社（グループ会社を含む）に関わる不祥事又はその疑い
を察知した場合は，速やかにその事実関係や原因を徹底して解明し，その結果
に基づいて確かな再発防止を図る必要があります。上場会社は，このような自
浄作用を発揮することで，ステークホルダーの信頼を回復するとともに，企業
価値の再生を確かなものとすることが強く求められていると言えます。

　しかし，上場会社における不祥事対応の中には，一部に，原因究明や再発防
止策が不十分であるケース，調査体制に十分な客観性や中立性が備わっていな
いケース，情報開示が迅速かつ的確に行われていないケースなども見受けられ
ます。このような認識の下，日本取引所自主規制法人として，不祥事に直面し
た上場会社に強く期待される対応や行動に関する原則（プリンシプル）を策定
しました。このプリンシプルが，問題に直面した上場会社の速やかな信頼回復
と確かな企業価値の再生に資することを期待するものです。

　本プリンシプルの各原則は，従来からの上場会社の不祥事対応に概ね共通す

る視点をベースに，最近の事例も参考にしながら整理したものです。本来，不祥事への具体的な対応は各社の実情や不祥事の内容に即して行われるもので，すべての事案に関して一律の基準（ルール・ベース）によって規律することには馴染まないと言えます。他方，それらの対応策の根底にあるべき共通の行動原則があらかじめ明示されていることは，各上場会社がそれを個別の判断の拠り所とできるため，有益と考えられます。なお，本プリンシプルは，法令や取引所規則等のルールとは異なり，上場会社を一律に拘束するものではありません。したがって，仮に本プリンシプルの充足度が低い場合であっても，規則上の根拠なしに上場会社に対する措置等が行われることはありません。

2. 上場会社における不祥事対応のプリンシプル

上場会社における不祥事対応のプリンシプル
〜確かな企業価値の再生のために〜
　企業活動において自社（グループ会社を含む）に関わる不祥事又はその疑義が把握された場合には，当該企業は，必要十分な調査により事実関係や原因を解明し，その結果をもとに再発防止を図ることを通じて，自浄作用を発揮する必要がある。その際，上場会社においては，速やかにステークホルダーからの信頼回復を図りつつ，確かな企業価値の再生に資するよう，本プリンシプルの考え方をもとに行動・対処することが期待される。

①不祥事の根本的な原因の解明
　不祥事の原因究明に当たっては，必要十分な調査範囲を設定の上，表面的な現象や因果関係の列挙にとどまることなく，その背景等を明らかにしつつ事実認定を確実に行い，根本的な原因を解明するよう努める。そのために，必要十分な調査が尽くされるよう，最適な調査体制を構築するとともに，社内体制についても適切な調査環境の整備に努める。その際，独立役員を含め適格な者が率先して自浄作用の発揮に努める。
②第三者委員会を設置する場合における独立性・中立性・専門性の確保
　内部統制の有効性や経営陣の信頼性に相当の疑義が生じている場合，当該企

業の企業価値の毀損度合いが大きい場合，複雑な事案あるいは社会的影響が重大な事案である場合などには，調査の客観性・中立性・専門性を確保するため，第三者委員会の設置が有力な選択肢となる。そのような趣旨から，第三者委員会を設置する際には，委員の選定プロセスを含め，その独立性・中立性・専門性を確保するために，十分な配慮を行う。また，第三者委員会という形式をもって，安易で不十分な調査に，客観性・中立性の装いを持たせるような事態を招かないよう留意する。

③実効性の高い再発防止策の策定と迅速な実行

再発防止策は，根本的な原因に即した実効性の高い方策とし，迅速かつ着実に実行する。この際，組織の変更や社内規則の改訂等にとどまらず，再発防止策の本旨が日々の業務運営等に具体的に反映されることが重要であり，その目的に沿って運用され，定着しているかを十分に検証する。

④迅速かつ的確な情報開示

不祥事に関する情報開示は，その必要に即し，把握の段階から再発防止策実施の段階に至るまで迅速かつ的確に行う。この際，経緯や事案の内容，会社の見解等を丁寧に説明するなど，透明性の確保に努める。

参考文献

青木崇（2010）「企業不祥事のメカニズムと現代経営者の役割」及び「企業不祥事の事後的対応をめぐ
　る経営者の意思決定」─倫理的価値判断と経営力─研究紀要，54・55，9〜28-9-等）

青山敦（2011）『京セラ稲盛和夫，心の経営システム』日刊工業

秋山進（2008）『それでも不祥事は起こる』日本能率協会マネジメントセンター

阿部高樹（2008）『会社役員の法律と役員規程・変更登記文例集』三修社

アンドリュウ・ロス・ソーキン（2010）『リーマンショック・コンフィデンシャル上刊・下刊』早川書
　房

David Millon（2010）"Enlightened Shareholder Value, Social Responsibility, and the Redefinition of
　Corporate Purpose Without Law" WASHINGTON AND LEE UNIVERSITY SCHOOL OF
　LAW Washington & Lee Legal Studies Paper No. 2010-11

出見世信之（2012）「企業不祥事と経営責任〜今求められているコンプライアンスとコーポレートガ
　バナンス」JABES & BERC 共催　経営倫理シンポジュウム

ダイヤモンド社（2013）「稲盛経営解剖」ダイヤモンド社

デイビッド・カーンズ/デイビッド・ナドラー著，小林陽太郎監訳，杉山成司訳（1993）『ゼロックス
　の反撃』ダイヤモンド社

大和総研グループ（2013）「スチュワードシップコード」大和総研グループ

江頭憲治郎（2017）『株式会社法第7版』有斐閣

福川裕徳（2013）「オリンパスの事例にみる公認会計士監査及び監査役監査の役割と限界」如水会監
　査役懇話会　講演資料

藤田純孝（2013）「日本のコーポレートガバナンス」日本 CFO 協会理事長

藤田友敬（2013）「株式保有構造と経営機構─日本企業のコーポレート・ガバナンス」商事法務 No.
　2007

藤田勉（2010）『上場会社法制の国際比較』中央経済社

郷原信郎（2007）『法令遵守が日本を滅ぼす』新潮新書

グロービス著，湊岳執筆（2010）『ウェイマネジメント（永続する企業になるための企業理念の作り
　方）』東洋経済新報社

Gerry Griffin（2002）"Reputation Management" EXPRESS EXEC. COM

Henn（2009）"BUSINESS ETHICS" WILEY

浜辺陽一郎（2020）『新会社法のしくみ』第4版東洋経済新報社

浜辺陽一郎（2017）「内部統制システムをめぐる取締役の責任問題〜日本システム技術事件を中心に」
　平成29年12月22日，日本経営倫理学会ガバナンス研究部会編『ガバナンス研究部会年報（平成
　29年度）』pp. 157-162

浜辺陽一郎（2016）『図解コンプライアンス経営第4版』東洋経済

浜辺陽一郎2015年6月19日「取締役の会社に対する責任に関する判例動向」日本経営倫理学会ガバ
　ナンス研究部会講演資料

浜辺陽一郎（2013）「1014年会社法改正案の問題点」日本経営倫理学会　監査・ガバナンス研究部会
　2013年12月20日資料

浜辺陽一郎（2012）「会社法制の見直しの動向と企業実務への影響」『会社法務 A2Z』

浜辺陽一郎監修（2007）『内部統制』ナツメ社

半沢栄一（2017）『こんな道徳教育では国際社会から孤立するだけ』合同出版株式会社

八田進二，橋本尚，堀江正之，神林比洋雄（2018）『COSO 全社的リスクマネジメント〜戦略および
　　パーフォマンスとの統合』一般社団法人日本内部監査協会，同文館

八田進二他（2002）『内部統制の統合的枠組み』白桃書房

樋口晴彦（2012）『組織不祥事研究』白桃書房

平田光弘（2008）『経営者自己統治論』中央経済社

平田光弘（2003）「コンプライアンス経営とは何か」経営論集　第 61 号

平田光弘（2002）「日米企業の不祥事とコーポレート・ガバナンス」経営論集 57 号

平田光弘・菊池敏夫（2000）『企業統治の国際比較』文眞堂

Hiroo Takahashi（2013）*"The Challenge for Japanese Multinationals"* Palgrave macmillan

H. Kent Baker, Ronald Anderson（2010）*Corporate Governance* WILEY

古谷由紀子（2020）「「責任あるビジネス」における実践と課題―国際合意・基準からの考察―」日本
　　経営倫理学会　第 1 回サステナビリティ経営研究

藤田敬司（2020）「環境問題に監査役はどう対応すべきか」月刊監査役 No. 714　2020.01.25

堀江貞之（2015）『コーポレートガバナンス・コード』日経文庫

堀江貞之（2015）「スチュワードシップ・コードとガバナンス・コード時代の株主と上場会社の在り
　　方」㈱野村総合研究所金融 IT イノベーション研究部

樋口達他（2015）『開示事例から考えるコーポレートガバナンス・コード対応　商事法務

広田真一（2012）『株主主権を超えて』東洋経済

岩井克人（2005）『会社はだれのものか』平凡社

石田猛行（2015）『日本企業の招集通知とガバナンス』商事法務

石田猛行（2014）「ISS の 2015 年議決権行使助言に関するポリシー及び方向性」石田猛之

石井祐介・若林功晃（2015）「コーポレート・ガバナンスに関する規律の見直し」商事法務 No. 2056

伊丹敬之（2000）『日本型コーポレートガバナンス―従業員主権企業の論理と改革』日本経済新聞社

伊丹敬之（2000）『経営の未来を見誤るな』日本経済新聞社

伊丹敬之（2008）『経営の力学』東洋経済新報社

伊丹敬之（2009）『デジタル人本主義への道』日経ビジネス文庫

伊丹敬之（2013）『よき経営者の姿』日経ビジネス人文庫

伊藤邦夫（2014）『新・企業価値評価』日本経済新聞社

井上朗（2019）「コンプライアンスプログラムに対する米司法省の方針変更と有効性評価方法」商事
　　法務 No. 2212，2019 年 10 月 25 日号

今井祐（2016）『東芝事件と守りのガバナンス』文眞堂

今井祐（2015）『実践コーポレートガバナンス・コード作成ハンドブック』文眞堂

今井祐（2015）『日本経営倫理学会誌』第 22 号，「日本航空（JAL）の再建に見る経営者稲盛和夫の経
　　営哲学」

今井祐（2015）『経営倫理』No. 80　「持続的成長と企業価値向上に生すコーポレートガバナンス・
　　コードの使い方」経営倫理実践研究センター

今井祐（2014）『経営者支配とは何か』〜日本版コーポレート・ガバナンス・コードとは〜　文眞堂

今井祐（2014）『日本経営倫理学会誌』第 21 号「米国大企業の経営破綻」

飯野春樹（1979）『バーナード経営者の役割』有斐閣新書

引頭麻美（2013）『JAL 再生』日本経済新聞出版社

石島隆監修（2006）『日本版 SOX 法　攻めの内部統制とは』同友館

石島隆（2006）『情報システムの内部統制』中央経済社

井上泉（2015）『企業不祥事の研究』文眞堂

稲盛和夫（2001）『稲盛和夫の哲学』PHP 文庫

稲盛和夫（2004）『稲盛和夫のガキの自叙伝』日経ビジネス人文庫

稲盛和夫（2004）『生き方』サンマーク出版

稲盛和夫（2007）『人生の王道―西郷南洲の教えに学ぶ』日経 BP 社

稲盛和夫（2012）『新版・敬天愛人―ゼロからの挑戦』PHP ビジネス新書

稲盛和夫（2013）「説き，順じて心を１つに」日経ビジネス 2013.1.14 号

市村清（2013）『統合報告導入ハンドブック』第一法規

ジェイ・ユーラス・アイアール㈱（2014）『スチュワードシップ・コードとコーポレートガバナンス・コード』同友館

Jim Collins（1995）『ビジョナリーカンパニー時代を超える生存の法則』日経 BP 社

Jim Collins（2010）『ビジョナリーカンパニー第 3 巻「衰退の五原則」』日経 BP 社

Jim Collins（2010）*How the Mighty Fall* HarperCollins Publishers Inc.

株式会社東芝の「第三者委員会調査報告書要約版（2015 年 7 月 20 日）」www.**toshiba**.co.jp/about/info-accounting/index_j.htm

株式会社東芝「役員責任調査委員会報告書（2015 年 11 月 9 日）www.**toshiba**.co.jp/about/ir/jp/news/20151109

カーティス・J・ミルハウプト編（2011）『米国会社法』有斐閣

河本一郎他（2011）『日本の会社法』商事法務

川口幸美（2013）「日米の社外取締役制度について」DF 監査役研修会資料

川口幸美（2004）『社外取締役とコーポレート・ガバナンス』弘文堂

神田秀樹他（2011）『コーポレート・ガバナンスの展望』中央経済社

神田秀樹・武井一弘他（2015）「コーポレートガバナンス・コードを活かす企業の成長戦略（上）（中）（下）」商事法務 No. 2055, No. 2056, No. 2057

神作裕之（2014）「コーポレートガバナンス向上に向けた内外の動向―スチュワードシップ・コードを中心として」商事法務 No. 2030

勝部伸夫（2004）『コーポレート・ガバナンス論序説』文眞堂

加護野忠男・砂川伸幸・吉村典久（2010）『コーポレート・ガバナンスの経営学』有斐閣

加護野（2014）『経営はだれのものか』日本経済新聞出版社

桂木明夫（2010）『リーマン・ブラザーズと世界経済を殺したのは誰か』講談社

片山修（2009）『リーマンショック』祥伝社新書

門脇徹雄（2008）『粉飾・不正会計・失敗事例』中央経済社

企業倫理研究プロジェクト編著（2008）『企業倫理・コンプライアンス』産能率大学出版部

菊澤研宗（2004）『比較コーポレート・ガバナンス論：組織の経済学アプローチ』有斐閣

北川哲雄（2015）『スチュワードシップ・コードとコーポレートガバナンス』東洋経済新報社

黒沼悦郎（2004）「アメリカ証券取引法」弘文館

熊谷謙一（2011）『動き出す ISO26000』日本生産性本

久保利也（1998）『日本型コーポレート・ガバナンス』日刊工業新聞社

久保克行（2012）『コーポレート・ガバナンス，経営者の交代と報酬はどうあるべきか』日本経済新聞出版社

クリスティー・アトウッド著，石川恒貴訳（2012）『サクセッションプランの基本』HUMAN

國廣正他（2005）『なぜ企業不祥事はなくならないのか』日本経済新聞社

経済産業省（2014）「持続的成長への競争力とインセンティブ～企業と投資家の望ましい関係構築～」プロジェクト，座長：伊藤邦雄「最終報告書（伊藤レポート），経済産業省ウエッブサイト

河野大機（2004）『経営書読解の修行』～バーナード『経営者の役割』をケースにして～文眞堂

Life stream community（2007）「スチュワードシップ」Life stream community

L. S. Paine（1999）「ハーバードのケースで学ぶ企業倫理」梅津・柴柳訳　慶応義塾大学出版会

L. S. Paine（2004）『Value Shift』毎日新聞

町田徹（2012）『JAL再建の真実―再上場の功罪を問う』講談社現代新書

宮島英昭（2015）「独立取締役の複数選任制を読み解く」ビジネス法務 Vol. 15.　No. 4

宮島英昭（2011）『日本の企業統治』（斉藤卓爾の実証研究を含む）東洋経済新報社

三戸　浩　編者（2013），経営学史学会監修『バーリ＝ミーンズ』文眞堂

三矢裕（2010）『アメーバ経営論』東洋経済新報社

眞武慶彦・深水大輔（2019）「スルガ銀行の各種融資問題に係る調査報告書の分析」月刊監査役 No. 694，2019.4.25

水尾順一（2018）「日本における経営倫理の過去・現在・未来」駿河台経済論集第27巻第2号

水尾順一（2013）『セルフ・ガバナンスの経営倫理』千倉書房

水尾順一（2014）『マーケティング倫理が企業を救う』生産性出版

水尾順一・佐久間信夫（2010）「コーポレート・ガバナンスと企業倫理の国際比較」ミネルヴァ書房

水尾順一（2005）『CSRで経営力を高める』東洋経済

水町勇一朗（2020）「同一労働同一賃金（上）」2010年3月11「日経」新聞

森口朗（2018）『誰が道徳を殺すのか』㈱新潮社

皆木和義（2008）『稲盛和夫の論語』あさ出版

村岡啓一（2015）「組織における倫理的意思決定の盲点―職業倫理と人間道徳の狭間」一橋大学開放講座（平成27.9.17）

村上信夫他（2008）『企業不祥事が止まらない理由』芙蓉書房出版

村上芽・渡辺珠子（2019）『SDGs入門』日経文庫

森・濱田松本法律事務所（2015）『コーポレートガバナンスの新しいスタンダード』日本経済新聞出版社

森功（2010）『腐った翼』幻冬舎

柿崎環（2020）「実質化する米国司法省によるコンプライアンス・プログラムの評価方法」監査役 No. 712

中村直人他（2015）『コーポレートガバナンス・コードの読み方・考え方』商事法務

日本経営倫理学会ガバナンス研究部会第200回記念誌（平成26年度）

日本経営倫理学会ガバナンス研究部会年報（平成27年度）

日本経営倫理学会ガバナンス研究部会年報（平成28年度）

日本経営倫理学会ガバナンス研究部会年報（平成29年度）

日本経営倫理学会ガバナンス研究部会年報（平成30年度）

日本経営倫理学会ガバナンス研究部会年報（令和元年）

日本コーポレート・ガバナンス・フォーラム編（2006）「OECDコーポレート・ガバナンス」明石書店

日本経営倫理学会編（2008）『経営倫理用語辞典』白桃書房

日経トップリーダー（2013）「稲盛哲学，中国に渡る　燃えろ！　経営者」日経BP

日本航空グループ2010（2010）『JAL崩壊』文春新書

日本航空（2002〜2012）「有価証券報告書8冊」日本航空

野口葉子（2012）『取締役の競業取引・利益相反取引規制』商事法務

西山芳喜（2015）『月刊監査役 No. 644　2015.9.25「監査役会制度の卓越性」

Miguel Rivas -Micoud & Kermit J. Carvell（2007）『The Carlos Ghosn Story』IBC

NIKKEI BUSINESS　2011 年 10 月 31 日「解任劇の真相を話そう」

NIKKEI BUSINESS　2011 年 11 月 7 日「オリンパス，なお残る疑問と謎」

NIKKEI BUSINESS　2011 年 12 月 5 日「ウッドフォード氏，持ち合い批判」

NYSE Commission on C/G（2010）"Report of the NYSE Commission on Corporate Governance" NYSE

貫井陵雄（2002）「企業経営と倫理監査」同文館

日本監査役協会，平成 27 年 9 月 29 日「改訂版監査委員会監査基準」

大鹿靖明（2010）『墜ちた翼―ドキュメント JAL 倒産』朝日新聞出版

尾崎哲夫（2004）『アメリカの法律と歴史』自由国民社

OECD Steering Group on C/G（2010）"Corporate Governance and the Financial Crisis" OECD

OECD Steering Group on C/G（2009）"The C/G Lessons from the Financial Crisis" OECD

オリンパス（2011〜2000）「有価証券報告書」12 冊　オリンパス株式会社

オリンパス第三者委員会（2011）「オリンパス第三者委員会調査報告書」

オリンパス取締役責任委員会調査報告書 2012 年 1 月 8 日（添付資料を含む）

太田順司（2014）「改正会社法と監査役制度」平成 26 年 4 月 3 日，監査役懇話会資料

落合誠一・大田洋（2011）『会社法制見直しの論点』商事法務

岡本大輔・梅津光弘（2006）『企業評価＋企業倫理』慶応義塾大学出版会

沖田行司（2018）『日本国民を作った教育』ミネルヴァ書房

大森直樹（2018）『道徳教育と愛国心』岩波書店

PRESIDENT（2013）「稲盛和夫の叱り方」プレジデント社

リタ・マグレイス（2014）『競争優位の終焉』日本経済新聞社

ロンドンリサーチセンター　研究員　沼知　聡子＆シニアエコノミスト　菅野　泰夫（2014）「欧州上場企業役員の 4 割を女性に〜指令案採択が近づく」大和総研

ローレンス・マクドナルド他（2009）『金融大狂乱―リーマン・ブラザーズはなぜ暴走したのか』徳間書店

劉慶紅（2020）『経営倫理が経営学の未来を変える』千倉書房

佐久間信夫（2007）「コーポレート・ガバナンスの国際比較」税務経理協会

澤田実，内田修平，角田望，金村公樹（2015）「コーポレートガバナンス・コードへの対応に向けた考え方 I」商事法務 No. 2066

坂上仁志（2011）『日本一わかりやすい経営理念のつくり方』中経出版

斎藤卓璽（2020）「社外取締役が企業業績に与える影響」月刊監査役 No. 710

斎藤憲（2007）『企業不祥事辞典』日外アソシエーツ

島村昌孝（2005）『知らなかったでは済まされない監査役の仕事』インターワーク

嶋多明夫（2019）「現代企業人の規範意識と徳目」日本経営倫理学会ガバンス研究部会 11 月発表資料

須井康雄（2011）「取締役の内部統制システム構築義務違反の最新動向」法と経済ジャーナル 2011 年 7 月 7 日号

新日本有限責任監査法人編（2014）『改訂 COSO フレームワークを活用した内部統制改善の実践マニュアル』同文館出版

社会経済生産性本部編（2004）『ミッション・経営理念』生産性出版

週刊東洋経済 2015.9.26　「くすぶる続ける米 WH 減損リスク」

商事法務（2013）「日本型コーポレート・ガバナンスはどこへ向かうのか〔上〕」No. 2008（2013 年 9 月 5 日号）

商事法務（2015）「会社法の一部を改正する法律」等の施行に伴う会社法施行規則等の一部を改正する省令案の公表と概要」商事法務 No. 2058

商事法務（2015）「投資家課からみるコーポレート・ガバナンス報告書」商事法務 No. 2084

商事法務（2020）「2020 年 6 月総会後の社外役員の選任状況と今後の展望」商事法務 No. 2242

商事法務（2020）「サステナビリティ委員会の先端実務と諸論点（上・中）」商事法務 No. 2248，No. 2249

下山祐樹（2014「監査等委員会設置会社への移行判断における検討事項」商事法務 NO. 2054 号

杉浦一機（2010）『JAL 再建の行方』草思社

Sheryl Sandberg（2013）『LEAN IN 女性，仕事，リーダーへの意欲』日本経済新聞出版社

SEC（2017）SEC Handbook

潜道文子（2014）『日本人と CSR』白桃書房

渋谷展由・岡田尚人・遠藤元一（2020）『第三者委員会報告書 30 選』商事法務

谷本寛治（2014）『日本企業の CSR 経営』千倉書房

田中宏司・水尾順一・蟻生俊夫（2016）『論語と算盤』同友館

田中宏司・水尾順一（2015）『三方よしに学ぶ人に好かれる会社』サンライズ出版

田中宏司（2012）「国際規格 ISO26000 と CSR 経営」日本経営倫理学会研究交流例会

田中宏司（2004）『コンプライアンス経営』生産性出版

田中一弘（2014）『良心から企業統治を考える』東洋経済

田中一弘（2020）「論語と算盤と資本主義の再定義」監査役 No. 708

田中亘他（2011）『会社法』有斐閣

田中求之（2009）論文「チェスター・バーナード『経営者の役割』を読む」

高野一彦（2019）「2020 年，個人情報保護法改正に向けて」日本経営倫理学会法務コンプライアンス研究部会発表資料

谷口勇仁（2013）「企業倫理活動の類型の検討」経済学研究 63-1，北海道大学 2013

高橋浩夫（2020）「経営倫理の視点からサステナビリティ経営の本質を考える～CSR，CSV，ESG，SDGs の流れを問う～」日本経営倫理学会第 1 回サステナビリティ経営研究

高橋浩夫（2019）『すべてはミルクから始まった』同文館出版

高橋浩夫（2009）編者，『トップ・マネジメントの経営倫理』白桃書房

高橋俊夫（2006）『コーポレート・ガバナンスの国際比較』中央経

武井勲（2007）『不祥事はなぜ繰り返されるのか』扶桑社新書

竹本洋（2020）『スミスの倫理』名古屋大学出版会

富山和彦（2013）『会社は頭から腐る』PHP 文庫

鳥羽至英・八田進二・高田敏文（1996）『内部統制の統合的枠組み』白桃書房

東証上場部編（2010）『東証の上場制度整備の解説』

高巌（2015）『女子高生と学ぶ稲盛哲学』日経 BP

高巌（2013）『ビジネスエシックス（企業倫理）』日本経済新聞出版社

高巌（2006）『誠実さを貫く経営』日本経済新聞社

高巌（2001）『ECS2000 このように倫理法令遵守を構築する』日科技連

竹内朗（2020）「企業不祥事の事例研究～関西電力金品受領・不適切発注事件」月刊監査役 No. 710

武井一浩（編者）（2015）『コーポレートガバナンス・コードの実践』日経 BP

寺脇研（2018）『危ない道徳教科書』㈱宝島社

東洋ゴム工業㈱2015 年 6 月 23 日「当社子会社製建築用免震ゴム問題における原因究明・再発防止策・経営責任の明確化について」

UK FRC（2010）"The UK Corporate Governance Code" UK FRC

上村達男（2008）「企業法制の現状と課題」日本評論社

内田修平（2020）「監査役等と内部監査部門の連携」商事法務 No. 2232

梅津光弘（2005）『ビジネスの倫理学』丸善，及び「三田商学研究 2005 年 4 月号」

山田敏之・中野千秋（2006）「企業倫理の制度化と組織風土―企業倫理確立に向けてのコンティンジェンシー・アプローチ―」文部省科学研究費補助金研究成果報告書『日本における企業倫理制度化と管理者の倫理観』（代表：中野千秋，課題番号：16530264），pp. 25-39.

若林泰伸（2014）「アメリカにおける非業務執行役員と取締役会の監査機能」月刊監査役 No. 624

山口利昭（2015）「内部通報窓口の設置と社外役員の関わり方」山口利昭法律事務所

山口利昭法律事務所 2009 年 7 月 10 日『ビジネス法務の部屋』「日本システム技術事件について最高裁逆転判決」

吉城唯史（2013）「国際統合報告フレームワークとその開示内容」阪南論集　社会科学編第 49 巻第 1号，2013 年 10 月

吉川吉衛（2007）『企業リスクマネジメント』中央経済社

吉田邦雄・箱田順哉（2004）『富士ゼロックスの倫理・コンプライアンス監査』

Xerox Corp.（2001～2011）「Annual Report」11 冊，Xerox Corp.

全米取締役協会編著（1999）『取締役のプロフェショナリティー』全米取締役協会

著者紹介

今井　祐（いまい・たすく）

1940 年　東京生まれ
1963 年　一橋大学商学部卒
2000 年　富士写真フイルム㈱代表取締役副社長
2002 年　富士ゼロックス㈱社外監査役
現在：　日本経営倫理学会常任理事 兼 ガバナンス研究部会長，経営倫理研究実践センターシニアフェロー，㈱今井経済・経営研究所代表取締役社長，㈱キーストーン・パートナース社のアドバイザー委員会委員長，人工知能学会会員，日本コーポレート・ガバナンス・ネットワーク会員，監査役懇話会会員

主要著書・論文等：
・『経営者支配とは何か〜日本版コーポレートガバナンス・コードとは〜』文眞堂
・『実践コーポレートガバナンス・コード作成ハンドブック』文眞堂
・『東芝事件と守りのガバナンス』文眞堂
・「持続的成長と企業価値向上に生かすコーポレートガバナンス・コードの使い方」（『経営倫理』80 号　所収）
・「米国 COSO の倫理的価値観と稲盛和夫の経営哲学」（『旬刊経営情報』2014 年 2 月号　所収）
・「米国大企業の経営破綻」（『日本経営倫理学会誌　第 21 号』2014 年　所収）
・「海外から見たわが国コーポレート・ガバナンスの問題点と経営規律の強化策」（『日本経営倫理学会誌　第 20 号』2013 年　所収）
・「公的規制と企業倫理」（『日本経営倫理学会誌　第 18 号』2011 年　所収）

新コンプライアンス経営
―近年における数々の不祥事事件を踏まえて―

2021 年 3 月 31 日　　第 1 版第 1 刷発行　　　　　　　　　　　検印省略

著　者　今　井　　　祐

発行者　前　野　　　隆

発行所　株式会社 文　眞　堂
東京都新宿区早稲田鶴巻町 533
電　話　03（3202）8480
FAX　03（3203）2638
http://www.bunshin-do.co.jp/
〒162-0041 振替 00120-2-96437

製作・美研プリンティング
©2021
定価はカバー裏に表示してあります
ISBN978-4-8309-5135-0　C3034